KB121074

워싱턴 인사이트

워싱턴 인사이트
미국이 멈췄던 1291일의 현장 기록

김수형 지음

초판 1쇄   2022년 10월 17일 발행

책임편집   황정원
디자인   이혜진
홍보 마케팅   김성현 최재희 맹준혁
인쇄   아트인

펴낸이   김현종
펴낸곳   (주)메디치미디어
경영지원   이도형
등록일   2008년 8월 20일
             제300-2008-76호
주소   서울특별시 중구 중림로7길 4, 3층
전화   02-735-3308
팩스   02-735-3309
이메일   editor@medicimedia.co.kr
페이스북   facebook.com/medicimedia
인스타그램   @medicimedia
홈페이지   www.medicimedia.co.kr

ISBN   979-11-5706-269-0 (03340)

워싱턴 인사이트

미국이 멈췄던
1291일의
현장 기록

김수형 지음

메디치

일러두기

· 본문에 붉은 색으로 표기된 날짜는 저자가 취재를 마친 뒤 기록을 작성한 시점이다.
· 이 책은 관훈클럽정신영기금의 도움을 받아 저술·출판되었다.

들어가는 글

워싱턴 한복판에 있는 국립기록물 박물관 앞 석상에는 셰익스피어가 쓴 《템페스트》의 유명한 문구 'What is past is prologue(지나간 것은 서막에 불과하다)'가 쓰여 있다. 역사는 현재를 이해하기 위한 맥락이라는 의미다. 미국이 왜 역사와 기록에 집착하는지 보여주는 말이기도 하다. 백악관은 1940년부터 1974년까지 오벌 오피스Oval Office(미국 백악관 웨스트윙 West Wing에 위치한 대통령 집무실로, '타원형 집무실'이라는 뜻이다)의 모든 대화와 통화까지 기록으로 보관하고 있을 정도다. 지금 방송된 뉴스는 바로 그날을 기록하는 역사가 된다. 좋든 싫든 미국은 우리와 너무나 밀접하게 연관돼 있고, 앞으로 무슨 일이 일어날지 예측하기 위해 오늘의 역사인 뉴스가 필요하다. 그게 한국의 미래를 준비하는 방법일 수 있기 때문이다.

불행인지 다행인지 모르겠지만, 특파원으로 부임한 2019년 1월부터 2022년 7월까지 미국에서는 한 세기에 한 번 있을까 말까 한 사건이 많이 일어났다. 스페인 독감 이후 100년 만에 벌어진 팬데믹pandemic은

초강대국 미국을 극한 상황으로 내몰았고, 영국군의 1814년 의사당 습격 이후 200년 만에 벌어진 의회 폭동 사태는 가장 선진적이라고 믿었던 미국 민주주의가 제대로 작동하는지 의심하게 했다. 미국은 여전히 대선 결과를 두고 극도의 분열과 대립을 이어가며 심리적인 내전을 벌이고 있다.

냉탕과 온탕을 오가듯 북한과 외교 관계를 정립했던 도널드 트럼프는 세기의 정상회담을 두 번이나 했지만, 북핵 위기는 여전히 진행 중이다. 2019년, 북한의 이인자였던 김영철이 김정은의 친서를 들고 워싱턴 한복판에 나타났다는 건 이제는 초현실적으로 느껴지기까지 한다. 러시아의 우크라이나 침공은 중국 견제를 최우선으로 내세우던 미국의 대외 정책에 대대적인 수정을 불가피하게 했다. 모든 것이 한반도의 운명과 밀접하게 관련돼 있었고, 이런 사건들을 외신들이 피상적으로 보도하는 것만 쫓아가며 보도할 수는 없었다. 우리가 궁금한 질문들이 빠져 있는 경우가 많았기 때문이다.

지구촌 모든 문제의 시작이자 끝인 워싱턴에서 우리의 관점을 담아 최대한 많은 현장과 인물을 시청자들과 독자들에게 보여주려고 많은 노력을 기울였다. 미국에서도 영향력 있는 주요 취재원들을 직접 취재하면서 국내에도 미국의 진짜 생각을 들려줄 기회를 만들었다. 때로는 뉴스를 따라서 국경을 넘는 화상 인터뷰로 뉴스의 핵심 인물을 소개할 수 있었다. 한국 시간으로 저녁 메인 뉴스를 만들려면 밤낮을 바꿔서 살아야 하는 워싱턴 특파원으로서 잠을 못 자는 날이 많았지만, 우리에게 정말 필요한 뉴스를 만든다는 보람을 느끼며 조금이라도 더 취재할 수 있었다.

이 책은 그 취재물의 기록을 바탕으로 트럼프, 바이든 시대를 아우르는 주요 사건의 앞면과 뒷면을 함께 보여주기 위해 만들어졌다. 발로 뛴 워싱턴 취재 현장의 기록이 미국에 대한 궁금증을 푸는 답이 됐으면 하는 심정이다.

SNS 글을 보고 특파원 취재기를 정리해 책으로 내보자고 먼저 제안한 메디치미디어 김현종 대표와 원고를 꼼꼼하게 감수해 준 배소라 실장과 황정원 에디터가 없었다면 이 책이 세상에 나오지 못했을 것이다. 모든 기사를 일반인 시각에서 같이 판단하고 의논했던 아내 윤미와 코로나19 이후 오랫동안 등교조차 할 수 없었던 어려운 시기를 잘 견디며 건강하게 자라준 두 딸 예원, 예빈에게 이 책을 바친다.

2022년 10월
김수형

차례

들어가는 글

1부

위기에 처한
미국 민주주의

2021년 1월 6일, 대선 결과를 전복하려 했던 트럼프 지지자들의 의회 폭동 사태를 취재했던 기억은 평생 잊히지 않을 것이다. 이들 대다수는 테러리스트가 아니라 미국 어디에서나 볼 수 있는 평범한 사람이었다. 트럼프에 대한 믿음과 신뢰가 강했던 그들은 대선 결과에 분노했고, 그 과정에 대규모 부정이 있었다는 잘못된 신념을 가지고 있었다. 미국의 수도 워싱턴에서 공성전을 방불케 하는 소요 사태가 벌어지고, 중무장한 주 방위군이 배치되는 초현실적인 일이 눈앞에서 펼쳐졌다. 의사당에 난입했던 트럼프 지지자들은 "의사당의 주인인 우리가 그 안에 들어가는 게 뭐가 문제냐"는 말을 했다. 부정선거의 증거가 없지 않냐는 질문에는 "우리는 바보가 아니다", "우리를 속이지 마라"라고 말하곤 했다. 음모론과 허위 정보를 사실로 굳게 믿고, 언론 보도는 '가짜 뉴스'라며 눈과 귀를 닫아버렸다.

선거 결과를 훔칠 수 있다는 건 민주주의가 붕괴됐다는 것을 의미한다. 트럼프는 선거 결과에 승복하는 민주주의의 기본 원칙을 무시하고 사실상 반란의 수괴가 됐다. 언론을 적으로 만들어 자신의 지지자들이 선택적인 정보만 수용하게 했다. 의회 청문회와 연방 검찰의 수사를 거치면서 의회 폭동 때 벌어진 위법 상황이 낱낱이 밝혀지고 있다. 하지만 이런 결과 자체를 믿지 않는 사람이 여전히 많다. 미국을 선한 강대국, 미국에는 더 수준 높은 민주주의가 작동하고 있을 것이라고 막연히 믿었던 나에게 이러한 현실은 충격이었고, 도무지 이해되지 않았다. 그래서 2020년 미 대선 불복 집회 등에서 만난 평범한 시민들에게 "무엇이 당신을 이렇게 분노하게 만들었는가"를 묻고 또 물었다. 워싱턴 특파원을 마치고 서울에 돌아와서 한국에서도 비슷한 상황이 전개될 때마다 민주주의는 전 세계가 함께 묶여 변하는 시스템이라는 사실을 새삼 느끼고 있다.

천신만고 끝에 대통령에 취임한 조 바이든은 지지율 폭락으로 가장 인기 없는 대통령이 되고 말았다. 오랫동안 외교위원회 활동을 했고, 부통령으로 충분한 대외 정책 경험이 있었던 그는 참모들의 조언을 무시하고 카불 철군을 조급하게 관철하면서 지지율 하락의 방아쇠를 당겼다. 기름값 폭등으로 미 전역이 아우성쳤지만, 인플레이션 자체를 한동안 부정하며 미온적으로 대처했다. 트럼프보다 나을 줄 알고 지지했던 미국 유권자들이 실망하기 시작했다. 국민의 먹고사는 문제에서 실적을 내지 못하는 정권에 지지를 보낼 수 없다는 것이다. 일 못하는 대통령으로 낙인찍힌 바이든은 재선할 수 있을지 끊임없이 의심받는 처지가 돼버렸다.

물론 이런 위기를 바이든은 조금씩 극복하고 있다. 법안 통과에 총력을 기울였던 바이든 정부에서 입법 실적이 나오면서 분위기가 서서히 바뀌고 있다. 여성의 임신 중절권에 대한 대법원 판결은 여성들을 민주당 쪽으로 더욱 향하게 했다. 공화당은 이민자 문제를 다시 끄집어내면서 보수층 결집을 시도하고 있다. 따라서 11월 중간선거 결과는 어느 당의 승패를 떠나 훨씬 밑바닥의 '판'의 균열 측면에서 바라볼 필요가 있다.

트럼프 시대는 끝난 역사가 아니다. 트럼프 본인이 차기 대통령으로 돌아오지 못하더라도 '미국 우선주의'를 신봉하는 정치 세력은 언제라도 미국의 전면에 나타날 수 있다. 트럼프 시대의 백악관에서 무슨 일이 일어났었는지를 정확히 알아야 하는 이유다. 바이든이 흔들릴수록

이러한 미국 내 세력 변화에 더욱 촉각을 곤두세우고, 면밀하게 외교 안보 전략을 세워야 하는 게 분단국가인 우리의 숙명이다.

1부에서는 트럼프, 바이든 시대의 정치 세력 변화에 대한 취재 기록을 담았다. 너무나 낯설었던 트럼프 지지자들을 이해하기 위해 여러 취재 현장에서 과하다 싶을 정도로 질문을 던져 들었던 답변을 정리한 것이다. 그들에 관한 취재 기록은 우리가 몰랐던 또 다른 미국 정치 세력의 모습을 보여줄 수 있을 것이다. 미국 민주주의는 과연 이 위기를 극복할 수 있을지, 미국 정치 세력은 어떤 변화를 겪게 될지, 인사이트를 얻을 수 있었으면 한다.

실패 예정됐던 깜짝쇼
북미 정상회담

워싱턴에 나타난 김영철, 은둔의 출장 과정에서 벌어진 일[*]

2019. 1. 22.

미 국무부의 특급 경호

김영철 북한 노동당 부위원장의 미국 방문은 처음부터 베일에 가려져 있었다. 김 부위원장의 베이징 도착이 임박해서야 정확한 미국행 항공 시간이 알려졌을 정도였다. 게다가 최선희 북한 외무성 부상까지 베이징 공항에 나타나 행선지가 어디인지 헷갈리게 만들면서 워싱턴 특파원들이 한동안 가슴 졸였다. 더욱 이상했던 건 백악관, 국무부 등 미국 정부 기관에서 김영철 부위원장의 방문 사실 자체를 거의 언급하지 않았던 것이다. 북한 최고위급 관리가 역사상 최초로 워싱턴을 방문한다는

---

[*]   싱가포르 회담(2018년 6월 12일)과 하노이 회담(2019년 2월 27일~28일)의 사이인 2019년 1월 17일(현지 시각) 북한의 실력자가 워싱턴에 나타났다. 트럼프, 김정은 간의 싱가포르 회담으로 한반도 정세의 극적 반전을 예상했기에 당시 언론의 관심은 뜨거웠다.

데 너무나 조용한 반응이었다. 국무부에 여러 차례 질의했지만, 그때마다 "발표할 입장이 없다"는 대답이 돌아왔다.

　김영철 부위원장의 숙소가 어딘지는 더욱 오리무중이었다. 백악관 영빈관인 블레어 하우스Blair House에 묵는다는 얘기부터, 백악관 근처 여러 호텔이 후보지로 거론됐다. 미국 정부는 물론 한국 정부도 숙소에 대해서는 함구하고 있었기 때문에, 일일이 확인하는 수밖에 없었다. 먼저 SBS 취재팀은 과거 빌 클린턴Bill Clinton 대통령 시절 조명록 북한 인민군 차수가 묵었던 메이플라워 호텔에 가봤다. 일본 매체들이 나와 있기는 했지만, 김영철 부위원장이 묵는다고 보기에는 긴장감이 너무 떨어졌다. 보안 요원도 없었다. 직원들에게 문의해 보니 "김영철이 누구냐?"는 물음이 되돌아왔다. 일본 매체들은 이미 메이플라워 호텔을 확인하고 나가는 길이었다. 그들도 이 호텔에는 김영철이 없다면서 각자 다른 곳으로 향했다. 일본 매체들도 확실히 북한에 엄청난 관심을 갖고 있었다. 취재에 있어 일본 매체들은 인해전술을 구사하고 있었다. 김영철 부위원장의 비행기가 내리기 직전에야 김 부위원장이 묵을 숙소가 듀폰 서클 호텔이라는 사실을 알 수 있었다. 현장에 가보니 보안 요원들이 이미 집결해 있었고, 현장에는 마크 내퍼Marc Knapper 전 주한 미국 대사 대리가 국무부 직원들을 지휘하고 있는 걸 확인할 수 있었다.

　워싱턴 덜레스Dulles 국제공항에 스티븐 비건Stephen Biegun 대북정책특별대표가 나가 김영철 부위원장 일행을 맞았다. 공항에서 기자들은 접근 자체가 불가능했다. 김 부위원장이 국무부 요원들의 호위를 받으며 호텔로 오고 있다는 소식을 들을 수 있었다. 호텔 경비는 시간이 지날수록 강화되고 있었다. 호텔 직원이나 투숙객으로 보이는 사람 중에서

2019년 1월 18일(현지 시각) 듀폰서클 호텔 앞에서 진치고 기다리는 취재진의 모습.

도 이어폰을 착용한 사람이 점점 늘어났고, 자세히 보면 총기를 휴대하고 있었다. 국무부 외교경호실(DSS) 소속이라고 추정되는 사람들이었다.

듀폰서클 호텔은 4성급으로 최고급 호텔은 아니었다. 게다가 일반 투숙객과 뒤섞여 있어 다소 어수선하기도 했다. 1층 로비에 있는 행사장에서는 다른 일반 단체들이 행사를 하고 있었고, 관광객들도 자유롭게 드나들었다. 호텔 직원에게 투숙할 수 있는지 물었는데 가능하다는 답이 돌아왔다. 8층이 가장 높이 있는 객실이었는데 이미 예약이 끝났고, 그 아래층에 방을 잡을 수 있었다. 김 부위원장과 같은 2박 3일 일정으로 투숙했는데, 호텔 직원은 다음 날 방이 나면 8층으로 옮겨주겠다고 말했지만 약속은 지켜지지 않았다.

호텔 밖에서 100여 명의 기자가 김영철 부위원장 일행을 기다렸는데, 도착했다는 소식이 없었다. 기온이 많이 내려가고 눈까지 내렸지만, 기자들은 하염없이 기다리는 수밖에 없었다. 그러다가 이미 김영철 부위원장이 호텔 뒷문으로 들어왔다는 사실이 알려졌다. 뒷문으로 입장하는 걸 찍은 외신 기자도 있었다. 정문을 지키고 있었던 기자들은 허탈할 수밖에 없었다. 이미 국무부 직원들이 동선 체크를 다 해둔 상태였고, 기자들이 모여 있는 곳을 피해 눈에 안 띄게 입장을 시켜줬던 것이다.

김 부위원장 숙소 아래층 호텔방에서 라이브 중계

일단 취재팀도 호텔 내부에 들어왔다. 투숙객들의 경우 출입하는 걸 막지 않았기에 객실 카드를 갖고 호텔 내부에 들어와 보안 요원의 제지 없이 8층까지는 엘리베이터로 접근할 수 있었다. 8층에 내리자 국무부 보안 요원들이 한쪽에 진을 치고 있었다. 김영철 일행이 묵고 있는 방 앞에는 노트북이 놓여 있었다. 그 앞을 지나가려고 했더니 순식간에 5~6명이 나와 "이곳으로 지나가서는 안 된다"고 경고했다.

반대 방향으로 돌아갔더니 때마침 지나가던 북한 대표단 일행을 복도에서 만날 수 있었다. 마음이 급했는지 노트북을 들고 가볍게 뛰는 북측 인사도 보였다. 숙소 한 곳의 문이 열린 걸 지나가면서 봤는데, 양복 상의에 특유의 휘장을 단 북한 관리들이 3, 4명 모여 서류를 보면서 얘기하고 있었다. 이들을 진두지휘한 인물은 최강일 북한 외무성 북미국장 직무 대행이었다. 이들은 9층에 모여 무엇인가를 작업하자고 얘기하고 있었는데, 9층은 키를 따로 받아야 하는 모양이었다. 국무부 직원이 키를 어떻게 받을 수 있는지 설명하는 장면을 나도 옆에서 들을 수 있었다. 북한 직원들은 "그럼 로비에 가서 키를 받아와야 하나"라고 말하기도 했다. 워낙 경황이 없었는지 내가 옆에 서 있는 걸 한참 뒤에야 알아차린 것 같았다.

최강일 북미국장 직무 대행은 이상한 생각이 들었는지 "선생은 기자입니까?"라고 물었다. "한국에서 왔다"고 답하자 엘리베이터를 타려다 말고 내리더니 직원들을 데리고 다시 숙소로 들어갔다. 한 가지 특이했던 건 북한 대표단이 기자에게 직접 나가달라고 말하지 않았던 것이다. 곧장 미국 국무부 보안 요원들에게 상황을 설명하는 것 같았는데, 미국 요원들이 나에게 다가와 내려가 달라고 요청했다.

이번에 김영철 부위원장과 함께 워싱턴에 온 인물 가운데 박철 아시아태평양위원장은 거의 알려진 바가 없는 사람이었다. 그의 직함도 사실 정확하지 않다. 일부 미국 언론이 그를 그렇게 소개했을 뿐이다. 승객용 엘리베이터에서 우연히 그를 만났다. 박 위원장도 9층으로 올라가려는 중이었는데, 승객용 엘리베이터는 9층에 올라가지 않는 걸 몰랐던 것 같다. 그는 나와 함께 어쩔 수 없이 1층까지 다시 내려가게 됐다. 양복

상의에 있는 휘장을 보고 북한 대표단인 걸 알아채고 인사를 건넸더니 박 위원장은 잠시 고민하는 듯하다가 인사를 받아줬다. 김영철 부위원장이 도착한 게 맞냐는 질문에 "도착하셨다"고 확인해 줬다. 회담 준비 상황을 물었더니 "이제 도착했으니 준비 잘 해야죠"라고 답했다. 시차 문제는 없냐고 물었더니 "괜찮습니다"라는 답이 돌아왔다. 자신도 8층 숙소에 있다고 답을 해줬다. 그는 1층까지 내려갔다가 다시 8층으로 올라가더니 급하게 사라졌다.

9층은 외부인이 전혀 접근할 수 없었다. 비상계단이 열려 있어 9층에 올라가 봤는데 투숙객 카드키로도 문이 열리지 않았다. 미국 보안 요원이 문을 열고 나올 때 잠시 내부를 들여다볼 수 있었는데 큰 회의실에 여러 직원이 모여 회담 준비를 하고 있었다.

〈SBS 8 뉴스〉를 아예 호텔 방에서 라이브로 연결하기로 했다. 호텔 방에서 라이브로 방송한다는 게 대단히 이례적이기는 했지만, 김영철 부위원장이 바로 위에서 묵고 있었기 때문에 현장에서 방송을 하기로 결정한 것이다. 기사를 정리하면서 새벽에 잠깐 눈을 붙였는데, 간간이 한국말로 웅성거림이 들렸다. 아마도 시차 때문에 북한 대표단이 쉽게 잠을 자지 못했을 것 같은데, 새벽에도 뭔가를 분주하게 준비하고 있다는 생각이 들었다.

호텔 1층에는 아침 식사가 가능한 레스토랑이 있었다. 방송을 마치고 난 뒤에 혹시나 북한 대표단을 만날 수 있지 않을까 하는 생각에 식당에 가봤지만, 북한 사람은 한 명도 나타나지 않았다. 나중에 알았지만 이들은 모든 식사를 룸서비스로 주문해서 해결했다. 북한 대표단이 묵는 숙소에서 직원이 룸서비스로 주문한 아침 식사를 가지고 내려오는 걸 볼 수 있었다.

북한 대표단은 이동이 쉽지 않았다. 싱가포르 정상회담 때 김정은 국무위원장은 자신의 차량을 직접 공수해왔지만, 김영철 부위원장은 워싱턴에 자신의 차량이 없었다. 국무부에서 제공한 차량을 타고 이동하는 수밖에 없었다. 움직이기가 쉽지 않았기 때문에 마이크 폼페이오Mike Pompeo 국무부 장관과의 고위급 회담 장소가 어디일지 궁금했다. 결국 북미 고위급 회담은 호텔 내부 회의실로 결정돼 김영철 부위원장이 이동할 필요가 없었다. 미국 시간으로 1월 18일 오전 비건 대표와 함께 나타난 폼페이오 장관은 9층 회의실에서 기념 촬영을 하면서 고위급 회담을 공식화했다.

50분 남짓한 짧은 회담 직후 폼페이오 장관은 아무 말 없이 호텔을 떠났다. 약간의 시차를 두고 김영철 부위원장도 백악관으로 출발했다. 호텔 뒤편에는 국무부 차량으로 보이는 대형 밴 여러 대가 주차돼 있었다. 검은색으로 창문이 코팅돼 있어서 안을 들여다볼 수 없는 차량이었다. 김 부위원장 일행은 이 차량을 이용했는데, 국무부는 언제든지 북한 대표단을 태울 준비를 하고 있었다. 오후에는 폼페이오 장관이 다시 나타났다. 오찬을 겸한 회담을 했는데, 호텔에서 모든 걸 해결했다.

북한 손님 세심하게 신경 썼던
'특급 의전'

덜레스 공항에는 해외 장관급 귀빈들이 들어가는 전용 통로가 있다. 국무부에서 사전 승인한 귀빈들만 탑승 절차를 최소화한 특급 의전을 받을 수 있다. 북한 대표단이 떠나는 날 호텔에서 숨바꼭질하듯 기자들을 따돌렸던 김영철 부위원장을 이곳에서 또다시 만날 수 있었다. 이미 공항에는 처음과 마찬가지로 마크 내퍼 전 주한 미 대사 대리가 나와서 동선을 일일이 체크하고 있었다. 그는 김 부위원장을 기다리는 동안 협상과 관련한 질문에는 전혀 답변하지 않았지만, 거꾸로 이번 회담을 어떻게 봤는지 기자들에게 의견을 묻기도 했다.

김 부위원장은 국무부 직원들의 철통 경호를 받으며 공항에 입장했다. 현장에는 일본 기자들도 여러 팀 나와 있었는데 기자들이 어떤 질문을 해도 김 부위원장은 답변하지 않았다. 표정은 그렇게 나쁘지 않다는 인상을 받았다. 김 부위원장을 제외한 대표단은 따로 짐을 챙겨 나타났다. VIP 전용 통로를 이용할 수 없었기 때문에 다른 여행객들과 마찬가지로 출국 절차를 밟았다. 여행용 가방을 끌고 이동하는 북한 대표단을 만났는데, 협상과 관련한 여러 질문을 했지만 답변이 없었다. 최강일 북미국장 직무 대행이 "노코멘트"라고 짧게 답변한 게 전부였다. 국무부 직원들이 엘리베이터를 따로 잡아줬고, 엘리베이터를 탄 이후에는 취재진이 접근하지 못하게 막았다.

김영철 부위원장의 미국행은 북한으로서는 상당한 결심이 필요했을 것이다. 오랫동안 적대 관계였던 만큼 적진 한복판으로 들어간다고 생각에 긴장감이 높을 수밖에 없다. 자칫 경호가 소홀하기라도 하면, 외부로 이동하다가 뜻밖의 일이 벌어질 가능성도 있다. 게다가 외부 노출을 극도로 꺼렸던 김 부위원장의 요청을 미국이 어느 정도까지 수용할지도 신경 쓰이는 부분이었을 것이다. 이번 김 부위원장의 방문 내내 현장에서 취재를 해보니 북한의 요청을 미국이 어떻게든 수용하려고 애쓰는 모습을 볼 수 있었다.

특급 호텔을 빌려 화려하게 대접한 건 아니었지만, 북미 정상회담을 준비하기 위한 준비 협상으로는 세심한 배려를 했다는 인상을 받기에 충분했다. 경호, 의전을 사전에 치밀하게 계획하고 동선까지 계산하며 착오가 생기지 않게 미국도 단단히 준비했다는 생각이 들었다. 김영철 부위원장의 워싱턴 방문 이후 2차 북미 정상회담이 2월 말로 공식 확정됐다.

워싱턴을 뒤흔든 존 볼턴 회고록
《그 일이 일어난 방》은 왜 메가톤급 폭로였나

2020. 6. 20.

존 볼턴John Bolton의 회고록은 방대한 분량만큼이나 한반도와 관련한 다양한 얘기를 담고 있는데, 하나하나가 만만치 않은 폭발력을 가지고 있었다. 그동안 트럼프 백악관의 난맥상을 그려낸 책들은 있었지만, 기자들이 취재한 것이거나 익명으로 나온 것이 대부분이었다. 볼턴은 퇴직한 지 얼마 되지도 않은 전관인데다, 어떤 인물보다 트럼프 대통령을 가까운 거리에서 보좌한 인물이었으므로 비밀을 많이 알고 있을 수밖에 없다. 지금까지 나온 폭로서 저자 가운데 볼턴은 트럼프 행정부 최고위직이었다.

출간 전 입수한 회고록 내용 중 문재인 대통령이 트럼프 대통령과 통화하면서 트럼프를 노벨 평화상 후보로 추천하겠다고 말한 것과 볼턴이 정의용 국가안보실장과 야치 쇼타로谷內正太郎 일본 국가안보국장을 같은 날 만났다는 내용을 〈SBS 8 뉴스〉에 보도했다. 이 중에서 정의용 실장이 판문점 회담을 설명하러 백악관에 들어간 날(2018년 5월 4일), 야치 국장도 백악관에 잇따라 들어갔다는 건 다소 놀라웠던 부분이었다. 게다가 야치 국장은 정의용 실장이 말한 주제와 똑같은 내용을 논의했다고 한다. 볼턴 전 보좌관의 폭로로 한미 관계 이면에 한일 간 치열한 외교전이 있었다는 사실이 드러났다.

회고록에 이런 부분이 있었다.

> 그날 늦게 일본의 야치 국가안보국장이 문재인 대통령과 김정은 위원장의 정상회담에 대해서 논의하기 위해 내 집무실에 왔다. 그들은 전체 과정을 얼마나 자세히 파악하고 있었는지 보여줬다.
>
> Later that day, Japan's Yachi also came to my office to discuss the Moon-Kim summit, showing just how closely Japan followed the entire process.[*]

일본이 과연 얼마나 남북 정상 간의 내밀한 내용을 알까 싶었지만, 이렇게까지 말할 정도면 일본이 온갖 정보 자원을 동원해 나름대로 내용을 상당 부분 입수했던 것 같다.

볼턴은 야치가 서울의 회담에 대한 긍정적 분위기에 맞서고 싶어 했다고 언급해 놨다. 당시 싱가포르 정상회담을 앞두고 남북 관계 개선에 대한 기대감이 한껏 높았는데, 일본의 불편한 심기가 반영돼 있었다. 또 일본은 단계적인 '행동 대 행동' 비핵화 방식에 속아서는 안 된다고

---

[*]   John Bolton, 《The Room Where It Happened: A White House Memoir》, Simon&Schuster, 2020, 83p.

경고했다. 볼턴의 단계적 비핵화 반대 입장은 이미 알려진 내용이기는 하지만, 일본도 미국이 북한과 섣불리 뭔가를 합의할까 걱정하며 이를 다시 한번 상기시키고, 확인받고 싶어 했다는 걸 알 수 있었다. 야치가 순전히 정의용 실장을 견제하기 위해 워싱턴에 왔다는 게 확인된 셈이었다. 남북미 간의 대화가 활발하던 시절 남북미 정상회담에서 완전히 소외됐던 일본이 미국 뒤에 숨어서 자신의 이해관계를 관철하기 위해 분주하게 움직였다는 건 놀라운 부분이었다.

문재인 대통령이 트럼프 대통령과 통화하면서 그를 노벨상 후보로 추천하겠다고 한 걸 보니 싱가포르 회담을 앞두고 북미 두 정상의 분위기가 좋았다는 생각이 들었다. 북미 관계 진전의 중간 다리 역할을 하는 한국 입장에서 노벨상은 허영심이 강한 트럼프 대통령에게 아주 좋은 유인책일 듯했다. 문재인 대통령이 트럼프 대통령을 평소 크게 칭찬한 흔적은 여러 곳에서 발견된다. 트럼프 대통령은 걸핏하면 미국이 코로나19 대응을 잘한다고 문 대통령이 칭찬했다고 언급했다.

그런데 두 정상의 통화를 들은 고위 참모 볼턴과 폼페이오의 반응이 가관이었다. 회고록에 볼턴 자신은 "죽음에 가까운 경험"이라고 했고, 폼페이오는 "심장마비 오겠다"고 말했다고 써놨다(물론 폼페이오는 회고록 내용을 전면 부인했다). 뉘앙스로는 자주 엉뚱한 소리를 하는 트럼프의 발언을 듣고 그랬다는 걸로 읽히지만(명확하지는 않다), 정상 간 통화를 같이 듣고 분석하는 참모들이 이런 식의 논의를 했다는 게 한심해 보였다.

메모광으로 알려진 볼턴 전 보좌관 회고록의 사실관계는 대부분은 맞을 것이다. 하지만 슈퍼 매파로서 미국의 이해관계를 관철하기 위해 군사행동도 주저하지 말아야 한다는 그의 평소 지론도 굉장히 많이 반영돼 있었다. 같은 팩트도 바라보는 사람의 관점이 투영되기 때문에 전체 모습을 있는 그대로 보여준다고 생각하는 건 대단히 위험하다. 그는 ABC 인터뷰에서도 "트럼프는 대통령직에 맞지 않는다"는 말을 했는데, 그런 주장도 사실 자기 생각일 뿐이었다.

불이익을 감수하고 의회 청문회에 나와 증언한 내부 고발자와 볼턴이 같은 수준은 아니라고 생각한다. 대통령을 끌어내려야겠다고 생각한 사람이 청문회 증언은 법원 판결을 받아오라며 사실상 거부해 놓고, 이제 와서 폭로성 회고록을 내놓는다는 건 책 장사 아니냐는 의심을 받기에 충분했다.

내부 폭로가 순수해야 하는 건 아니지만, 볼턴은 청문회가 진행 중일 때 이미 회고록을 써놓고 판매 타이밍을 중요하게 간 보고 있었을 수도 있다. 트럼프가 복장을 터지게 한다는 건 충분히 이해가 가지만, 제임스 매티스James Mattis 전 국방부 장관처럼 점잖고 준엄하게 비판하는 전직 고위 관료와도 기본적으로 달랐다(매티스는 퇴임 이후 트럼프를 비판하지 않다가 시위 진압에 군 투입을 지시하자 참다못해 비판했다. 하지만 비판하면서도 품위를 지켰다).

볼턴 회고록에 등장하는 트럼프의 함량 미달 행위들은 사실 워낙 익숙한 것이어서(상세한 설명은 여전히 놀랍지만) 트럼프 지지자들에게 큰 동요는 없을 듯했다. 오히려 의리 없고 다소 야비해 보이는 볼턴의 폭로는 워싱턴 정치를 혐오하는 트럼프 지지자들에게는 주요한 결집 소재가 되지 않을까.

2020. 6. 24.

민주당, 공화당 모두 불편한
볼턴의 '뜬금포'

당사자가 아니면 검증할 수 없는 내밀한 얘기를 담은 볼턴의 회고록은 가히 외교 안보사에 남을 메가톤급 파장을 일으킨 건 분명했다. 책의 페이지마다 제목만 잡으면 방송 리포트가 나올 정도의 비사를 담은 얘기여서 기사가 계속해서 쏟아지고 있다. 볼턴도 미국 언론에 열심히 나와 책 홍보는 물론 책 출간의 정당성에 대해서 말하고 있다. 하지만 내면을 보면 민주, 공화 양쪽에서 불편해하는 기색이 역력했다. 트럼프를 정면으로 비판한 책이어서 민주당은 좋아해야 하지만 떨떠름한 모양새였다. 자신들이 전력투구했던 탄핵 청문회에 응하지 않다가 뜬금포를 날린 볼턴에 대해 여전히 감정이 좋지 않았다. 낸시 펠로시Nancy Pelosi 하원의장은 볼턴이 애국심보다는 돈벌이를 택했다고 평가 절하했다(미국 언론들은 볼턴의 인세가 200만 달러로 추정된다고 보도했다).

볼턴은 민주당 비판은 기본인데다 트럼프도 비판하는 모양새여서 민주당이 그와 손잡고 뭔가를 할 여지가 크지 않았다. 하원 정보위원회나 법사위원회 정도에서 선거 전에 그를 소환해 대통령의 사법 방해 혐의를 대중에게 상기하는 일을 할 수 있지 않을까 생각했다. 그 외에는 정치적인 활용 여지가 크지 않았다. 트럼프 대통령만 비판하면 좋겠지만, 청문회에서 공화당 의원들의 질문을 받으면 볼턴은 민주당의 외교 안보 정책을 더 세게 비판할 게 뻔했다.

공화당에게 볼턴은 거의 반역자 수준이었다. 대통령 선거를 앞두고 이런 얘기를 폭로했으니 좋아할 사람이 없었다. 오늘 볼턴이 FOX NEWS에 나왔을 때도 트럼프를 옹호하는 앵커가 볼턴에게 불편한 질문을 쏟아내는 걸 볼 수 있었다.

'최고 등급 기밀 포함' 수위 높았던 볼턴의 초고

볼턴의 회고록 출간을 막아달라고 미 법무부가 소송을 제기하면서 법원에 양쪽 당사자가 기록을 제출했는데, 이걸 어렵게 입수해서 검토했다. 이 책의 출간까지 어떤 일이 있었는지 재판 기록으로 확인할 수 있었다. 볼턴이 책을 출간하기 위해 어떻게 해왔는지 그림이 그려졌다.

가장 눈에 띄는 건 볼턴의 기밀 유지 각서였다. 기밀 사항을 허가 없이 유출하면 처벌을 각오한다는 내용인데, 백악관에서는 일을 시작할 때 한 번, 퇴직한 직후 또 한 번 똑같은 내용으로 보안 각서를 받고 있었다. 2018년 4월 5일, 2019년 9월 13일에 볼턴의 자필 서명이 있었다. 이건 백악관 입장에서는 '전가의 보도(집안에 대대로 내려오는 보배로운 검이라는 뜻으로, 만병통치약처럼 잘 듣는 해결책이나 아무 때나 수시로 쓸 수 있는 강력한 권한 등을 의미한다)'이기도 했다. 명시적인 허락 없이 저술 활동 등을 할 때 제한을 가할 수 있는 좋은 수단이 분명했다.

볼턴 회고록의 초안은 지금보다 수위가 엄청나게 셌던 듯했다. 백악관 담당자의 이메일에 그런 흔적이 역력했다. 2020년 1월 23일 이메일에는 이런 내용이 있었다. "한 번 봤는데 기밀 사항이 아주 많았고, 최고 등급의 국가 기밀까지 포함돼 있었다"고 담당자가 놀라서 적은 내용이었다. 보안 각서를 썼기 때문에 책 출간은 안 된다고 퇴짜를 맞았다.

그러나 볼턴은 책 출간 의지를 꺾지 않았다. 책을 검토했던 나이트 Knight라는 사람은 볼턴이 국가안보회의(NSC)에서 알던 사람이 아닐까 싶었는데, 이 사람과 4차례 만났다고 소송 기록에 나온다. 볼턴은 만남 시간은 물론 무슨 내용의 대화를 했는지도 주요 내용을 기록해서 엑셀 같은 형태로 정리해 법원에 제출했다. 법원 기록에는 회고록의 문제점을 듣고 그걸 받아 적은 자필 메모 39장이 첨부돼 있었는데(볼턴이 항상 끼고 다니던 노란색 노트 패드였다) 글씨를 알아보기가 너무 어려웠다. 초고라도 있으면 비교해 보겠지만, 초고는 세상에 나오지 않아 어떤 내용이 어떻게 바뀌었는지 확인할 길이 없었다. 어쨌든 볼턴도 나름 뭔가를 바꿔보려고 시도했던 흔적이었다.

다시 책을 검토해도 여전히 기밀 사항이 많아 백악관에서 수정 사항을 415군데 정리해서 건네줬다. 한반도 관련 부분도 110군데가 넘었다. 그나마 이 부분은 타이핑이 돼 있어서 확인이 가능했다.

볼턴은 완전히 자기 마음대로 수정 사항을 반영했다. 그 뒤로 볼턴은 자기 회고록을 출간할 수 있다고 생각한 것 같다. 구두로 책을 내도 된다는 말을 들었다고 주장했다. 그래서 그걸 문서로 주냐 전자 파일로 주냐는 말까지 했다고 나와 있었다(이 부분은 볼턴의 주장이다).

하지만 백악관 분위기가 돌변했다. 이런 중요한 문건을 실무자가 검토해서 될 일은 아니었던 걸로 보였다. 그 뒤로는 볼턴 측과 교신하는 사람의 이메일이 아예 바뀌었다. 책 출간이 임박했던 2020년 6월 16일에도 NSC 법무 담당자한테 이메일이 와서 보안 각서 위반이니 법적 책임을 질 수 있다고 경고를 받았다.

볼턴은 일을 저지르기 위해서 회고록을 주요 언론사에 보내 리뷰 기사를 최대한 많이 내는 전략을 택했다. 단독 기사가 쏟아져 나왔고, 언론들의 기사 경쟁이 붙으면서 엄청난 관심을 받았다. 이런 상황에서 재판부가 출간 금지해 봐야 실익이 없다며 책을 내는 건 허락했다. 하지만 재판부 판결문 결론이 의미심장했다. 볼턴이 국가 안보로 도박을 하고 있으며, 처벌 가능성이 있다는 부분을 명시했다. 일단 이 소송은 출간 금지 소송이니 그 부분만 판단하지만, 판사가 굳이 자기 생각을 넣은 건 '당신 앞으로 문제가 될 수 있다'는 부분을 밝히고 싶었던 듯했다.

처벌 위험 알고도 왜 출간을
강행했을까?

오늘 FOX NEWS 인터뷰에서도 볼턴은 자기 회고록에 기밀 정보는 없다고 강변했다. 문제 될 게 없다는 건데, 사실 내용을 보면 '우와 이랬구나' 하는 생각이 절로 드는 수준의 내용이 보였다. 하지만 볼턴의 관점으로 해석된 팩트가 펼쳐지는 상황이어서 그걸 책 내용 그대로 받아들이는 건 대단히 위험해 보였다. 믹 멀베이니Mick Mulvaney 전 비서실장 대행은 트럼프가 시진핑을 만날 때마다 미국 농산물을 사달라고 한 건 사실인데, 그걸 이용해 트럼프가 자기 재선을 도와달라고 했다고 한 건 볼턴이 자기 마음대로 해석한 것이라고 설명했다(사실 대통령이 자국 농산물을 사달라고 세일즈 외교를 한 건 미담이 될 수도 있다).

특히 볼턴은 한반도 관련 이슈에 대해 시종일관 북한과의 대화가 망가졌으면 하는 바람이 가득 차 있었다(실제로 책에 북미 대화 진전에 부정적인 입장을 밝히기도 했다). 오로지 상대를 힘으로 눌러 굴복시키겠다는 외교 안보관을 담은 볼턴의 회고록은 찬찬히 보면 지독한 오만과 편견으로 가득 차 있다는 생각이 들었다.

기자들도 자신이 쓴 기사에 책임을 질 수밖에 없는데, 볼턴도 법적 책임을 각오하지 않고 이런 회고록을 냈다고는 볼 수 없다. 물론 표현의 자유를 중요한 가치로 생각하는 미국에서 전직 관료의 외교 비사는 국민에게 중요한 정보 가치를 가지고 있다. 따라서 출간의 가치는 충분하다. 처벌받을 수도 있다는 보안 각서를 보면서 볼턴도 개인적으로 상당한 심적 각오가 필요했으리라 생각했다. 왜 이런 위험한 행동을 했을까 의문이 들었는데, ABC 인터뷰를 보면서 나름대로 이유를 짐작했다. 탈레반과의 평화 협상에 열받은 볼턴이 먼저 사표를 냈는데, 트럼프가 그걸 트윗 해고로 포장한 것에 엄청난 분노를 표시했다. 자부심이 강한 사람이 모욕을 당했다고 느끼면 굉장히 비이성적인 행동을 하는 경우가 있는데, 볼턴이 그런 게 아닐까 짐작했다. 영화 〈달콤한 인생〉에서 "넌 나에게 모욕감을 줬어"라는 대사가 생각나는 대목이었다.

볼턴처럼 잘려 나간 '예스맨' 에스퍼 국방부 장관

트럼프의 군대를 동원한 시위 진압 지시에 반기를 들다

2020. 10. 15.

오늘 워싱턴 펜타곤에서 열렸던 한미 안보협의회는 역대급 난장판이었다. 한국에서 국방부 장관이 오면 의장대 행사를 마치고, 국방부 장관 회의와 공동 기자회견을 한 뒤, 공동성명을 발표한다. 이는 매해 공식처럼 반복됐던 일이었다. 다른 조직보다 의전을 더욱 중요하게 여기는 군인 조직에서 이런 행사가 뒤죽박죽이 되는 건 상상하기 어려운 일이다. 하지만 행사 당일 양국 국방부 장관 기자회견이 미국의 요청으로 돌연 취소됐다. 취소 사유를 들어보니 대선이 얼마 남지 않은 민감한 시기여서 공동 기자회견을 하지 않겠다는 것이었다. 각 국가를 대표하는 장관이 모이는 행사에서 이런 급작스러운 일정 변경은 외교적으로 대단한 결례다. 이 행사를 준비하기 위해 수많은 실무자가 사전 조율을 했을 텐데, 이렇게 느닷없이 당일 취소를 통보하는 것은 그동안 본 기억이 없다.

　올해 초 워싱턴에서 한미 국방부 장관 회의가 열렸을 때, 펜타곤 기자실에서 마크 에스퍼Mark Esper 장관에게 직접 현안 질문을 한 적이 있었다. 그는 한국 기자 두 명, 미국 기자 두 명에게 질문을 받았는데 트럼프식 기자회견처럼 몇 시간씩 진행되는 것도 아니고, 답변도 그리 오래 하지 않았던 기억이 난다. 올해는 코로나19 때문에 현장에 접근하는 인원 자체가 제한돼 있었는데, 격렬한 문답이 오가기도 어려운 상황이었다. 이런 상황을 다 알면서 당일 취소를 통보한 건 일부러 모욕 주려는 의도 같았다. 민감한 시기를 핑계로 대려면 처음부터 공동 기자회견은 안 한다고 일정 조율을 했어야 했다. 사전에 안 한다고 했으면 누구도 문제를 제기하지 않았을 것이다.

언론에는 양국 장관의 모두 발언만 공개가 됐는데, 에스퍼는 거의 상대 얼굴을 보자마자 청구서를 들이미는 수준으로 조급했다. 물론 올해 초 장관 회담에서도 분담금을 압박하기는 했지만, 올해는 보기 민망할 정도로 조급하고 노골적이었다. 에스퍼 장관은 "방위 비용 부담이 미국 납세자에게 불공평하게 지워져서는 안 된다"며 다분히 대선을 의식한 정치적 발언을 이어갔다. 선거 때문에 예민해서 공동 기자회견을 취소했다지만, 트럼프 선거에 도움되는 정치적 발언은 한참 이어갔다.

양국 장관의 공동성명에서 '주한 미군을 현 수준으로 유지한다'는 내용을 빼버린 것도 다분히 의도적이었다. 매티스 장관 때부터 양국 공동성명에 주한미군을 현 수준으로 유지한다는 내용은 항상 들어가 있었다. 선언적인 의미지만 그걸 빼버리는 순간 의도가 있다고 볼 수밖에 없다. 국방부 고위 관계자는 "우리는 넣자고 했는데 미국이 거부했다"고 설명했다. 돈을 더 뜯어내기 위해 주한미군 감축 카드를 쓰겠다는 명백한 메시지였다. 결국 당시 기자회견에 참석했던 한국 방송사들은 물론

2020년 10월 15일 마크 에스퍼 미 국방부 장관에게 선물을 전달하는 서욱 국방부 장관의 모습. (출처: 국방부 홈페이지)

모든 신문사가 이 문제를 톱뉴스로 보도했다.

서욱 국방부 장관은 에스퍼에게 줄 선물도 챙겨오고, 첫 상견례를 분위기 좋게 하려고 노력했던 흔적이 보였다. 하지만 미국 국방부는 손님을 불러 놓고 망신 주기를 택하면서 호의를 악의로 갚은 꼴이 됐다. 한국 기자로서 이런 장면을 지켜보는 내내 마음이 불편했다.

에스퍼 장관은 한때 '예스yes퍼'라고 불릴 정도로 맹목적인 트럼프 충성파로 분류됐었다. 하지만 워싱턴을 들끓게 했던 '흑인의 생명은 소중하다(Black Lives Matter, BLM)' 인종차별 반대 시위를 거치면서 완전히 트럼프의 눈 밖에 났다. 폭동 진압법으로 시위대를 밀어버리고 싶어 했던 트럼프에게 공개적으로 반기를 들면서 트럼프가 그를 갈아치울 생각을 했다는 기사가 대대적으로 나기도 했다. 게다가 최루탄을 쏘며 시위대를 해산시키고, 트럼프 대통령과 사진을 찍으러 교회에 갔다가 군을 정치에 활용한 최악의 장관이라는 비난을 한 몸에 받기까지 했다. 자신은 모르고 따라갔다고 해명하기는 했지만, 트럼프에게도 좋은 소리를 못 듣고, 군 조직에서도 완전히 인심을 잃어버렸다. 트럼프가 재선해도 경질 1순위이고, 낙선하면 자연스럽게 공직을 정리해야 했다. 하지만 이번 행사를 지켜보면서 에스퍼는 여전히 장관직에 대한 실낱같은 희망을 버리지 못하고 있다는 생각이 들었다.

카투사로 군 생활하며 이런저런 사고를 치는 미군을 많이 보기는 했지만, 자기들이 용병이라고 생각하는 미군은 본 적이 없었다. 직업 군인으로서 생활인의 모습을 보일 때는 있었지만, 돈을 받고 싸워준다고 생각하지는 않았다. 국익을 위해 분담금 얘기를 할 수는 있지만, '군이 이렇게까지 거칠게 상대국을 망신 주는 방식이었어야 했나' 하는 생각이 머릿속을 떠나지 않았다. 트럼프의 미군은 완전히 용병으로 전락한 듯 보였다. 미국은 수십 년간 자신들의 패권을 유지하는 데 큰 도움이 됐던 동맹의 마음을 이런 식으로 잃어가고 있었다.

2020. 11. 10.

볼턴처럼 트윗 해고로 정리된
'예스맨' 에스퍼

트럼프는 에스퍼의 경질도 느닷없이 트윗으로 발표했다. 후임자를 크리스토퍼 밀러Christopher Miller로 결정하면서 국방부 장관 대행으로 즉시

Donald J. Trump ✔
@realDonaldTrump

Replying to @realDonaldTrump

...Chris will do a GREAT job! Mark Esper has been terminated. I would like to thank him for his service.

2:54 AM · Nov 10, 2020 · Twitter for iPhone

트럼프 전 대통령 트윗 캡처.

효력을 발휘한다고 언급했다. 지난주에 NBC는 에스퍼가 사표를 써놨다고 보도했었는데, '넌 자진 사퇴가 아니라 해고'라는 걸 강조하려 시점까지 못 박은 느낌이었다. 볼턴 때와 상황이 너무 비슷했다. 트럼프는 트위터에 에스퍼가 해고됐다는 걸 분명히 하면서, 그가 일해준 것에 대해 감사한다고 짧게 언급했다. 에스퍼, 볼턴 두 사람 모두 해고 통지 트윗에 "그의 헌신에 감사하다(Thank him for his service)"라고 표현했는데, 바로 욕을 써놓기는 그러니 마지못해 한 줄 적어놓은 느낌이었다.

국방부 장관 에스퍼가 트럼프의 눈 밖에 났다는 건 워싱턴에서는 널리 알려진 사실이었다. 몇 달 전 인종차별 반대 시위대가 백악관으로 몰려들자 벙커에 숨기까지 했던 트럼프는 자기가 군대를 동원해 법과 원칙을 세웠고, 폭도를 정리했다는 걸 보여주고 싶어 했다. 시리아 철군 지시에 결기 있게 직을 던진 매티스 장관과 달리, 에스퍼는 이때까지 트럼프의 충동적인 국방 관련 정책에 자신의 의견이 전무했던 게 사실이었다. 《폴리티코Politico》는 그가 '구경꾼(bystander)'처럼 국방부 장관을 했다고 표현했다. 하지만 군대 투입 지시에 에스퍼는 대놓고 항명했다.

기자회견까지 하면서 "나는 폭동 진압법에 동의하지 않는다"고 말했는데, '세상에 이런 일이'라고 생각하면서 아침 리포트를 만들었다.

2020년 3월 뉴욕에서 코로나19 사태가 폭발했을 때, 미 해군 병원에서는 병원선 컴포트호가 출발 행사를 했다. 그때 기억이 아직도 선명하다. 에스퍼는 입에 발린 아첨을 섞어가며 트럼프 대통령을 띄워주는 연설을 했었다. 인터넷 라이브 방송에서도 병원선이 천천히 떠나가는 장면을 한참 보여줬는데, 카메라가 트럼프와 에스퍼가 단상 위에서 단둘이 독대하는 모습을 비추었다. 이때 에스퍼는 쉬지 않고 트럼프에게 말을 걸며 독대 기회를 최대한 활용하려고 노력했었다. 그는 대통령 쪽으로 몸을 기울여 말을 계속 걸면서 트럼프가 말할 때마다 과장된 몸짓으로 동의한다고 표시했다. 말 한마디 못 들어도 몸짓과 행동이 얼마나 큰 메시지를 가지고 있는지 알 수 있었다. 당시 두 사람 모두 카메라를 등지고 있어서 영상이 중계되는지 몰랐을 것 같은데, 그래서 더욱 에스퍼의 진정한 예스맨 기질을 느낄 수 있었다.

예스맨 에스퍼의 반기는 군대를 동원한 시위 진압이 국방부가 도저히 수용할 수 없는 반헌법적 발상이라는 것을 의미한다. 시위 당시 에스퍼는 시위대를 밀어버리고 트럼프와 함께 교회에 사진을 찍으러 갔다고 한다. 때문에 전직 군 장성들에게 큰 비난을 받고 있었다는 얘기를 전해 들었다. 만약 에스퍼가 군대를 동원해 시위까지 진압하면, 군 조직에서 매장당할 것을 각오해야 하는 상황이었다.

에스퍼의 반기를 접하고 트럼프 대통령이 노발대발했다는 소식은 여러 매체에서 보도했다. 만만해서 앉혔던 참모가 대드는 것이어서 더는 참을 수가 없었던 듯하다. 하지만 트럼프 대통령은 그 이후 정말 야비하게 에스퍼를 비난했다. 기자회견에서 에스퍼 장관에 대한 기자의 질문이 나오자 트럼프 대통령이 먼저 "지금 예스퍼라고 했나? 어떤 사람들은 에스퍼를 예스퍼라고 하더라"며 별명을 공식 인증했다. 별명을 부르면서 낙인찍는 것은 트럼프식 모욕주기였다.

본보기가 된 에스퍼

트럼프 대통령이 에스퍼를 해고한 건 소수의 핵심 권력층 안에서는 미리 공지가 됐을 수 있다. 관찰자로서는 그 뒤에 일어나는 일이 흥미로웠다. 대선 이후 트럼프 대통령이 소송 사기를 주장하는 동안 침묵으로 일관하던 펜스 부통령이 11월 9일 트위터에 "합법적인 표만 개표해야 한다"고 올린 것이었다. "끝날 때까지는 끝난 게 아니다"라는 말도 올렸는데, 트럼프처럼 막무가내로 사기 선거를 주장하는 건 아니었지만, '대통령이 저리 하자는데 마음대로 하게 두자'는 메시지가 명확했다. 차기 공화당 대선 주자를 생각할 수 있는 펜스가 그동안 상황을 지켜보다 7,100만 표를 얻은 트럼프에게 항거하는 걸 포기한 것으로 읽혔다. 그 와중에 에스퍼가 험하게 내쳐지는 걸 보고 마음을 더 빨리 정리한 것 같았다. 미치 매코널Mitch McConnell 공화당 상원 원내 대표도 연설을 통해서 펜스 부통령과 비슷한 수준의 메시지를 발표했다. 공화당 지도부는 트럼프의 막무가내 선거 사기 주장을 일단 법원에서 판단해 줄 때까지 말릴 생각이 없다는 뜻이었다.

해고 자체도 억울한데 본보기로 험하게 내쳐지는 건 에스퍼 본인으로서는 더 마음이 아플 듯했다. 하지만 눈 밖에 난 사람을 모양새 나쁘고 야비하게 쫓아내는 게 트럼프식 통치 스타일이었다. 지금 관계가 좋다고 옆에서 히죽거리는 사람들도 언제 트럼프에게 욕을 먹을지 아무도 알 수 없다. 게다가 에스퍼를 내치면서 일단 백악관의 주인이 누군지 확인해 주는 효과는 확실히 있었다. 임기가 70일밖에 안 남은 대통령이라도 그동안 인사권을 얼마나 더 휘두를지 알 수 없는 상황이다. 지금 트럼프는 자기 수사와 관련한 사면권 사용까지도 거론하고 있다. 비판 따위는 아랑곳하지 않는 트럼프 대통령은 충분히 그럴 수 있다.

트럼프가 군대를 동원해 시위를 진압하라고 했을 때, 에스퍼는 왜 사의 표명을 하지 않았는지 지금도 의아하다. 에스퍼는 트럼프의 눈 밖에 나면서 식물 장관이 됐는데, 그 이후로는 해외 출장 등으로 소일거리만 하면서 업무를 처리했다. 그러다 한국의 서욱 국방부 장관이 워싱턴에 오자 에스퍼는 트럼프 코드를 맞춰보려 방위비 분담금 인상 압박을 험하게 했다. 대통령의 명령을 거부하려면 매티스 전 국방부 장관처럼 물러나면서 하는 게 사리에 맞아 보였다. 매티스는 항명과 사퇴를 동시에 하면서 자신과 군의 명예를 지킬 수 있었다. 에스퍼는 군사 전문지 《밀리터리 타임스Military Times》와 퇴임 인터뷰를 하면서 자기처럼 내각에서 저항한 장관이 있었냐고 반문했다. 자기는 '예스맨'이 아니었다며, 내 후임이 진짜 '예스맨'이 될 거라고 말했다. 해방 공간에서 일제 부역자들이 느닷없이 독립군 행세를 하는 장면이 연상됐다.

화려했던 북미 대화는 왜 실패했나

존 볼턴 전 백악관 국가안보보좌관 인터뷰

2021. 3. 28.

임박한 바이든 정부의 대북 정책과
'워싱턴 초강경파의 원형' 존 볼턴

존 볼턴은 트럼프 정부의 외교 안보 사령탑으로 폼페이오 국무부 장관과 함께 대북 정책을 설계하고 이끌었던 인물이다. 사실 워싱턴 특파원으로 근무하면서 그가 했던 북한 관련 인터뷰는 거의 다 봤다고 해도 과언이 아니다. 한때 그의 트위터까지도 속보 푸시를 실시간으로 들여다봐야 할 정도로 신경이 쓰였던 인물이었다. 북한의 목을 졸라 힘으로 무릎 꿇려 비핵화를 얻어내겠다는 그의 초강경 주장은, 북미 대화의 주요 고비마다 한반도의 봄날을 가로막는 것 같은 느낌을 줬던 게 사실이다. 트럼프가 대북 유화책으로 돌아서면서 대척점에 섰던 인물이 됐지만, 곧 바이든 정부의 대북 정책이 나오는 상황에서 워싱턴 매파의 시각이 어떤지 파악할 수 있는 여전히 중요한 인물이다. 바이든 정부의 대북 정책은 트럼프 정부보다 훨씬 강경하고, 원칙론적인 정책이 반영될 게 거의 분명한 상황이었다. 미국 내 강온파의 치열한 논쟁 끝에 나올 정책인 만큼 강경론자들 주장의 원형을 파악하는 일은, 다소 거슬리는 표현이 있어도 우리가 대북 정책을 준비하는 데 필요하다고 생각했다.

존 볼턴은 현재 '미국안보자유재단(Foundation for American Security & Freedom)'이라는 곳에 적을 두고 있다. 여전히 트위터에 활발한 의견을 개진하고 있고, 언론 기고, 출연 등으로 자신의 시각을 외교 안보 정책에 불어넣으려고 시도하고 있다. 트럼프 정권 말기에는 트럼프의 치부를 알고 있는 내부 고발자로 진보 언론의 러브 콜을 한 몸에 받기도 했다. 볼턴에게 섭외 이메일을 보내고 얼마 지나지 않아 인터뷰에 응하겠다는 답을 받았다. 외교가에 메가톤급 파문을 몰고 왔던 회고록을 출간한 이후 몇 달이 지난 상황에서, 그가 어떤 생각을 하고 있는지 직접 만나 확인할 좋은 기회였다.

첫 질문으로 인터뷰 직전 일어났던 북한의 탄도미사일 발사*에 대해 물었다. 바이든 대통령의 반응에 대해 어떻게 생각하냐고 물어봤는데, "바이든 대통령이 유엔 결의 위반을 말한 것이 가장 중요한 사항"이라고 설명했다. 다만 위반 행위에 대해 미국이 어떤 행동을 할 것인지 말하지 않아 실망했다고 표현했지만, 바이든이 북한의 비핵화를 목표로 설정했다는 것은 대단히 중요한 일이라고 거듭 강조했다. 그러면서 구

---

*　북한은 2021년 3월 25일 함경남도 함주 일대에서 동해상으로 단거리 탄도미사일 2발을 발사했다. 미국 조 바이든 행정부 출범 후 첫 탄도미사일 발사였다.

2021년 3월 28일 존 볼턴과 인터뷰하는 모습.

체적이고 더 거친 반응이 필요하다는 슈퍼 매파 본연의 시각을 시작부터 드러냈다.

그러면서 바이든 정부가 대북 정책을 검토하는 데 오랜 시간이 걸렸다는 점에 놀랐다고 표현했다. 미국 내에서 북한을 핵보유국으로 인정해야 한다는 주장이 있다며, 그건 중대한 실수라고 강조했다. 그동안 미국 대통령들이 비핵화를 목표로 제시하고는 효율적으로 그 목표를 추구하지 못했다고 진단했다. 그러면서 자신은 이번에 미국 국무부, 국방부 장관의 방한 때 열렸던 한미 '2+2 회담'에서 이 문제가 분명히 논의됐을 것으로 생각한다고 말했다. 여기에 바이든 대북 정책은 중국이 북한 핵 프로그램의 주요한 당사국이라는 걸 인식하는 것이 필요하다고 강조했다. 중국이 북한 문제에 있어 수십 년 동안 중재자 역할을 하지 못했다며, 대북 정책 중심에는 중국이 있어야 한다고 거듭 설명했다. 바이든 정부 들어서도 중국과 극한 경쟁을 하고 있는 미국 입장에서 어떻게든 중국을 대북 정책에 끌어들이려고 하는 분위기와 일맥상통하는 면이 있었다.

북한의 핵 개발과 경제 발전

아울러 북한이 미 본토를 위협할 능력을 갖췄다고 보는지 단도직입적으로 물었다. 이에 볼턴은 북한이 핵탄두는 생산했을 것이라고 설명했다. 다만 대륙간탄도미사일(ICBM) 기술은 완성 단계로 보지 않는다고 말했다. 많은 대북 전문가의 설명대로 볼턴도 북한이 ICBM 유도, 재진입 기술은 부족하다고 언급했다. 이 때문에 자신들의 성능 개선 필요에 따라 가까운 미래에 ICBM을 추가로 발사한다고 해도 전혀 놀라지 않을 것이라고 답했다. 시간은 핵무기를 확산하려는 북한의 편이지만, 핵무기를 갖기 위한 과학적, 기술적인 어려움을 극복하는 데에는 시간이 필요할 것이라고 덧붙였다. 그러면서 오바마, 트럼프 행정부 기간 북한은 운반 가능한 핵무기를 만드는 데 충분한 시간을 벌었다고 언급했다.

똑같은 얘기를 귀에 못이 박히도록 말하는 트럼프 전 대통령이 북한에 대해서 가장 자주 말했던 주제는 북한의 밝은 경제적 미래에 대한 것이었다. 비핵화를 하면 북한이 경제적으로 번영할 것이라는 발언은 북한 관련 얘기에 거의 항상 빠지지 않고 나왔었다. 볼턴 전 보좌관은 이것을 김정은 위원장이 북미 정상회담에서 트럼프 대통령과 대화할 때 경제적인 문제에 집중했기 때문에 나온 발언이라고 설명했다. 트럼프가 경제 발전으로 김정은을 유혹하려 했다는 것이다. 그러면서 북한이 여전히 경제적으로 어려움을 겪고 있으므로 김정은은 경제 제재 완화를 얻어내기 위해 많은 약속을 할 것이라고 전망했다.

볼턴이 김정은을 긍정적으로 평가한다는 것은 어느 정도 알고는 있었지만, 생각보다 더 높이 평가해서 놀라웠다. 마키아벨리즘적인 성향의 볼턴은 김정은의 조직 장악 능력에 굉장히 끌린 것으로 보였다. 볼턴 전 보좌관은 김정은 총비서가 "자신감과 확신에 차서 지휘하고 있는 걸 봤다"고 표현했다. 제재 완화를 위해 무엇을 원하는지 이해하고 있고, 대단히 결단력 있는 모습을 보여주었다고 말했다.

볼턴은 하노이 회담 결렬 직후, 트럼프가 대통령 전용기 에어포스 원으로 김정은을 북한에 데려다주겠다고 말했다는 걸 확인해 줬다. 최근 매슈 포틴저Matthew Pottinger가 BBC와 인터뷰하면서 트럼프가 김정은에게 에어포스원을 같이 타고 가자고 했다는 게 알려졌는데, 볼턴이 그 주장이 사실이라고 말해준 것이다. 당시 백악관 모든 참모가 충격을 받았으며(stunned to hear it), 심지어 김정은도 충격받은 것 같았다고 표현했다. 속으로 '이 제안을 받으면 어떻게 하지'라고 걱정했지만, 김정은이 공손하게 제안을 거부해서 위험을 피했다고 안도감을 표시했다.

개인의 친분과 국가 외교 관계를 혼동한 트럼프

볼턴과 트럼프가 불구대천 원수가 됐다는 건 모든 사람이 다 아는 일이다. 트럼프는 볼턴을 트윗으로 해고했고, 그 뒤로도 '미친놈' 수준의 욕설을 마구 퍼붓는 사이가 돼버렸다. 볼턴은 회고록으로 자신이 가진 비밀을 폭로하며, 선거 기간 중에 언론에 계속 나와 트럼프가 재선되면 안된다는 논리를 설파했다. 뒤끝 있는 두 사람의 막장 싸움은 대통령 역사에 전무후무할 정도로 격렬했다.

사실 워싱턴에서 계속 트럼프를 지켜봤지만, 김정은과 '화염과 분노'로 대표되는 갈등을 겪다가 갑자기 사랑에 빠진 건 이해하기 어려운 부분이 있다. 이에 대해 묻자 볼턴은 "트럼프는 외국 정상과의 친분을 국가 외교 관계로 착각했다"고 답했다. 물론 정상 간의 친분도 중요하지만, 트럼프는 개인의 친분만으로 외교를 했다는 취지로 설명했다. 두 관계가 다르다는 걸 푸틴과 시진핑은 알았지만, 트럼프만 몰랐다고 평가절하했다. 볼턴에게 있어 한때 보스였던 트럼프는 미국 외교를 위태롭게 하는 인물이었다.

볼턴이 자서전에서 트럼프 대통령이 문재인 대통령과 통화하는 걸 듣고 '죽을 뻔한 경험이었다(a near-death experience)'고 표현한 부분이 있었는데, 그 내용이 무엇이었는지 궁금했다. 폼페이오도 사우디아라비아에서 이걸 듣고 심장마비가 오는 줄 알았다며 두 최고위 참모가 함께 비웃었다고 언급해 놓았다(물론 폼페이오는 전면 부인했다). 볼턴은 그 대목이 트럼프가 문재인 대통령에게 김정은과의 만남에 대해서 언급한 부분이었는데, 트럼프가 너무나 준비가 안 돼 있어서 그렇게 표현했던 것이라고 설명했다. 그 당시 통화에서 트럼프의 심각한 실수가 일어나지는 않았지만, 트럼프 외교가 그 지경이었다고 한탄했다. 자신은 바이든에 대해서 동의하지 않는 부분이 많지만, 적어도 정상 간 통화를 할 때는 정상적인 절차에 따라 준비된 상태로 할 것으로 생각한다고 말했다.

뿌리 깊은 북한 불신과
예견됐던 초라한 성과

볼턴은 대북 협상에 대해서 뿌리 깊은 불신을 표출했다. 볼턴의 후임인 로버트 오브라이언Robert O'Brien 전 보좌관이 도쿄 올림픽을 계기로 북한과의 대화 재개를 언급한 바 있다. 이런 대화의 모멘텀에 대해서 어떻게 생각하냐는 질문에 "북한이 자발적으로 핵을 포기하지 않을 것이라고 본다"고 답변했다. 북한의 비핵화 약속은 1990년대부터 이어졌지만, 실현된 것이 없으며 제재 완화의 대가는 즉각적이지만, 비핵화 약속은 그 뒤에 따라오게 된다고 설명했다. 이런 식의 실수가 반복돼서는 안 된다고 말했다. 대화를 시도하려는 노력 자체를 못마땅해 하는 슈퍼 매파의 시각 자체는 변화가 없었다.

　지금은 상상이 안 되지만 워싱턴 특파원 부임 초기, 북한 김영철이 김정은의 친서를 들고 워싱턴 D.C.에 나타났었다. 당시 북미의 역동적이었던 대화 움직임을 보면서 김정은이 워싱턴에 나타나는 것도 가능하겠다고 생각했었다. 하지만 그런 대화 자체를 인정하지 않는 초강경파가 외교 안보 사령탑이었던 건 안타까운 일이다. 역사는 그걸 다행으로 기록할지 불행으로 기록할지 아직은 알 수 없다. 하지만 이러한 강경파가 워싱턴에 엄연히 존재하는 거대한 세력이라는 걸 인정하지 않을 수는 없다. 언론 노출만 생각하며 즉흥적으로 행동하는 트럼프와 북한을 대화 상대로조차 보지 않는 볼턴은 서로 다른 방향을 보며 대북 정책을 실행했다고 볼 수밖에 없다. 화려했던 북미 정상회담의 초라한 성과는 어쩌면 처음부터 예견됐던 것인지도 모른다.

트럼프에 반기 든
마지막 국방부 장관
마크 에스퍼 미 전 국방부 장관 인터뷰

2022. 5. 29.

> 국방부와 소송전 끝에 세상에 나온
> 회고록《성스러운 맹세》

마크 에스퍼는 퇴임하기 직전 군사 전문지와 인터뷰에서 자신을 내각에서 트럼프에 저항했던 장관이었다고 평가했다. 기사를 보며 에스퍼가 그런 말을 하기에는 너무 늦었다고 생각했다. 퇴임 이후 그는 그렇게 기억에서 사라졌다. 그런데 최근 미국 언론들이 그의 회고록《성스러운 맹세》(A Sacred Oath)가 나온다고 대대적으로 보도했다. 에스퍼는 퇴임하고 반년 정도 지나 원고를 완성했는데, 국방부의 출판물 사전 검사로 굉장히 오랜 시간을 보냈다고 설명했다. 국방부는 에스퍼의 책에서 무려 50쪽가량이 국가 기밀에 해당한다고 판단했다. 에스퍼 전 장관은 자신이 몸담았던 부처를 상대로 소송을 제기했다. 그는 책에 언급한 내용은 국가 기밀이 아니며, 표현의 자유가 우선시돼야 한다고 반박했다. 에스퍼 전 장관은 국방부와 타협해 삭제 요청을 대폭 줄여 책을 출간하는 데 성공했다. 다만 그는 국방부에서 삭제 요청한 부분을 검은색 줄로 그어서 해당 부분이 무엇인지 독자들이 짐작할 수 있도록 했다(한국과 관련한 부분의 문맥을 짚어보면, 한국 정부가 미국에 요청했던 내용이 삭제 처리돼 있다는 걸 알 수 있다).

이 책을 보면 미국이 얼마나 많은 나라를 염두에 두고 군사 전략을 짜는지 알 수 있다. 이 중 한국 관련 내용이 깜짝 놀랄 정도로 많이 있었다. 특히 주한미군과 관련된 내용이 많아 트럼프 시대의 한반도를 둘러싼 뒷얘기를 복기할 수 있게 구성돼 있었다. 미국의 군사 전략은 정권이 바뀌어도 폐기되지 않는 것이 훨씬 많다. 따라서 이 책이 외교 안보 관련 훌륭한 참고서 역할을 한다고 생각했다. 다소 드라이하게 작성된 볼턴의 회고록보다 상황 묘사가 생생해서 참고할 부분이 많았다.

출간 소식이 발표된 이후 미국 언론들도 에스퍼 인터뷰를 많이 했는데, 아쉽게도 한국과 관련한 기자들의 질문은 없었다. 이 때문에 에스퍼도 한국 얘기를 할 기회가 없었다. 한국 얘기가 듣고 싶어 에스퍼에게 인터뷰 요청을 했는데, 그도 한국 언론과 인터뷰하겠다는 의지가 있었다. 인터뷰하면서 상당히 다양한 주제에 대해서 질문을 많이 했는데, 그는 모호한 화법을 구사하지 않았다. 자기가 아는 범위에서는 구체적이고 직설적으로 답변했다. 그와 5월 25일 나눈 인터뷰 주요 내용을 문답 형태로 복기했다.

김수형 바이든 대통령의 이번 한국, 일본 순방(2022년 5월 20일~24일)에 대해서 어떻게 평가하나?

에스퍼 이번 순방은 매우 중요하다. 나는 바이든이 취임하고 6개월이나 1년 내로 빠르게 순방을 갔으면 했다. 중국이 미국의 전략적인 적수이고, 인도·태평양 지역도 도전적으로 부상하고 있어서다. 일단 이번 순방은 잘 된 것으로 보인다.

김수형 한미 연합 훈련을 확대하기로 했다. 이 조치는 합리적인 것이라고 보나? 북한에는 어떤 메시지를 보냈다고 보나?

에스퍼 한미 공동 선언문을 읽어봤다. 긍정적인 선언문이라고 생각했다. 많은 것이 언급돼 있었는데, 군사 훈련의 범위나 미국과 고위급 대화 재개에 대해서 언급돼 있었다. 중요한 것들이다. 심지어 타이완 관련한 것도 중요했다. 하지만 한미 모두가 마주하고 있는 도전이자 위협인 중국에 대해서 명시적으로 언급하지 않은 것은 실망스러웠다.

김수형 한미는 이번 공동 선언에 확장 억지 조항을 넣었다. 이에 대해서는 어떻게 생각하나?

에스퍼 한반도에 비핵화를 추구하면서 한국의 핵우산을 확장하는 것은 중요하다. 나는 트럼프 정부에서도 이 정책에서는 차이가 있다고 생각하지 않는다. 그것은 미국 정부 정책의 연장선에 있다고 생각한다. 이렇게 재차 강조하는 것은 중요하다. 그래야만 김정은이 현 상황에서 미국이 동맹국을 지원할 것이라는 사실을 이해할 수 있다.

김수형 당신은 책에서 한국이 쿼드Quad(미국·일본·호주·인도 4개국이 참여하는 안보 협의체)에 가입해야 한다고 주장했다. 그런 이유가 무엇인가? 이번 순방 때 결정이 나지는 않았지만 앞으로 한국이 쿼드에 가입할 가능성이 있다고 보나?

에스퍼 나는 한국이 지속적으로 쿼드 가입을 추진해야 한다고 생각하고, 미국도 이를 환영해야 한다. 한국은 군사 강국이고 경제도 12위권에 있다. 기술적으로 발전한 사회이고, 민주주의도 성숙한 나라다. 이런 모든 이유로 한국이 인도·태평양 지역에서 발전한 나라가 된 것이다. 따라서 한국이 쿼드에 가입하는 것은 중요하다.

김수형 중국이 타이완을 공격했을 때 미군이 투입되느냐는 물음에 바이든 대통령은 그렇다고 답했다. 중국이 타이완을 공격하면 미군이 참전하게 되는 것인가?

에스퍼 어제 바이든 대통령이 그 부분에 대해 말한 것은 이번이 세 번째다. 그는 미국이 타이완을 군사적으로 방어할 것이라고 말했다. 그게 무슨 뜻인지는 우리는 정확히 모른다. 그것은 상황에 달려있다. 그게 전쟁 물자를 제공한다는 것인지, 장거리 미사일을 공급한다는 것인지, 군대를 파병한다는 것인지 모든 것은 상황에 따라 다르다. 지금 상황에서 아주 구체적인 것을 말하기는 어렵다. 하지만 바이든 대통령의 담대한 발언은 미국이 타이완 방어를 하겠다는 것이다. 그게 바이든의 발언에서 중요한 것이다.

김수형 하지만 타이완이 인도·태평양 경제프레임워크(IPEF)에는 빠졌다. 타이완도 거기 참여했어야 하는 거 아닌가?

에스퍼 나는 타이완이 IPEF 뿐만 아니라 UN의 다른 활동에도 참여해야만 한다고 생각한다. 세계적인 팬데믹이 진행되는 상황에서 타이완이 세계보건기구(WHO)에 가입하지 말아야 할 이유는 없다. 타이완

2022년 5월 25일 마크 에스퍼와 줌 인터뷰하는 모습.

이 국제기구와 지역 기구에 가입하는 것은 중요하다.

주한미군의 중요성과 철수 가능성

김수형 회고록에 트럼프 대통령이 '한국인들은 협상하기 끔찍하다, 주
한미군 철군을 계속 요구했다'는 대목이 나온다. 이런 얘기가 어떻
게 나오게 된 것인지 당시 상황을 좀 더 구체적으로 설명해 줄 수
있나?

에스퍼 트럼프는 많은 동맹국에 대해 회의적인 시각을 가지고 있었다.
특히 유럽이나 아시아 같은 해외에 군대를 전개하는 과정에 있어서
그랬다. 한국에 관해서 트럼프는 한국이 공정한 분담금을 지급하지
않고 있다면서, 그건 불공평하다고 말했다. 미국이 안보를 제공하
는데, 그들은 우리에게 TV를 판다는 것이다. 무역 불균형이 한반도
에서 군대를 철수하려고 고려했던 이유였다.

김수형 폼페이오 장관이 주한미군 철수를 2기 트럼프 정부의 최우선 과

제로 추진하자고 말했다는 대목도 나온다. 트럼프 대통령이 만약 재선된다면 실제로 주한미군 철수를 최우선 과제로 추진할 것으로 보나?

에스퍼 우선 폼페이오 장관이 2기 트럼프 정부의 최우선 과제로 주한미군 철수를 추진해야 한다고 믿고 말한 것은 아니라고 본다. 그는 대통령이 그런 생각에서 벗어나서 다른 것에 집중하게 하려고 말한 것이다. 결국 이 말은 트럼프의 주의를 딴 데로 돌리는 데 도움이 됐다. 앞으로 주한미군의 미래가 어떠할 것이냐는 당신의 질문에 답하자면 재임 기간 트럼프는 여러 번 유럽이나 아시아 등 해외에 파병된 미군의 불공정한 방위비 분담 문제에 대해서 언급했다. 그래서 나는 그가 재선에 성공한 뒤, 한국이 더 많이 방위비 분담금을 내도록 협상에 적극적으로 임하지 않는다면, 주한미군 철수를 실제로 추진할 가능성이 있다고 본다. 그것이 그가 상황을 보는 방식이고, 그에게 주한미군 주둔은 매우 거래적이다.

김수형 하지만 주한미군은 미국의 전략적인 이익이 된다. 특히 대중국 견제를 위해서 주한미군의 존재가 필수적이다. 이런 상황에서 실제 철수가 가능하다고 보나?

에스퍼 주한미군의 존재는 중요하다. 그것은 한국만을 위한 것이 아니라 미국이나 지역의 다른 동맹국들을 위해서도 중요하다. 주한미군은 지역의 충돌을 예방하고 전쟁 억지력을 보유할 수 있도록 하기 때문이다. 주한미군이 한반도에서 철수하면 지역의 안정을 해친다. 그것이 내가 주한미군 철수에 반대했던 이유다. 하지만 내가 공개적으로 지적하기도 했고, 트럼프 대통령이 옳았던 부분이 있다. 한국은 세계 12위의 경제 강국이기 때문에 방위비 분담금에서 더 많은 부담을 질 수 있다는 것이다. 내 계산으로 한국은 주한미군 주둔 비용의 3분의 1 정도를 부담하고 있다. 하지만 그 비용은 미국이나 미국 재무부에 들어오는 게 아니라 한국 경제로 다시 돌아간다. 한국뿐만 아니라 전 세계적인 관점에서 방위비 분담금은 적어도 50대 50으로 똑같이 부담해야 한다. 그것이 우리 논의의 출발점이다. 내 관점에서 미군의 주둔은 현지 안보와 지역 안보 그리고 미국의 안보를 위해서 매우 중요하다.

김수형 한국이 부담해야 할 방위비 분담금에 대해서 트럼프 대통령은 기존보다 400퍼센트 인상한 최대 연간 50억 달러라고 액수를 제시했다. 이렇게 제시했던 근거는 무엇인가?

에스퍼 나도 모른다. 그건 백악관에서 나온 거라고 생각한다. 나도 그것이 굉장히 놀라운 수치라고 생각했다. 나는 한국 정부가 한 해 10억 달러 미만을 부담하고 있다고 봤는데, 이는 주한미군 주둔 비용의 35퍼센트 정도 된다. 한국은 10억 달러 이상은 부담했어야 한다. 양국이 서로 50대 50을 부담해야 한다. 하지만 문재인 정부에서는 별로 관심 있어 하지 않았다. 나는 그것을 불합리하다고 생각했다.

김수형 한국 정부는 바이든 정부 출범 이후 첫해 방위비 분담금 13.9퍼센트 인상으로 합의를 봤다. 이 액수에서 더 올려야 된다고 보나?

에스퍼 3분의 1 부담하는 것에서 13.9퍼센트 인상하는 것은 솔직히 그렇게 많이 올린 건 아니다. 한 해 지불하는 걸로는 많이 내는 것 같지만 그렇지는 않다. 나는 분담금의 50대 50을 말하는 것이다. 한국 정부가 지불하는 분담금의 대부분은 한국 경제로 다시 돌아간다.

물류와 전기, 수도, 미군 기지에서 일하는 한국인 노동자들의 임금이다. 그것은 미국으로 돌아가는 것이 아니다. 지금 인상된 금액 말고 멀리 떨어져서 전체적인 걸 봐라. 이건 한국만을 위한 것이 아니라 다른 파트너, 전 세계에 있는 동맹을 위한 것이다. 한국, 일본, 독일처럼 주요 경제 국가들이 똑같이 절반씩 내는 것이 시작점이 돼야 한다. 하지만 아프리카나 라틴아메리카와 같은 제3세계에 미군이 주둔한다면 그것은 다른 얘기다.

미국과 동맹국을 위해 자리 지켜

김수형 나도 주한미군에서 카투사로 군 생활을 했다. 하지만 지금처럼 돈에 연연하는 미군의 모습이 너무 낯설다. 협상 과정에 대해서 미군이 용병이 됐다는 지적도 있었다. 이점에 대해서는 어떻게 보나?

에스퍼 아니다. 완전히 틀린 얘기다. 미국은 항상 매해 어떻게 미군을 유지할지 예산을 할당하는 데 집중한다. 1990년~1991년 걸프전쟁으로 돌아가 생각해 보면 사우디아라비아는 우리 군대가 사막에서 주둔할 수 있도록 음식, 물 같은 자원을 대면서 많은 비용을 부담했다. 비용 분담은 여러 다른 형태로 온다. 주둔 국가의 지원이나 무기 판매나 연합 훈련 비용 같은 걸로 말이다. 그래서 이건 용병이 아니다. 미국은 전 세계 모든 주둔 국가에 대한 예산 한계에 직면하고 있다. 예산 적자만 300조 달러다. 게다가 지금은 9퍼센트 대의 인플레이션 상황이다.

나는 미국 납세자들이 정부에 지급하는 돈에 대해 선량한 관리자 의무가 있다고 생각한다. 우리가 전 세계 모든 국가의 방어 비용을 낼 수는 없다. 비용을 함께 부담하는 국가가 진정한 파트너이자 동맹일 것이다. 그리고 파트너로서 동등하게 안보에 접근해야만 한다. 타자에 대한 방어 비용 부담은 공평해야 한다. 한쪽이 다른 쪽을 위해 일방적으로 방어 비용을 내서는 안 된다. 그게 내가 보는 관점이다. 이 경우는 전혀 용병이 아니다. 용병은 내가 이렇게 돈을 많이 낼 테니 전쟁에 가서 싸워 달라는 것이다. 그러나 그건 우리가 일하는 방식이 아니다. 우리의 방식은 분담금을 어떻게 나눌지, 어떻게 주둔 국가를 지원할지의 문제를 다루는 것이다.

김수형 당신이 대통령 임기가 끝날 때까지 물러나지 않은 이유가 뭔가? 트럼프가 주한미군을 뺀다고 할까 봐 두려워서였던 건가?

에스퍼 정확히 말하면 나는 물러나지 않았고, 중간선거 일주일 뒤인 2020년 11월 9일 해고됐다. 이건 내가 한 결정은 아니었다. 미리 사임하지 않은 것은 너무나 이상한 생각들이 트럼프 대통령의 머릿속에서 나왔고, 국가를 위해서 좋지 않은 일들이 제안되는 것을 우려했기 때문이다. 나는 자리를 지키면서 중요한 일을 하는 것뿐만 아니라, 나쁜 일을 하지 않도록 막는 게 더 중요하다고 봤다. 나는 그런 이상한 일들이 국가 안보를 해친다고 생각했다. 예를 들어 나는 주한미군 철수를 걱정했는데, 대통령이 완전한 충성파를 앉혀서 그런 일을 추진하지 않으리라는 확신이 없었다. 국방부 장관은 미군의 해외 전개를 결정할 수 있는 중요한 자리다. 나는 미국을 위해서, 국방부를 위해서, 동맹국을 위해서 자리를 지키는 것이 낫다고 생각했다.

사드 배치, 한미 관계의
가장 큰 마찰 지점

김수형 사드를 실질적으로 배치하려고 윤석열 정부에서 환경 영향 평가
를 시도하려고 한다. 사드 문제는 어떻게 해결돼야 한다고 보나?

에스퍼 나는 사드 설치 장소를 2017년 말에 방문했다. 사드 설치의 목적
은 물론 한국과 미국을 방어하기 위한 것이다. 그것은 우리가 하는
중요한 부분이다. 하지만 미군 병사들은 적절한 처우를 받아야 한
다. 그들은 끔찍한 상황에서 지내고 있었다. 그들은 우리가 의도한
임무를 완전히 수행할 수가 없었다. 나는 우리가 지원받는 것에 대
해 매우 실망했고, 이는 내가 한국 파트너에게 3년 동안 압박했던
것이었다. 상황은 지역 정치를 비롯한 다른 모든 것에 묶여 있었다.
이는 파트너를 대우하는 방식이 아니었고, 한미 관계에 있어 큰 마
찰 지점이었다. 무엇보다 이 부분은 미국 안보만이 아닌, 한국 안보
에 대한 것이기도 했다.

김수형 전시작전권 전환은 문재인 정부의 숙원 사업이었다. 복잡한 얘기
인지는 알지만, 전시작전권 전환이 가능한 얘기라고 보나?

에스퍼 나는 한국 정부 내에서 전시작전권을 준비된 것보다 빨리 이양하
자고 주장하는 사람이 있었다고 생각한다. 그런 의견을 물리쳤다고
내 책에도 써 놨다. 우리는 이양 조건을 따라야 한다. 가장 하지 말
아야 할 일은 전쟁이 일어난 순간이나, 준비가 안 됐다고 발견한 상
황에서 작전권을 이양하는 것이다. 그렇게 되면 억지력에 영향을
미친다. 우리는 가급적 작전권 이양을 빨리할 수도 있지만, 모든 것

은 이양 조건에 달려 있다.

김수형 당신 책에는 중국을 견제하려는 미국의 전략이 잘 나와 있다. 한국이 경제는 중국, 안보는 미국이라는 노선을 취하는 게 불가능하다고 했는데 그렇게 말하는 이유는 무엇인가?

에스퍼 필연적으로 그 두 가지는 양립 불가능하다. 앞서 성주에 사드를 전개하는 문제에 대해 말했다. 그건 서울과 워싱턴 모두 북한의 장거리 미사일로부터 보호하기 위해 중요하다고 생각한 것이다. 하지만 중국이 반대했다. 중국은 경제적인 모든 힘을 사용해 지렛대로 삼았다. 내가 기억을 다 할 수는 없지만, 관광객들을 차단하고 무역 관계도 끊어버렸다. 충격이 있었다. 솔직히 말해서 성주의 사드 기지는 온전히 제 기능을 다해야 한다. 하지만 중국이 한국에 미치는 경제력을 활용해서 한국에 사드 배치하는 걸 반대했다. 결국 미국, 한국 두 나라의 안보를 크게 해친 것이다. 그래서 한국이 중국과 경제 파트너가 되려고 하는 것에 대해서 염려하는 것이다. 이런 상황에서 미국과 안보 파트너가 되려고 해도 중국이 경제력으로 개입할 것이기 때문에 유지될 수가 없다. 중국은 필연적으로 경제적인 힘을 그들이 원하는 걸 얻기 위해서 사용할 것이다. 중국은 한국뿐만 아니라 호주, 다른 많은 나라에 대해서도 그렇게 했다. 그래서 나는 다른 민주주의 국가들은 중국에 경제적인 의존도를 낮춰야 한다고 생각한다.

**트럼프, 재선된다면 김정은과
개인적 외교 관계 선호할 것**

김수형 한일 군사정보보호협정(지소미아GSOMIA) 갈등이 있었을 때 미국
이 적극적으로 중재에 나섰다는 사실은 한국에 구체적으로 알려지
지 않았다. 한일 갈등은 어떻게 해결해야 한다고 보나?

에스퍼 나는 양국 사이에 있었던 역사적인 비극을 이해한다. 그것은 끔
찍한 일이었다. 하지만 우리는 앞으로 나아가야 한다. 북한의 위협
뿐만 아니라 중국의 위협이 증가하고 있다. 그것은 우리 세기의 전
략적인 변화다. 서울과 도쿄 사이에 지소미아로 분쟁이 일어났을
때 매우 실망스러웠다. 나는 그런 분쟁이 불필요하고 도움이 안 된
다고 생각했다. 그것은 북한과 중국에 잘못된 신호를 보냈다. 그래
서 양쪽 국가를 오가면서 방법을 찾기 위해 노력했고, 다행히 그걸
해냈다. 그것은 불필요한 일이었고, 윤석열 대통령이 그의 상대인
도쿄와 다른 방식으로 나아가겠다고 한 것에 대해서 반갑게 생각
한다.

김수형 북한의 코로나19 상태가 심각한 것으로 보인다. 하지만 아직도
미국과 한국의 도움을 거부하고 있다. 이들의 의도는 무엇이라고
보나?

에스퍼 그들은 스스로 이겨내는 걸 강조하는 '주체'(한국어로 또박또박 발
음) 사상을 가지고 있다. 그들은 자기 주민에게 자신들이 적이라고
생각하는 미국이나 한국에서 백신 보급품을 받음으로써 약점을 노
출하고 싶어 하지 않는다고 생각한다. 불쌍한 북한 주민이 독재 정

권 밑에서 혹독한 대가를 치르는 것은 안타까운 일이다. 북한 주민은 더 나은 삶을 살 자격이 있다. 그들은 남쪽 주민을 보면서 김정은 정권이 무너진다면 어떤 일이 펼쳐질지 생각해 봐야 한다.

김수형 김정은과 트럼프의 관계는 실제로 어땠다고 보나? 이런 관계가 트럼프가 재선되더라도 이어질 것이라고 보나?

에스퍼 나도 김정은과 트럼프의 관계를 직접 목격한 것은 아니었다. 트럼프 대통령의 외교 방식은 혁신적이었다. 인간적인 관계를 통한 방식은 수십 년 동안의 전통을 깼다. 그리고 그것은 불확실하던 한반도에 어느 정도 안정을 가져다줬다. 내가 육군 장관에 취임했던 2017년 말에는 한반도가 실제 전쟁에 들어가는 단계에 있었다. 하지만 트럼프 대통령의 접근 방식은 북한의 핵실험과 ICBM 테스트를 끝냈고 안정기를 가져다줬다. 나는 그런 일이 일어나기를 희망하지 않지만, 트럼프 대통령이 재선된다면 그는 김정은과 북한에 대해서 전통적인 외교 방식보다는 개인적인 외교를 선호할 것이다.

에스퍼가 장관직을 지켰던 이유

김수형 BLM 시위대에 트럼프가 발포를 명령했다. 그는 민간인을 살해할 생각이었던 것인가?

에스퍼 트럼프 대통령은 워싱턴 D.C. 시위가 과하게 폭력적이라고 봤다. 법 집행 요원들과 주 방위군이 부상당한 것은 사실이었다. 일부는 도시를 파괴하고 방화를 했다. 하지만 내 생각에는 그런 건 작은 시위에 불과했다. 그런 시위는 2020년 조지 플로이드의 비극적인 죽음 때문에 생긴 일이었다. 하지만 트럼프 대통령은 그럼에도 시위를 끝내려고 했고, 시위대를 억압하려고 했다. 그래서 그가 마크 밀리Mark Milley 합참의장에게 "그들을 그냥 쏴버릴 수 없나? 다리 같은 데를 쏘면 안 되나?" 이렇게 말했던 것이다. 나는 그가 실제로 사람들을 살해할 생각은 없었다고 본다. 단순히 사람들을 상처 입히려고 했던 것이다. 물론 비열한 생각이었다. 다행히 우리가 현직 군인들을 미국 수도에 배치하려는 생각을 되돌려 놓는 데 성공했다.

김수형 당신이 현직에 있을 때 경고음을 더 적극적으로 울려야 했다는 지적이 있다. 트럼프 대통령이 당신을 '예스퍼'라고 표현하기도 했고, 한때 한국에서도 당신을 트럼프 대통령과 같은 생각을 하는 사람이라고 보기도 했다. 트럼프 행정부에 있을 때 당신의 목소리가 지금처럼 강하지 못했던 이유는 무엇인가?

에스퍼 그것은 매우 간단하다. 내가 그때 목소리를 냈다면, 나는 즉시 해고됐을 것이다. 그게 대통령의 특권이다. 내가 해고됐다면 그 자리에서 25만 명의 군대를 국경에 배치하라는 것이나 멕시코에 미사일을 쏘라고 했던 것, 한반도에서 미군을 철수하라는 것에 반대하지 못했을 것이다. 그리고 미국 수도에 군대를 배치하라는 것에도 반대하지 못했을 것이다. 하지만 다행히도 내가 거기 있었다. 나는 나쁜 일이 일어나는 것을 막을 수 있었다. 나는 내가 헌법에 했던 맹세를 생각했다. 나라를 먼저 생각해야지 대통령이나 내가 속한 정당이 먼저가 아니다. 나 자신의 안위를 생각한다면 물러나는 것이 훨씬 쉽고 나은 방법이었다. 자연인으로 돌아가는 것이다. 하지만 그러지 않기로 했다. 내가 하는 일이 너무 중요했기 때문이다.

트럼프는 별명으로 사람 부르기를 좋아한다. 사실 그는 사람들이 그에게 반대하거나 반박하는 것을 매우 싫어한다. 반대하는 사람들을 별명으로 부르는 것이다. 트럼프는 자존심 때문에 자신에 반대하는 사람을 참지 못한다. 그는 그런 사람이다. 나는 당장 목소리를 내서 해고되는 것보다는, 장관직을 유지하면서 나쁜 생각과 기이한 개념에 반대하는 것이 나았다고 생각했다. 누가 알겠나. 내가 물러났다면 아마도 지금 한반도에는 미군이 1만 명만 남아있었을 수도 있다. 혹은 지금 이란과 전쟁을 하고 있을 수도 있다. 나는 잘 모르겠다. 나는 고민 끝에 주한미군이 전략적인 철수를 하지 않는 매트릭스를 만들어 냈다. 그래서 한국과 북대서양조약기구(나토NATO)와 일본에서 미군이 철수하는 것을 막았다. 국방부를 정치화하지 않았고, 군대를 남용하지 않았다. 그리고 불필요한 전쟁을 하지도 않았다. 나는 그렇게 하는 게 매우 성공적이었다고 생각했다.

**불안한 바이든 지지율, 재기 모색하는 트럼프,
우리는 무엇을 준비할 것인가?**

2022년 첫 아시아 순방을 마치고 돌아온 바이든에게 최악의 지지율 성적표가 기다리고 있었다. 바이든이 인기 없는 대통령이기는 했지만, 물가 폭등과 분유 대란까지 겹치면서 미국 내에서 '무능한 대통령'의 이미지가 덧씌워지는 상황이었다. 중간선거는 원래 집권당의 무덤인데, 이런 추세로 오는 11월 중간선거를 치른다면 민주당은 다수당 지위를 잃어버릴 가능성이 매우 크다. 미국 국정은 지금보다 목소리가 훨씬 커질 공화당 중심으로 굴러가게 되고, 바이든 대통령은 국정 운영 동력을 상실할 수 있다는 의미다.

트럼프 전 대통령은 공화당 내에서는 가장 유력한 차기 대선 주자라고 할 수 있다. 물론 2024년 대선까지는 아직 시간이 많이 남아있고, 의회 청문회와 수사로 트럼프 전 대통령이 실제 출마를 못 할 가능성도 있다. 하지만 이런 미묘한 변화기에는 민주당의 정책뿐만 아니라 트럼프 전 대통령과 공화당 쪽의 동향과 생각도 두루 파악할 필요가 있다. 그런 점에서 트럼프 전 대통령 밑에서 장관을 지내면서 보고 들은 비밀을 작정하고 폭로한 에스퍼의 발언은, 우리가 미래를 준비하는 데 중요한 참고 자료가 될 것이다.

미국이 사회주의 유토피아?
한국 정치 색깔론은 저리 가라
공화당 전당대회와 트럼프 수락 연설

<u>2020. 8. 25.</u>

코로나19 때문에 미국 대선 기간에만 볼 수 있는 전당대회를 현장에서 직접 볼 수 없어 아쉬웠다. 사회적 거리두기 때문에 미국 주요 방송사들도 현장에 접근하는 게 상당히 제한된 상황이었다. 전당대회 거의 전부가 화상으로 진행된 민주당과 달리 공화당은 워싱턴 트럼프 호텔 근처 앤드루 W. 멜론 강당에서 연사들이 무관중 상태에서 라이브 방송을 했다. 생동감 측면에서는 아무래도 현장 연설이 더 나았다. 사연이 있는 일반인 연사(참전 군인 출신, 총기 사건으로 딸을 잃은 사람, 쿠바 이민자 등)를 넣어 민주당 후보는 안 된다는 자기 생각을 발표하게 한 건 눈길이 갔다(어차피 공화당 내에서도 부시 전 대통령을 비롯한 중량감 있는 인사들이 안 나오겠다고 하니, 명망가들로 연사들을 다 짜기는 쉽지 않았을 듯했다).

첫날부터 공화당 전당대회는 '공포 마케팅'에 치중했다. 찬조 연사들의 메시지를 관통한 건 바이든이 대통령 되면 미국이 사회주의 국가가 된다는 것이었다. 가장 마지막에 연설했던 공화당 내 유일한 흑인 상원 의원 팀 스콧Tim Scott이 "민주당이 정권을 잡으면 미국이 사회주의 유토피아가 될 것"이라고 한 것이 모든 내용을 한 번에 정리했다. BLM 시위대에 총을 겨눠 중범죄로 기소된 세인트루이스의 부부도 총기 자유를 역설했다. 트럼프 대통령의 핵심 지지층이 무서워하는 걸 자극해 그들을 투표장에 끌어내려는 선거 전략은 명확했다. 다만 공화당과 민주당 중간 지대에 있는 부동층이 반응할 메시지는 명확하지 않았다.

인도계로 사우스캐롤라이나 주지사를 지냈던 니키 헤일리Nikki Haley 전 유엔 대사의 트럼프 대통령에 대한 충성심도 빛났다. 이민자로서 자신의 경험을 말하며 "민주당이 미국이 인종차별주의자들의 나라라고 하는데 그건 거짓말이다"라고 일갈했다. 트럼프 대통령의 리더십을 치켜세우는 역할도 충실했다. 펜스 부통령은 녹음기를 틀어놨나 착각할 정도로 트럼프 대통령에 대한 진부한 칭찬을 늘어놓았는데, 헤일리 대사의 영혼을 담은 듯한 칭찬은 훨씬 귀에 잘 들어왔다. 지지율에서 밀리는 트럼프 대통령은 내심 부통령 자리에서 펜스를 내리고 헤일리를 세우고 싶을 듯했다. 성공담을 가진 이민자 출신의 충성파 헤일리는 트럼프 행정부 시즌2가 열린다면 중요한 자리로 직행할 것으로 예상된다.

공화당 전당대회만 보면 미국은 코로나19 방역에 대성공한 나라였다. 트럼프 대통령의 결단으로 중국발 입국을 금지해, 수백만 명이 숨질 뻔한 걸 막았다는 메시지를 강조했다(당시 사망자만 18만 명 가까이 됐다). 코로나19 사태로 연방 정부 눈치를 많이 봐야 하는 시기에 앤드루 쿠오모Andrew Cuomo 뉴욕 주지사 등이 했던 트럼프를 칭찬하는 발언을 짜깁기한 영상을 틀기도 했다. 대통령에게 감사하다는 얘기가 정말 많이 들렸다. 트럼프가 미국을 코로나19 위기에서 구했다는 메시지인데, 이런 장면을 보면서 '삼인성호(세 사람이 짜면 거리에 범이 나왔다는 거짓말도 꾸밀 수 있다는 의미)'라는 말이 딱 들어맞는 상황이라는 생각이 들었다. 미국의 온라인 매체《복스Vox》도 이런 거짓말을 듣고 답답했는지 미국의 심각한 코로나19 상황을 정리한 차트 한 장을 기사로 올리기도 했다.

CBS 여론조사에서는 공화당 지지자의 57퍼센트가 미국의 코로나19 사망자 숫자가 수용 가능한 수준이라고 답변했다. 무슨 짓을 해도 자기를 지지하는 국민을 만들고자 정치인들이 편 가르기에 목숨 거는 이유를 보여주는 여론조사 결과였다. 트럼프에 대한 FOX NEWS의 지원은 이번에도 두드러졌다. FOX NEWS의 트럼프 신봉자 로라 잉그러햄 Laura Ingraham은 전당대회 극찬을 이어가며 공화당 전당대회는 통합에, 민주당은 분열에 치중했다고 말했다. 같은 전당대회를 보고 평가하는 게 이렇게 달랐다.

트럼프 대통령은 지지율이 밀리자 초조한 기색이 역력했다. 후보로 추대된 첫날부터 노스캐롤라이나 샬럿 행사장에 깜짝 등장해 한 시간이나 장광설을 늘어놨다. 원래 전당대회에서 주인공은 마지막 날에 등장한다. 하지만 이번에는 처음부터 끝까지 계속 등장하는 걸로 전략을 잡은 듯했다. 지난주에는 민주당 전당대회에 맞춰 재 뿌리기 유세를 이어갔는데, 상대 전당대회 때는 이런 유세를 하지 않았던 과거의 전통 따위는 생각할 겨를이 없는 듯했다. 반면 바이든은 공화당 전당대회 때 특별한 대형 이벤트는 잡지 않았다. 바이든이 중세 기사처럼 싸운다면 트럼프는 흉기를 든 야쿠자같이 싸우는 느낌이었다. 트럼프 대통령이 오늘 전당대회에 나와 연설한 첫 내용도 우편투표 음모론이었다. 지지자들도 수준 이하인 사람이 많았는데, 트럼프 대통령이 오바마 전 대통령을 비난하자 일부 지지자들이 "원숭이"라고 외치기도 했다.

코로나19로 인해 경제가 제대로 돌아가지는 않지만, 주가가 좋은 상태이고 코로나19도 최악의 상황에서 벗어나는 분위기여서 앞으로 판세는 예측불허다. 식품의약국(FDA)의 목을 졸라서라도 백신을 최대한 당겨서 출시한 뒤, 코로나19 위기를 극복했다고 대대적으로 홍보할 것으로 보인다. 비록 바이든이 지금은 지지율에서 이기고 있지만, 미국 선거는 경합 주 몇 개만 잃어도 총득표 수에서 앞서고도 선거인단에서 밀려 질 수 있다. 따라서 바이든이 승리를 낙관하기는 아직 이르다.

2020. 8. 28.

냄비에 '에어혼'까지
反트럼프 시위대가 새로 장착한 무기

6월의 워싱턴을 뜨겁게 달궜던 인종차별 반대 시위는 서서히 진정돼 백악관을 에워쌌던 쇠 울타리도 사라졌다. 하지만 제이콥 블레이크 사건(2020년 8월 23일 위스콘신주에서 백인 경찰이 체포 과정에서 흑인 남성에게 여러 발의 총격을 가한 사건)이 터지고 트럼프 대통령의 후보 수락 연설이 동시에 맞물리면서 그제부터 백악관 주위에 다시 쇠 울타리가 등장했다. 그걸 보며 사람이 꽤 모이겠다고 생각했는데, 후보 수락 연설에 임박해서는 백악관 주위 군데군데 수천 명은 될 만한 인원이 모였다.

이번에 시위대는 트럼프의 후보 수락 연설을 방해하기 위해 '에어혼(소리를 압축해 큰 경적을 내는 도구)'을 가지고 나오자고 SNS에 메시지를 공유했다. 현장에 가보니 참가자들이 소음을 낼 만한 도구를 많이 가지고 나왔다. 에어혼은 부부젤라 급은 아니었지만, 크기에 비해 상당히 큰 소리가 나서 놀랐다. 냄비와 국자를 들고나와 두드리는 사람도 있었고, 생수병에 동전을 넣고 흔들어 소음을 만드는 경우도 있었다. 모두의 공통된 생각은 '트럼프 연설을 듣기 싫다'였다. 트럼프 재선을 도저히 못 봐주겠다며 "민주주의가 위기다"라고 답하는 사람도 있었다. 제이콥 블레이크 사건에 열 받아서 나왔다는 반응도 꽤 있었다.

15번가와 백악관 사이에서 벌어진 거리 행진은 스피커를 가득 실은 트럭이 앞장섰다. 여러 스피커가 동시에 음악을 틀어대니 나이트클럽은 저리 가라 할 정도로 큰 소리가 나서 귀가 떨어질 지경이었다. 일부는 이 음악에 맞춰 신들린 듯 춤을 추기도 했다. 농구 골대를 붙여 놓은 스쿨버스도 있었는데, 사람들이 여기서 덩크슛을 하며 시위하는 모습도 인상적이었다. 지역 축제 같은 느낌이었는데, 어차피 트럼프의 연설을 방해하는 게 목적이니 최대한 왁자지껄 떠들어 보자는 생각이었던 듯했다. 분위기는 상당히 유쾌했다. 시위가 산발적으로 여러 곳에서 진행됐는데, 라파예트 광장에서는 단두대를 만들어 트럼프의 목을 치는 섬뜩한 퍼포먼스를 하는 팀도 있었다.

백악관 밖 시위는 트럼프 대통령의 연설에 방해가 될 정도는 아니었다. 이번 행사는 워싱턴 기념탑(Washinton Monument) 쪽 백악관 마당에서 진행됐다. 따라서 연설에 방해가 되려면 적어도 컨스티튜션 애비뉴(백악관과 미 의회를 잇는 워싱턴 D.C.의 중심 도로)를 시위대가 가득 채워야 가능했을 것이다. 자정이 가까운 시간에 그 정도로 사람이 모이기는 사실 쉽지 않다. 경찰은 스피커를 탑재한 차량이 큰길로 진입하는 것 자체를 불허했다.

몇 달 전, 트럭 운전사들이(대다수가 트럼프 지지자) 운임 체계 개선을 요구하며 시위를 할 때는 경찰이 컨스티튜션 애비뉴에 트럭을 줄지어 주차하게 해줬었다(트럭에 트럼프, 펜스 깃발을 건 사람들이 많았다). 그때도 운전자들이 동시에 트럭 경적을 울려댔는데, 트럼프가 인터뷰하다가 그 소리를 듣고 "나를 지지하는 소리"라고 너스레를 떨기도 했었다. 자기 편은 시위할 때도 편의를 봐주는 게 트럼프 스타일이었다.

백악관 행사 참석자 답례품은 코로나19?
지지자들이 보여준 '노 마스크' 본색

오후부터 워싱턴 D.C. 일대에 잘 차려입은 사람들이 많이 보였다. 백악관 쪽으로 이동하는 후보 수락 연설 참석자들이었다. 마스크를 쓴 사람과 안 쓴 사람이 섞여 있었다. 그런데 행사장에서는 대다수가 마스크를 벗고 앉아 있었다. 마스크를 가져온 사람조차 아무도 쓰지 않아 벗을 수밖에 없었던 게 아닐까 생각했다. 반갑게 악수와 포옹을 하고 딱 붙어 서서 비말을 튀기며 얘기하는 모습이 여기저기 보였다. 이 행사만 놓고 보면 미국에서 코로나19는 이미 종식된 듯한 착각이 들었다. 멜라니아 여사 행사 때도 분위기는 비슷했지만, 이번에는 2,000명이나 불러서 더 도드라져 보였다.

트럼프 대통령의 후보 수락 연설 때 백악관은 성대한 불꽃놀이를 했다. 이날 미국의 코로나19 사망자는 18만 명을 넘어섰다.

문제는 이들이 행사장에 입장하면서 코로나19 검사를 받지 않았다는 것이었다. 이번 행사는 거의 무방비 노출이라고 해도 과언이 아니었다. 트럼프 대통령의 마스크 거부감에 코드를 맞추려는 사람들이 코로나19 감염을 무릅쓰고 '노 마스크'로 담대하게 행사에 참석한 것이라고 할 수밖에 없었다. 이들은 백악관 행사 참석 답례품으로 코로나19를 받아 자신의 지역사회에 잘 전파할 것으로 예상된다. 혀를 찰 수밖에 없는 행사였다.

트럼프 대통령의 후보 수락 연설은 길었지만 사실 새로운 내용은 전혀 없었다. 자화자찬, 바이든 비난, 중국 비난, 미국만 위하겠다는 반복적인 메시지였다. 공감 능력 제로에 자기애로 점철된 지도자의 연설은 이런 것이라는 걸 잘 보여줬다.

트럼프식 불꽃놀이,
미국인가 북한인가

공화당 전당대회 내내 트럼프 대통령에 대한 칭찬이 이어졌다. "대통령이 최고입니다, 대통령께 고맙습니다"라는 찬사가 너무 많았다. 정당의 내부 집안 잔치라고 해도 너무 과했다. 국가 전략과 비전, 큰 목표 같은 논의는 거의 없었다고 해도 과언이 아니었다. 찬조 연사들도 트럼프가 흐뭇해할 만한 막무가내 아첨을 하는 경우가 많았다. 미운 놈은 끝까지 괴롭히고 예쁜 놈은 극찬하는 트럼프식 용인술은 이렇게 주변에 아첨꾼들을 많이 만들어 냈다. 공화당 전당대회의 전체적인 분위기는 민주주의 국가의 행사라기보다는 독재 국가에서 볼 수 있는 행사 느낌이었다

2020년 8월 27일(현지 시각) 트럼프 대선 후보 수락 연설 후 시작된 불꽃놀이의 모습.

(미국 만평에도 독재자들이나 하는 행사 같다는 비판이 꽤 보였다).

　　제일 압권은 연설의 마무리에 맞춰 시작된 불꽃놀이였다. 미국 사람들이 불꽃놀이를 워낙 좋아하기는 하지만 트럼프 대통령의 불꽃놀이 집착은 보통 사람 이상이었다. 단상에 서서 멋지게 터지는 불꽃과 환호하는 대중의 모습을 보며 희열을 느끼는 듯했다. 역대 대통령의 얼굴이

새겨진 러시모어Rushmore산에서도 대규모 불꽃놀이를 하더니, 이번 후보 수락 연설 뒤에서도 마찬가지였다. 김여정이 미국 불꽃놀이 DVD를 달라고 했던 건 독재자들끼리 통하는 게 있어서일 것이다.

　시위대와 함께 백악관 외부에서 바라본 불꽃놀이는 초현실적인 느낌이었다. 기쁘고 설레는 마음으로 동참해야 하는데 그러기가 어려웠다. 이날 미국은 코로나19 사망자가 18만 명을 넘겼다. 허리케인 로라는 텍사스, 루이지애나를 박살 내고 북상 중이었다. 때문에 이런 불꽃놀이를 해도 되나 하는 생각밖에 안 들었다. 나중에 역사는 로마에 네로 황제가 있었다면 미합중국에는 트럼프 대통령이 있었다고 기록하지 않을까.

보수 대법원은 어떻게 완성됐나

'진보 아이콘' 긴즈버그 대법관 사후
세 명의 대법관을 지명하게 된 트럼프

2020. 9. 20.

루스 베이더 긴즈버그Ruth Bader Ginsburg 대법관의 삶이 다큐멘터리, 영화로 만들어질 정도로 그녀가 미국인들에게 사랑받고 있다는 건 알았지만, 그녀가 사망한(2020년 9월 18일) 직후 벌어지고 있는 추모 열기는 놀라울 정도였다. 일부 방송사 유튜브 채널 중에서는 추모객들로 가득 찬 연방 대법원 앞 현장을 라이브로 계속 보여주는 곳도 있었다. 실제 현장을 보기 위해 자정이 넘어서 도착했는데, 그때도 대법원 앞에 수백 명이 있었다. 조화, 촛불이 계단에 빼곡했고, 그녀의 죽음을 애도하는 각종 편지와 피켓 등이 놓여 있었다. 누군가가 "RBG(루스 베이더 긴즈버그의 약자) 고맙다", "RBG 사랑한다"고 외치면 사람들이 따라 했다. 성조기와 무지개 깃발을 들고 춤추는 사람도 있었다. 일부는 흐느끼고 있었다. 미국에 있으면서 늦은 시간에 그렇게 많은 사람이 한 사람의 죽음을 애도하기 위해 모인 건 처음 보는 일이었다.

2020년 9월 18일(현지 시각) 연방 대법원 앞에 놓인 긴즈버그 추모 현장의 모습.

미국 저녁 메인 뉴스 시간 긴즈버그의 사망 소식이 전해졌는데, NBC는 첫 중간 광고가 나오기 전 5명의 기자를 연결하며 긴즈버그 뉴스에 집중 투입했다. 척 토드 NBC 정치 담당 국장을 전화로 연결해 정치권 반응과 전망 아이템을 넣었다. 현장에 기자를 내보낼 시간이 없어 긴박하게 뉴스가 들어간 것이다.

신문들도 기사를 매우 크게 쓰는 중이었다. 1면 제목도 트럼프 탄핵 무죄 때 봤던 크기와 같았다. 5, 6면 이상의 지면을 할당해 긴즈버그의 생애를 조명했다. 주요 언론사들은 사망 소식이 전해진 직후 심층 기사들을 바로 쏟아냈는데, 아무래도 고령이다 보니 미리 부고 기사를 준비한 것으로 보였다. 미국 내에서 어떤 인물도 이 정도로 부고 기사가 크게 나기는 쉽지 않을 듯했다.

긴즈버그 대법관은 평생 여성과 소수자의 인권을 위해 헌신했지만, 강렬한 의견 진술로 대중의 마음도 사로잡은 인물이었다. 여성에 대한 억압과 차별을 고발하는 법정 진술은 보는 사람을 통쾌하게 만들었다. 그런 발언들이 SNS를 통해 확산하면서 열성 팬이 형성됐고, 연예인급 인기를 누렸다. 게다가 여러 차례 암 수술을 극복했고, 오페라에 대한 큰 애정까지 가지고 있어 휴먼 스토리까지 남달랐다. 미국 언론들도 "다른 대법관들은 이 정도는 아니다"라고 소개하고 있다. 성품과 실력, 인기와 휴먼 스토리까지 훌륭하게 갖춘 대단히 드문 여성 대법관임이 분명했다. 황당한 일이 연일 벌어지는 트럼프 시대에 존경할 만한 사회의 큰 어른까지 잃었다는 상실감이 더해지며 애도 분위기가 증폭되고 있었다.

트럼프답지 않은 애도 메시지
후임 임명 절차는 '전광석화'

흑인 인권 운동의 상징이었던 존 루이스John Lewis 의원이 별세했을 때, 트럼프 대통령의 애도 메시지는 성의가 없었다. 평소 서로 증오하는 사이이기는 했지만, 트럼프는 하나 마나 한 애도 메시지를 트위터에 대충 남기고는 장례식장도 가지 않았다. 하지만 긴즈버그에 대해서는 "생각은 달라도 그녀는 놀라운 삶을 살았다"며 아주 정상적인 애도 메시지를 냈다. 직설적인 긴즈버그 대법관이 트럼프를 사기꾼이라고 한 적도 있었고, 트럼프 대통령도 예전부터 긴즈버그 대법관을 대법원의 수치라며 막말로 비난해왔다. 이런 껄끄러운 관계에 있는 사람이 숨지면 트럼프 대통령은 예의를 갖추지 않았었다. 그러나 이번에는 백악관에도 조기가 걸려 있을 정도로 모든 성의 표시를 하고 있다.

메시지 관리는 정중하게 했지만, 사실 트럼프 대통령은 오매불망 긴즈버그의 자리를 갈아 치울 생각만 하고 있었다. 이미 후임자 후보군 20명을 발표까지 한 상태였다. 한 대통령이 대법관을 임기 내 2명 이상 임명하는 건 정말 어려운 일이다. 아버지 부시 대통령 시절부터 오바마까지 모두 2명씩 임명했다. 트럼프는 이미 2명을 임명했는데, 이제 한 명을 더 할 수 있게 된 것이다. 만약 재선을 하게 되면 한 명을 더 임명하게 될 것이라고 미국 언론은 전망했는데, 그럼 임기 동안 4명의 대법관을 바꾸는 행운을 누리는 대통령이 된다.

오늘 노스캐롤라이나 유세장에서는 "공석이 된 대법관을 임명하는 건 법적 의무"라고 강조했다. 주말이 지나면 바로 명단을 발표하고, 절차를 진행할 것으로 보인다. 대법관 임명은 상원의 인사 청문회를 거쳐야 하는데, 공화당이 상원 다수당이기 때문에 지금이 적기라고 생각하고 있다. 대통령 선거와 함께 치러지는 상원 선거에서 공화당이 다수당 획득에 실패하면 종신직인 대법관 교체는 앞으로 매우 어려워질 수 있다.

보수 일색 대법원이 눈앞에
정치적 운 따라주는 트럼프

한국도 대법원이 중요하기는 하지만, 미국만큼 절대적으로 중요하다는 느낌은 사실 별로 없다. 한국에서 대법관 인사 청문회는 기사가 많은 날이면 저녁 메인 뉴스에 나가지 못하는 경우도 꽤 있다. 하지만 미국은 대법관 임명 절차도 치열하지만, 그 중요성도 매우 크다. 대통령이 행정명령을 내려도 논쟁적인 건 법원 판결로 막히는 경우가 꽤 많다. 결국은 연방 대법원에서 결론이 나는 경우가 대부분이다. 대통령이 숙원 사업으로 추진하는 건 재판으로 결론이 난다고 해도 과언이 아니다. 이러니 대법관 임명에 목숨을 걸 수밖에 없다. 게다가 올해는 대선까지 있는 상황이어서 선거 결과 불복 이후 소송이 벌어진다면 대법원에서 정리될 수밖에 없다. 우편투표가 폭증하는 이번 선거에서 경합 주 몇 개에 재검표 명령 등이 내려진다면 대통령이 바뀔 수도 있다. 트럼프로서는 자기 목숨을 대법원이 쥐고 있다고 생각할 수 있다.

공화당이 대법관 지명을 포기할 것 같지는 않다. 오바마 대통령은 임기 말에 메릭 갈런드Merrick Garland*를 대법관 후보로 지명했지만, 공화당이 인준 청문회조차 열어주지 않았다. 당시 공화당의 반대 논리는 임기 말에 대법관을 지명해서는 안 된다는 것이었다. 사실 이번에도 똑같은 논리가 적용될 수 있지만, 트럼프 대통령과 공화당이 그 정도 말 바꾸기를 부끄러워할 분위기는 아니다.

이번에 긴즈버그 자리를 트럼프 대통령이 마음에 드는 사람으로 바꾸면 대법원 구도는 '보수6·진보3' 구도가 된다. 보수 일색 판사들이 사망할 때까지 대법관을 하면서 트럼프의 숙원 사업은 제동이 걸리지 않고 추진될 수도 있다. 긴즈버그 대법관은 트럼프가 후임을 지명하는 걸 피하고자 목숨이 끝나는 순간까지 재판정을 지켰지만, 삶과 죽음의 문제는

* 조 바이든 정부 초대 법무부 장관이다.

사람의 힘으로 되는 일이 아니었다. 너무나 극적인 순간에 대법원 구성을 완전히 바꿀 수 있게 된 트럼프에게 정치적인 운이 따라주고 있다.*

* 　트럼프는 대통령이 된 후 보수적인 법관 단체들과 공화당 세력을 등에 업고 무려 230여 명의 연방 법원 판사들을 임명했다. 트럼프는 2명의 종신직 대법관을 임명한 데 이어 긴즈버그 사후 미국 법조계에서 대표적인 보수주의자로 평가받는 에이미 코니 배럿을 후임으로 지명하면서 보수 절대 우위의 미국 대법원이 완성됐다.

미국 역사상 최악의
막장 토론회로 기록되다
제 46대 대선 후보 토론회의 인상적인 장면들

2020. 9. 30.

대통령 후보 토론은 어느 나라나 후보 캠프에서 동의한 규칙이 있다. 이
번 미국 대선 1차 토론(현지 시각 9월 29일)은 양쪽 캠프가 진행자에게서
질문을 받고 2분씩 답변하는 게 합의된 규칙이었다. 하지만 이 원칙은
시작부터 여지없이 무너져 버렸다. 트럼프 대통령은 바이든의 모든 질
문에 끼어들어 답변을 듣지 못하게 하려는 듯 혼잣말을 시작했다. 바이
든이 답변하면 "그게 뭔데?", "알기나 하는 거야?"라는 식의 야유와 간섭
을 끊임없이 했다. 바이든도 트럼프에 맞서는 강한 이미지를 만들기 위
해 각오를 단단히 하고 나왔는데, 수위 높은 말로 대거리하면서 결국 토
론의 수준은 시궁창에 처박혔다. 관록의 방송인이자 FOX NEWS 앵커
인 크리스 윌리스Chris Wallace가 막 나가는 두 사람을 진정시키려고 애를
써봤지만 결국 실패했다.

　트럼프, 바이든 모두 상대에 대한 증오와 저주를 여과 없이 퍼부었

다. 예전에 봤던 미국 정치권의 여유와 유머는 온데간데없이 사라졌다. 예전 대선 토론회가 〈오프라 윈프리 쇼〉 같은 정상적인 토크쇼였다면, 이번에는 서로 치고받고 싸우는 막장 쇼의 대명사 〈제리 스프링거 쇼〉를 보는 느낌이었다. 메시지는 온데간데없이 사라졌고, 서로 주고받은 거칠고 급 낮은 말만 기억에 남는 수준이었다. 미국 사회가 좌우로 갈려 서로를 얼마나 증오하는지 단적으로 보여주는 토론이었다. 난투극 가운데 몇 가지 인상적인 장면을 기록했다.

① "Will you shut up, man?(닥쳐줄래?)"······ 폭발한 바이든

바이든은 미리 정한 합을 겨루는 다소 지루한 스타일이라고 봤는데, 오늘은 완전히 그런 면을 집어던지고 나왔다. 바이든도 트럼프 대통령과 똑같이 야쿠자식 칼부림을 택했다. 에이미 코니 배럿Amy Coney Barrett 대법관 지명과 관련해 공화당이 인준을 강행하고 난 뒤에 그 결과를 수용할 거냐고 월리스가 질문했는데, 바이든은 상원 의원들이 유권자들의 뜻을 알아야 한다며 투표하라는 메시지를 강조했다. 하지만 트럼프 대통령이 끊임없이 끼어들며 "법원 판사 숫자를 늘릴 거야?", "왜 대답을 안 해? 할 거야 안 할 거야?", "판사 리스트에 누가 있어?"라는 말을 하면서 도발했다. 시청자들이 바이든의 답변을 듣지 못하게 하려는 저열한 시도였는데, 바이든이 결국 참지 못하고 "Will you shut up, man?(닥쳐줄래?)"이라고 응수했다. 그래도 트럼프 대통령이 계속 말하자 "Keep yapping, man(계속 지껄여 봐)"이라며 손으로 개 짖는 흉내를 내기도 했다.

② "학점도 제일 낮은 주제에······ 스마트하다는 말도 하지마"

바이든 후보가 코로나19 팬데믹에 미국이 더 '스마트'하게 대응할 수 있었다는 발언이 나왔는데, 트럼프 대통령이 발끈하면서 학점 문제를 꺼냈다. 바이든은 자기가 나온 대학 이름도 잊어버렸다며, 학점도 제일 낮은 사람이라고 비난했다. 그러니 '스마트'하다는 말도 꺼내지 말라는 논리였다.

③ 트럼프의 코로나19 무적 논리······ "더 죽을 수 있었다"

참담한 코로나19 상황은 트럼프의 가장 큰 약점이다. 하지만 트럼프 대통령은 이번에도 현 상황이 대처를 너무나 잘한 결과라는 주장을 반복했다. 중국발 입국 금지를 안 했다면 20만 명이 사망하는 수준이 아니라 수백만 명이 죽었을 거라는 주장이었다. 트럼프는 바이든에게 "중국이나 러시아, 인도는 사망자를 정확히 발표하지 않기 때문에 몇 명인지 모른다"고 언급했다. 미국이 상황이 가장 나쁜 국가가 아닐 수도 있다는 취지였다. 초창기 주지사들이 고맙다고 한 것을 거론하며 자기가 대처를 잘했다고 자화자찬했다. 백신이 몇 주 뒤에 나오는데, 이렇게 상황이 안 좋다고 하는 건 언론 때문이라고 자체 정리했다.

트럼프 대통령이 오바마 정부의 돼지독감 H1N1 대응이 엉망이었다고 비난을 이어갔는데, 바이든은 "지금 1만 4,000명 사망과 20만 명 사망을 비교하는 거냐"고 받아쳤다. 코로나19 대응 문제를 논쟁하면서 바이든이 숫자를 꼼꼼하게 기억하고 있는 건 인상적이었다. 사망자, 확산세 등을 정확하게 숫자로 찍어서 말을 했는데, 사전에 연습을 많이 하고 들어온 느낌이었다. 바이든은 트럼프 대통령이 대중에 세뇌하고 있는 치매 노인 이미지에서 벗어나기 위해 노력하는 모습이었다.

④ 백인 우월주의에 대한 비난을 사실상 거부한 트럼프

미국인들이 가장 경악한 부분 가운데 하나는 트럼프 대통령이 백인 우월주의에 대한 비난을 사실상 거부했다는 것이었다. 인종차별 반대 시위 이후 백인 우월주의를 표방하는 민병대의 개입으로 폭력 사태가 건잡을 수 없이 커졌던 게 사실이었다. 월리스가 일부러 백인 우월주의자의 폭력 행위를 비난할 생각이 없냐고 질문했다. 트럼프 대통령은 "프라우드 보이스는 물러나서 대기해야 한다(Proud Boys should stand back and stand by)"라고 답변했다. '프라우드 보이스Proud Boys'는 악명 높은 백인 우월주의 무장 단체를 지칭한다. 트럼프는 이 질문에 아주 마지못해 짧게 물러나라고 답하고는 폭력 사태는 극좌파들이 주동하고 있는 거라고 이념 논쟁을 이어갔다. 폭력 행위를 중단하라는 메시지가 아니라 물러서서 대기하라니 황당한 느낌이었다. 성의 없고 마지못해 하는 답변을 보면서 트럼프가 백인 우월단체를 자기 표로 여긴다는 걸 확인했다.

⑤ 트럼프 폭주 못 막은 월리스에 비난 폭주

현존하는 미국 방송인 가운데 크리스 월리스가 대통령 토론회를 가장 잘 진행할 수 있는 톱3 안에 든다고 확신한다. 이 정도 연륜을 가지고 엄정한 중립을 유지하면서 한쪽으로 분위기가 쏠리지 않게 진행할 수 있는 사람은 많지 않다. 하지만 트럼프 대통령의 혼잣말 끼어들기를 제대로 막지 못하면서 월리스가 최악의 토론회를 방치했다는 비난까지 폭주했다. 월리스는 자기 색깔을 최대한 빼고 토론회에 집중하게 하겠다고 여러 번 강조했었는데, 토론회 진행 중 트럼프 대통령을 계속 말리다가 "저 목소리 높이는 거 정말 싫다"고 푸념하기도 했다. 트럼프 대통령이 진행자가 아무리 말을 해도 지시를 듣지 않는 상황이라 후보자들을 방음 시설에 가둬놓고 진행자가 마이크를 켜주면 답변하게 하는 것 말고는 방법이 없을 듯했다.

팩트 체크 쏟아내는 언론
"가짜 뉴스" 한마디면 만사 해결

토론회가 진행되는 동안 미국 주요 언론사들은 팩트 체크 기사를 쏟아냈다. 트럼프 대통령이 근거 없는 말을 많이 했기 때문에 틀린 점을 조목조목 지적했다. 다양한 플랫폼을 열어놓고 토론회를 동시에 봤는데《뉴욕 타임스》모델이 인상적이었다. 권위 있고 검증된 기자들로만 꾸려진 라이브 채팅방을 열고, 그들이 토론회에 대해 논평하는 것만 볼 수 있게 해놨다. 데이비드 생어David Sanger나 피터 베이커Peter Baker같이 유명한 기자들이 어떻게 토론회를 보고 있는지 살펴볼 수 있었다. 중간중간 확실한 거짓말은《뉴욕 타임스》계정으로 이건 이렇게 틀렸다고 소개했다.

하지만 이런 팩트 체크가 무슨 의미가 있을까. 트럼프 대통령은 자신에게 불리한 기사는 모두 가짜 뉴스라고 주장했다. 지지자들은 그 말 하나로 언론이 거짓말을 하고 있다고 생각했다. 트럼프 대통령이 이렇게 대놓고 거짓말을 하는 것은 언론이 무슨 말을 해도 지지자들이 믿지 않을 거라는 확신이 있기 때문이다.

톤만 낮춘 막무가내 트럼프,
말실수에 신경 곤두선 바이든

미국 대선 2차 토론(현지 시각 10월 22일)에서 트럼프가 확실히 차분해졌다는 게 눈에 띄었다. 1차 토론이 완전히 난장판이 된 전례가 있어서 토론 위원회는 개별 주제에 답변하는 2분 동안 상대방의 마이크를 아예 끄기로 했다. 하지만 이런 조치가 필요 없었을 정도로 2차 토론에서 말 끊기는 사라졌다. 다만 트럼프와 바이든 모두 상대의 발언 시간 동안 어처구니없다는 표정을 계속 지었다. 끼어들기가 아예 없지는 않았지만, 전체적인 흐름을 깨는 정도는 아니었다. 2016년 대선 토론까지 통틀어서 가장 토론다운 토론이었다고 할 수 있을 듯하다.

두 사람의 토론 태도는 두 사람의 성격만큼이나 달랐다. 요즘 대형 유세를 많을 때는 하루 두 번씩 뛰는 트럼프는 툭 치면 연설 레퍼토리가 줄줄 나올 정도로 연습이 잘 돼 있는 상황이었다. 자기 자랑과 바이든에 대한 공격 등은 평소 워낙 많이 하던 것이어서 따로 준비가 필요 없다는 듯 자신감이 넘쳤다. 하지만 트럼프 대통령은 작은 팩트부터 정책 방향 설명까지 생각나는 대로 말하고, 그게 마치 사실인 듯 막무가내로 밀고 나가는 스타일을 고수했다(핵전쟁 위기를 말하면서 서울 인구를 3,200만 명이라고 표현했다).

반면 바이든은 최근 며칠 선거 유세도 하지 않으면서 토론 준비를 열심히 한 흔적이 많이 보였다. 세부 주제에 대해 공부를 하고, 말실수할까 봐 디테일에 상당히 집중한 모습이었다. 바이든이 내뱉은 숫자 등은 상당히 정확했다. 여러 주제에 대해서 답변을 정해놓고 달달 외운 거 아닐까 생각이 들었다. 그래도 진지한 토론 태도는 높이 살만했고, 미래 비전 등을 잘 준비해 대통령으로 준비돼 있다는 인상을 받았다.

'독재자 포비아' 자극한 바이든

한국 입장에서 트럼프 행정부의 대북 정책이 상당히 오랫동안 언급된 건 주목해서 봐야 할 부분이었다. 처음에는 진행자인 크리스틴 웰커Kristen Welker NBC 기자가 북한 이슈로 토론 주제를 전환하려고 몇 번이나 시도했지만, 서로 반박하느라 본론에 들어가지 못했다. 진행자는 외교 안보 분야에서 최근 열병식을 했던 북한 이슈를 가장 크게 부각해서 물어보려고 처음부터 작정했었다.

트럼프의 북한 관련 레퍼토리는 과장을 조금 보태면 수백 번 들어서 뭐라고 할지 자동 음성 지원으로 떠오르는 수준이었다. 김정은과 좋은 관계를 맺었고, 그래서 오바마가 전쟁 위기로 내몰았던 한반도에 전쟁이 벌어지지 않아 수많은 사람을 구했다는 식이었다. 지금도 북한은 사고도 안 치고 잠잠한데, 우리는 아무것도 내준 게 없으니 얼마나 잘한 일이냐는 식의 논리 전개다(요즘 유세장에서는 김정은을 푸틴, 시진핑과 묶어서 똑똑한 지도자이고, 멍청한 바이든은 이들의 상대가 안 될 거라는 얘기가 추가됐다). 2차 토론회에서도 트럼프는 똑같은 북한 레퍼토리를 반복했다.

이 질문에 대한 답에서 바이든의 북한에 대한 시각을 엿볼 수 있었다. 한국과 군사 훈련을 계속하면서 북한을 컨트롤할 것이라며, 북한은

'폭력배(thug)'라고 표현했다. 김정은이 '핵 능력을 줄이면(drawing down his nuclear capacity)'만날 수 있다고 말하면서, 한반도는 '핵무기 없는 지역(nuclear free zone)'이 돼야 한다고 강조했다. 전제 조건이 있어야 김정은과 만나겠다는 건데, 바이든이 대통령이 되면 트럼프가 선호하는 '톱 다운(top down)' 방식의 협상은 물 건너갈 것은 분명해 보였다.

트럼프의 북한 관련 자랑에 대한 바이든의 반박 논리는 깔끔했다. 바이든은 히틀러를 언급하며 미국인들의 독재자 포비아를 자극했다. 트럼프 대통령이 다른 나라 지도자와 좋은 관계를 맺는 건 유익한 것이라고 자랑하자, 바이든이 영국도 히틀러와 좋은 관계였지만, 히틀러는 결국 유럽을 침공했다는 식으로 공격한 것이다. 히틀러에 평화를 구걸하다 2차 세계대전의 원인을 제공했던 영국 네빌 체임벌린Neville Chamberlain 총리가 연상되도록 발언했던 것이다. 김정은이 워낙 미국 내부에서 독재자로 유명해진 상황이어서 그를 히틀러와 비교하며 공포심을 유발한 건 영리한 플레이였다.

아버지 부시 실수 반복하며
덫에 빠진 바이든

1992년 아버지 부시 대통령은 클린턴, 로스 페로Ross Perot 후보와의 대선 토론회 중 질문이 시작되기 전 시계를 봤다가 봉변을 당했다. 질문에 무관심한 거 아니냐는 비판이 쏟아졌고, 재선에 실패하게 된 원인이 됐다고 지금도 회자하고 있다. 미국 TV 토론의 역사를 다루는 리포트에 시계를 보는 장면은 거의 빠지지 않고 등장한다.

시계 보기는 미국 TV 토론회 금지 행위로 역사에 남아있다. 하지만 바이든도 2차 토론에서 똑같은 실수를 하고 말았다. 기후변화와 관련해서 발언하는 중에 트럼프 대통령이 말을 길게 이어가며 바이든을 비난하자, 크리스틴 웰커가 "지금 시간이 없는데 앞으로 질문할 게 많습니다"라고 말한 게 화근이었다. 바이든이 무의식적으로 시계를 들여다봤는데 중계 화면에 그 모습이 잡히고 말았다.

그때와 지금에 차이가 있다면, 과거 부시 전 대통령은 무관심함 때문에 도마 위에 오른 것이지만, 지금 바이든은 스마트 워치로 커닝을 하는 거 아니냐는 음모론 때문에 거론된다는 점이다. 셔츠 주름만 보여도 무선 이어폰을 찼다는 헛소문이 계속 돌았는데, 이번에도 누군가 바이든에게 코치를 해주고 있었다는 말이 SNS에 급속도로 돌았다. 트럼프가 만든 '바이든 바보' 프레임은 강력했다. 하지만 바이든은 국회 터줏대감 출신에 부통령까지 지낸 정치인이다. 나이가 많아 체력이 떨어진 건 사실이지만, 치매가 있는 바보라고 우기는 건 과한 흑색선전이다.

또 한 가지 결정적인 실수는 바이든이 공화당이 다수였던 과거 의회를 탓했던 것이다. 이 발언은 씨름으로 치면 트럼프 대통령이 작정하고 안다리를 걸었던 건데, 뜻밖에 바이든이 바로 벌러덩 나자빠진 것과 비슷했다. 처음 시작은 트럼프 대통령이 링컨 대통령 이래 자기만큼 흑인에게 많은 걸 한 대통령은 없다고 우기는 데서 출발했다(트럼프 대통령이 자주 쓰는 레토릭인데, 얼마 전 백악관 유세에서 트럼프 흑인 지지자들도 똑같은 얘기를 반복해서 놀랐던 기억이 있다). 이 주장은 구체적인 수치도 없고, "내가 제일 잘해줬어"라고 우기는 말에 불과했다(《뉴욕 타임스》도 답답했던지 역사학자들의 집계를 근거로 흑인 커뮤니티에 제일 많은 걸 한 대통령은 린든 존슨

Lyndon Johnson이었고, 트럼프는 밑에서 세 번째라고 보도했다).

　근거가 없어도 자기 치적을 귀가 떨어지도록 반복하면서 대중에게 최면을 거는 건 트럼프식 자랑 기술이었다. 그러면서 은근슬쩍 바이든은 말만 하고 행동은 안 한다고 방향을 전환했다. 바이든이 부통령이었던 오바마 재임기 8년 동안 흑인들을 감옥에 엄청나게 보냈는데, 도대체 뭘 한 거냐고 공박했다. 이에 바이든이 구체적인 숫자를 들면서 연방 감옥에서 흑인 3만 8,000명이 풀려났다고 반박했다. 그런데 트럼프는 계속 말만 하고 행동은 안 한다며 약을 올렸다. 그러자 바이든이 그건 "공화당이 다수였던 의회 때문이었다"라고 고백했다. 순간 좌중이 싸해지면서 정적이 5초 정도 흘렀다. SNS에는 민주당이 초기 2년 동안은 의회 다수였는데 그런 핑계가 말이 되냐는 트럼프 지지자들의 글이 많이 올라왔다.

　바이든은 그 문제가 마음 한구석에 남아있었던 것으로 보였다. 자기의 제일 아픈 부분이었는데, 그걸 트럼프가 마구 후벼 파자 의회 때문이었다고 설명하고 싶었던 듯했다. 하지만 트럼프가 원하는 것은 답이 아니었다. 무능한 이미지를 덧씌우고 싶었던 건데, 그걸 남 탓을 함으로써 아무것도 안 했던 무능을 인정한 셈이 됐다. 비록 바이든이 연습은 많이 했지만, 말발과 순발력이 극강인 트럼프에게 영혼이 털렸던 장면이었다.

트럼프, 낙선 결정타 맞다
코로나19에 걸리고도 만용을 부린 트럼프

2020. 10. 7.

트럼프 대통령이 군 병원에 입원했다가 개선장군처럼 백악관으로 돌아왔지만, 정작 백악관은 텅텅 빈 상태였다. 이미 알려진 백악관 코로나19 감염자만 15명 이상인데, 이들과 밀접 접촉한 사람까지 모두 재택근무를 하면서 썰물처럼 직원들이 빠진 상태였다. 대변인 확진에 이어 백악관 출입 기자들까지 감염 사례가 잇따르면서 기자실도 썰렁했다. AP 백악관 출입 기자는 "백악관에 출입하면서 이렇게 기자실에 사람이 없는 거 처음 본다"고 말할 정도였다.

대통령이 코로나19에 걸리고 나서야 백악관에 방호복을 입은 사람이 돌아다니며 소독을 했다. 출입 기자들도 이 모습이 신기한지 방역하는 사람을 쫓아다니며 영상을 촬영했다. 하지만 그동안 이런 절차를 한 번도 제대로 하지 않았다는 게 더 놀라웠다. 이제야 백악관에서 마스크, 고글, 장갑 등을 챙겨 쓰기 시작했다고 보도가 나오고 있다. 백악관은 방역 수칙에서 항상 예외라고 생각했던 게 더 화를 부른 면이 있다.

사람을 만날 수도 없고, 선거 유세를 할 수도 없는 트럼프 대통령은 트위터만 온종일 붙잡고 있었다. 상대를 조롱하고 비아냥거리는 트윗이 계속 올라오는 걸 보니 그래도 몸 상태가 나아졌다는 생각이 들었다. 트럼프는 취침 전까지 리트윗을 합쳐 트윗을 60개 넘게 했는데(하루 평균 30개를 쓴다고 하니 평소보다 두 배는 쓴 셈이다), 평소보다 감정적으로 더 들떴다는 생각이 들었다. 덱사메타손이라는 스테로이드 약이 사람을 흥분시킨다는데, 약 기운에 취해서 저런다는 미국 언론의 지적이 많았다.

가장 한숨이 나왔던 트윗은 코로나19를 독감에 비교하며 훨씬 덜 치명적이라고 언급한 것이었다. 트위터는 해롭고 잘못된 정보라는 경고를 붙였고, 페이스북은 아예 내용을 삭제했다. 미국 대통령으로서 지구상에서 제일 좋은 의료 서비스를 받고 회복하는 것인데도, 대중을 향해서는 '코로나19 별것 아니다'라는 메시지를 발신 중이었다. 트럼프의 인식은 코로나19 사태 초기로 다시 돌아간 셈이었다.

트럼프는 대선이 얼마 남지 않은 상황에서 자기 이미지 프레임을 방역보다는 경제로 잡아 끝까지 밀고 가겠다는 전략을 택한 것으로 보였다. 이제 와서 마스크 써라, 거리두기 하라고 말해봐야 바이든을 따라 하는 것으로 보일 게 뻔하니, 트럼프식 마이웨이를 고수하겠다는 생각으로 보였다. 백악관 트루먼 발코니에 서서 헐크가 옷을 찢듯 마스크를 벗어 던지는 장면은 이런 생각을 반영한 이미지 설정으로 보였다. 마스크를 벗고 거수경례를 한 게 동맹과 적국에 힘을 보여준 거라고 백악관이 설명했는데, 인식의 수준이 진부한 할리우드 영화 같았다.

한 가지 생각해 봐야 할 건 남은 선거 기간 바이든도 코로나19에 걸릴 여지가 충분하다는 것이다. 아무리 조심해도 눈에 안 보이는 바이러스를 완전히 차단하는 건 불가능에 가깝다. 트럼프보다 고령인 바이든이 진짜로 코로나19에 걸린다면 미국 선거판은 또다시 출렁일 것으로 예상된다. 바이든이 입원이라도 하면 트럼프는 "곧 죽을 대통령에게 표를 줄 수 없다"는 식의 도발을 할 수도 있다. 민주당에서도 바이든 감염에 대해서 바짝 긴장하고 조심을 많이 하는 분위기다.

최근 사태를 지켜보며 트럼프 대통령이 다른 사람의 입장을 공감하지 못한다는 걸 다시 한번 실감했다. 바이러스를 뿜어내는 대통령이 경호원들을 억지로 끌고 나가 병원에서 퍼레이드한 것도 그렇지만, 백악관 귀환 쇼도 수많은 수행원의 희생이 밑바닥에 깔린 것 같아 짠했다. 병색을 가리기 위해 평소보다 메이크업을 진하게 해서 그냥 봐도 화장한 티가 많이 났는데, 메이크업, 머리, 의상 등 여러 담당자가 동원됐을 듯했다. 트럼프 대통령은 탈모로 인해 머리 손질에 대단히 집착하는 것으로 알려져 있다. 게다가 대통령 주변을 전속 사진사가 분주히 돌아다니는 게 영상에 잡히기도 했다. 대통령이 하자면 어쩔 수 없이 응해야 하는 '을'들의 고생이 많은 상황이었다. 이러다 주변 인물들이 추가로 감염되기라도 한다면 비난 여론은 더 커질 듯했다.

이제 경합 주 여론조사까지 트럼프 대통령이 막판 뒤집기를 하기는 쉽지 않다고 나오고 있다. 물론 여론조사는 믿을 게 못 된다고 생각할 수도 있지만, 지난 대선에서 당한 망신을 극복하기 위해 업체들도 정확한 표본 조사에 공을 많이 들이고 있다. 트럼프 지지자들은 자기 성향을 대놓고 드러내는 게 트렌드가 돼서 '샤이 트럼프'가 이번 대선에서도 과연 존재할까 하는 생각이 들었다. 오히려 트럼프 지지층은 이제 여론 조사에서 적극적으로 응하는 계층일 가능성이 크다. 그런 점에서 뚜껑을 열어보면 트럼프 대통령이 더 큰 스코어로 질 수도 있다.

이런 분위기를 알고 있는 트럼프 대통령이 '우편투표 = 부정선거'라고 바람을 잡으면서 기묘한 초식을 구사하려는 움직임이 변수다. 선거 결과 불복에 이어 극우 단체들의 폭력 사태 등 온갖 난장판이 펼쳐질 수 있다. 그 변수만 빼고 본다면 트럼프 대통령의 패색은 점점 짙어지는 게 사실이다.

2020. 10. 11.

파란 티셔츠, 빨간 모자,
골수 트럼프 지지자들의 생각은?

트럼프 대통령은 코로나19에 걸린 뒤 닷새 만에 백악관에서 선거 유세를 재개했다. 정치 활동에 연방 정부 건물을 이용하지 못한다는 해치 Hatch법이 엄연히 있지만, 법 위반 논란 따위는 아랑곳하지 않고 일단 유세부터 시작했다. 공화당 전당대회에서 이미 백악관을 이용했기 때문에 이제는 대놓고 선거 유세도 하겠다는 것이다. 대통령의 재선이 불가능한 우리와 사정이 다르기는 하지만, 청와대에서 현직 대통령이 지지자들을 모아놓고 선거 유세를 한다면 한국에서도 난리가 났을 듯하다.

급하게 조직된 선거 유세였는데, 백악관 남쪽 마당에 수백 명이 들어왔다. 초청 인원은 2,000명이라고 했는데, 언론에서는 500명 정도 온 것으로 추산했다. 행사장 내 마스크 착용을 의무화했다는데, 사람이 많아 보이게 하려고 백악관 잔디밭에 울타리를 치고 지지자들을 소처럼 가운데에 몰아넣고 집회를 진행했다. 거리두기 따위는 존재하지 않았다. 지지자들은 거의 어깨가 붙을 정도로 빽빽하게 들어서서 대통령 연설을 지켜봤다. 대법관 지명 발표 때 백악관에서 많은 사람이 감염돼 큰 난리가 났는데도 변한 게 없었다.

이번 백악관 유세에 참석한 사람들은 모두 파란색 티셔츠와 빨간색 트럼프 모자를 쓰고 있었다. 멀리서 보면 푸른 풀밭에 모인 스머프 같은 느낌이었다. 백인뿐만 아니라 흑인과 히스패닉도 유난히 많았다. 트럼프 유세장에는 백인이 거의 95퍼센트 이상인데, 대단히 이례적이었다. 참석자들에게 물어봤더니 흑인의 민주당 탈당을 독려하기 위해 만들어진 단체 '블렉시트Blexit'가 모임을 주선했으며, 유명한 흑인 친트럼프 인사인 캔디스 오웬스Candace Owens가 모든 의상을 제공했다고 얘기해 줬다. 친트럼프 조직이 주선한 일종의 관제 집회라는 의미였다.

트럼프 지지자들에게 백악관에서 대규모 감염도 있었는데, 코로나19가 무섭지 않냐고 물어봤더니 돌아온 답변이 황당했다. 이들 상당수가 코로나19가 존재하지 않는다고 답변했다. 실제로 백악관 집회를 마치고 마스크를 벗고 나오는 사람들이 상당히 많았다. 한 백인 지지자는 "코로나19는 독감보다 약하다. 대통령이 어떻게 병을 극복하는지도 보여줬다. 리제네론이랑 하이드록시 클로로퀸이 치료제다"라고 말했다. 특히 언론을 비난하는 사람이 많았는데, 한 흑인 지지자는 "대통령에 대한 언론의 공격이 너무 노골적"이라고 열변을 토했다. 그는 "트럼프 대통령은 하나님이 보내준 예언자"라고 감격스럽게 말했다.

트럼프가 경제를 잘한다, 약속을 지킨다는 얘기는 거의 대부분 참석자가 했던 얘기였다. 중국에 대한 적개심도 공통적이었는데, 내가 중국 기자가 아닐까 걱정했는지 어디서 온 거냐고 물어보고, 한국이라고 답해주자 표정이 한결 밝아지는 지지자들도 여럿 있었다. 중국 기자라고 했으면 뭐라고 했을지 반응이 궁금하기는 했다.

아무리 언론에서 팩트 체크를 하고 대통령이 거짓말을 하는 거라고 말해도, 지지자들은 트럼프 대통령이 늘어놓는 자화자찬을 철석같이 사실이라고 믿고 있었다. 한 흑인 지지자는 "트럼프 대통령이 링컨 다음으로 흑인에게 가장 해준 게 많다"는 트럼프의 단골 발언을 그대로 읊었다. 트럼프 대통령이 거짓말을 뻔뻔하게 계속하는 것도 일단 말하면 믿는 이런 지지자들이 있기 때문이었다.

손등에 붙인 살색 밴드
마음 급한 트럼프

트루먼 발코니에 나타난 트럼프 대통령은 이번에도 마스크를 벗는 장면을 연출했다. 병마를 극복하고 나타난 영웅 이미지를 아주 유치하게 대중에게 계속 주입했다. 손등에 밴드를 붙이고 나왔는데, 정맥 주사를 맞은 자리로 보였다. 그제 FOX NEWS 〈숀 해너티 쇼〉에서 전화 인터뷰를 할 때 가래 끓는 소리로 몇 번이나 기침을 했었는데, 아직 몸이 완전히 회복한 건 아닌 게 분명했다. 연설도 기운이 펄펄 넘치던 평소와는 조금 다르다는 느낌이었다. 연설을 20분 정도로 아주 짧게 끝내버렸다.

오늘 연설에서도 백신이 나와 코로나19가 곧 사라질 거라는 얘기를 했다. 자기가 최고의 치료를 받고 몸이 좋아졌다는 얘기를 또 하는데,

21만 명이 넘는 코로나19 사망자 가족들이 보면 피가 거꾸로 솟는 느낌일 듯했다. 트럼프가 지휘하는 코로나19 방역은 답이 없다는 건 너무 명백해졌다.

사실을 말하는 게 거의 없는 대통령 주치의가 트럼프는 바이러스 전파 위험이 없다는 알쏭달쏭한 말을 했다. 가장 중요한 코로나19 검사 결과에 관해서는 설명이 없었다. 미국 언론들은 트럼프가 코로나19 음성 판정을 받았다는 발표가 없다는 점을 지적하고 있었다. 어차피 백악관에서는 추적 검사도 안 하는 상황이라, 대통령이 백악관 직원에게 코로나19를 옮겨도 확인할 방법이 없다.

코로나19 이후 트럼프 대통령 지지율이 하락세다. 선거를 3주 정도 남은 상황에서는 대단히 안 좋은 신호다. 여론조사를 모두 가짜라고 몰아세워도 가슴이 조마조마할 수밖에 없다. 게다가 사전투표와 우편투표 등으로 벌써 660만 명이 투표를 마쳤다는데, 이는 지난 대선의 10배가 넘는 수치였다. 뚜껑을 열어봐야겠지만, 유권자들이 정권 심판을 위해 분노 투표를 하는 움직임이 감지된다. 트럼프는 경합 주를 잡기 위해 이번 주에만 대규모 유세 3개를 잡아 놨다. 그때까지 체력이 뒷받침돼야 할 텐데 참모들도 걱정이 많을 듯했다.

이번 선거에서 트럼프 대통령이 진다면, 가장 큰 패인은 트럼프 자신일 것이다. 나쁜 소식이라도 모든 뉴스의 주인공이 자신이어야 직성이 풀리는 트럼프는 연일 사건을 일으키며 자기와 관련한 이슈로 또 다른 자기 이슈를 덮는 중이다. 《뉴욕 타임스》가 특종 보도한 쥐꼬리 납세 의혹*도 사실 매우 큰 뉴스지만, 코로나19 감염, 입원, 퇴원 등 초대형 이벤트를 계속 일으키고 있는 트럼프 본인에 묻혔다.

공화당 인사 중에서도 바이든의 노선에 동의하는 건 아니지만, 트럼프 재선은 안 된다고 선언하는 경우도 늘고 있다. 미치 매코널 공화당 상원 원내 대표도 백악관에서 트럼프를 만난 지 오래됐고 백악관의 방역 지침도 자신과 다르다고 말했다. 갑자기 친하지 않은 척하기 시작한 것이다. 한국도 그렇지만 대통령이 자기 표에 도움이 안 된다고 생각하면 가장 빨리 관계를 끊는 게 의원들이다. 이런 움직임들은 트럼프가 코너에 몰리고 있다는 불길한 신호로 볼 수 있다.

* 《뉴욕 타임스》는 2020년 9월 28일(현지 시각) 트럼프가 수입보다 손실이 크다고 신고해 지난 18년 중 11년 동안 연방 소득세를 한 푼도 안 냈고, 선거에서 이긴 해(2016년)와 취임 첫해(2017년)에 각각 750달러를 냈을 뿐이라고 보도했다. 이 보도로 트럼프는 '미국 우선주의'를 표방한 애국자로서의 이미지를 위협받게 됐다는 현지 언론의 평이 나왔다.

막판까지 무서운 추격세,
트럼프 지지자들의 생각을 묻다
미시간주 랜싱에서 트럼프 지지자를 만나다

2020. 10. 28.

트럼프 지지자와 함께 다닌 미시간 출장

트럼프 유세 때문에 중북부 '러스트 벨트rust belt' 격전지 가운데 하나인 미시간주 랜싱으로 출장을 가기로 결정했다. 러스트 벨트 경합 주 3곳은 펜실베이니아, 미시간, 위스콘신을 말하는데, 중요도도 선거인단이 많은 순서대로 '펜실베이니아(20) 〉 미시간(16) 〉 위스콘신(10)' 순이라고 볼 수 있다. 펜실베이니아는 워싱턴이나 뉴욕에서 상대적으로 가까운 편이어서 사실 한국 언론에 상당히 많이 소개됐다. 하지만 미시간은 그것보다 한참을 더 들어가는 곳이어서 비행기를 타지 않고 육로로 들어가기 매우 어렵다. 지난 대선에서 1만 700표, 0.2퍼센트포인트 차이로 트럼프가 미 전역에서 가장 어렵게 이긴 곳이라는 상징성을 가지고 있었다. 얼마나 분위기가 치열했기에 그렇게까지 피 말리는 승부가 났는지 확인해 보고 싶은 생각에 미시간을 선택했다.

하필 랜싱에 도착한 날이 비도 부슬부슬 오고 기온도 확 떨어져서 동네 분위기가 더 음산하고 우울했다. 랜싱은 처음 가본 곳으로 미시간의 중심 도시이지만, 지방 소도시 느낌이 났다. 트럼프 유세가 있어서인지 공항 렌터카 데스크에 물어보니 차가 한 대도 없다는 답을 들었다. 난감한 마음에 일단 우버를 불러 시내에 다른 렌터카 대리점을 몇 군데 돌아다녀 봤는데 역시 전부 차가 없었다. 상점들이 텅텅 빈 곳도 많고 상권이 죽은 곳이 많았는데(코로나19로 직격탄을 맞은 듯했다), 렌터카 재고가 워낙 적은 상황에서 큰 행사가 열리자 일시적으로 다 나간 게 아닐까 짐작했다.

당장 다음 날 취재를 하고 돌아가야 하는 빡빡한 일정이라 난감했는데, 우버 기사가 범상치 않았다. 마이크라는 이름의 백인 남성이었는데, 자타공인 트럼프 열성 지지자였다. 1990년대 대선 여론조사 수치까지 줄줄 꿰고 있는 괴짜였다. 약간 무뚝뚝하기는 했지만, 그래도 친절하고 속 깊은 사람이었다. 워낙 시사 현안을 잘 알아서 "CNN 해설가보다 낫다"고 칭찬했더니, "난 CNN을 증오한다"고 곧장 답했다 . 방송은 FOX NEWS, 텍스트 기사는《폴리티코》를 주로 본다고 했는데, 트럼프 대통령의 생각, 동향, 일정, 계획 등을 워낙 잘 꿰고 있어서 당장 대변인을 시켜도 되겠다는 생각이 들 정도였다. 당장 트럼프가 미시간 중에서도 야당 주지사의 홈그라운드인 랜싱에 들어오는 게 의회 선거 목적이 더 크다고 배경부터 줄줄 설명했다. 특히 북한 문제를 너무 잘 알고 있어서 깜짝 놀랐다. 어떤 사람들은 한국에서 왔다고 하면 북에서 온 거냐고 물어보는 때도 있었다. 하지만 마이크는 트럼프가 김정은을 3차례 만났고, 문재인 대통령이 어떻게 대북 정책을 펴는지도 상당히 잘 알고 있었다. 그리고 보니 FOX NEWS에서 북한 얘기를 많이 언급하기는 했구나 하는 생각이 들었다.

당장 차가 없어서 답답한 상황이었는데, 출장 기간 운전기사 겸 코디네이터를 해줄 수 있냐고 물었더니 그는 흔쾌히 수락했다. 어차피 트럼프 유세에 갈 생각이었는데 미디어와 같이 간다는 게 재미있다고 생각한 듯했다. 유세장에 간다니 그는 곧장 빨간색 트럼프 모자를 꺼내 썼다. 온종일 붙어 다니며 밥도 같이 먹으면서 얘기를 참 많이 했는데, 현지 토박이인데다가 트럼프 지지자들의 동선, 생각 등을 너무 잘 알고 있어 큰 도움을 받았다. 지지자들을 인터뷰하고 나면 어떤 맥락에서 저런 얘기가 나온 것인지 그에게 설명까지 들을 수 있어서 더 좋았다. 일을 마치고 "당신 아니면 리포트 제대로 못했다"고 얘기해 줬는데, 빈말이 아니었다. 알고 보니 나이도 동갑이어서 더 친근하게 느껴졌던 사람이었다(마이크는 그 이후에도 트럼프 관련 주요 사건이 있을 때 메시지를 종종 보내왔다).

팬심으로 똘똘 뭉친 사람들
결집하는 트럼프 서포터

트럼프 유세장에서 상인들이 물건을 파는 경우는 흔하지만, 좀 독특한 사람을 발견했다. 데릭이라는 사람이었는데 트럼프 모자, 깃발, 배지 등을 파는 일종의 보따리상이었다. 돈 버는 것보다 트럼프를 따라다니는 게 더 큰 목적이었다. 트럼프를 스토킹 수준으로 쫓아다녔는데, 중간에

2020년 10월 27일(현지 시각) 미시간주 랜싱에서 열린 트럼프 유세장 입구에 몰린 지지자들.

돈도 벌어 가면서 유세장을 따라다니는 사람이었다. 데릭은 버지니아에서부터 펜실베이니아를 거쳐 미시간, 위스콘신까지 갔다가 애리조나까지 비행기를 타고 따라간다고 했다. 항공권 가격이나 물건을 비행기에 싣는 비용이 더 나오지 않냐고 묻자, 별로 상관 안 한다고 답했다.

데릭은 이틀 전에 고지해서 대규모 유세가 가능한 사람은 트럼프가 유일하다고 강조했다. 트럼프는 하루에 많으면 4곳까지 거의 벼락치기 유세를 하고 있는데, 유세 고지가 이틀 전에 나오는 경우도 허다했다. 데릭은 "이렇게 유세장을 가득 채우는 유세를 할 수 있는 정치인은 트럼프

외에는 없다"고 단언했다. 바이든은 해봐야 수십 명 모일 거라고 말했다 (바이든은 코로나19 때문에 일부러 사람을 제한하고 있지만, 트럼프 지지자들은 세대결에서 우위라고 생각하는 듯했다). 바이든이 대선 토론에서 셰일 가스 수압 파쇄 공법(fracking)을 금지한다는 발언을 해서 펜실베이니아는 트럼프로 완전히 기울어졌다고 한참을 설명했다. 코로나19 관련한 질문에는 "장사하면서 수만 명을 만났는데, 안 걸렸다"면서 "그냥 고약한 독감 정도에 불과하다"고 강조했다.

유세장에 아침 일찍 나온 할머니 메리도 기억에 남았다. 전형적인 70대 할머니로 보였는데, 트럼프를 신(god)으로 표현했다. 여론조사에서 밀리고 있으므로 트럼프가 지면 어떨 거 같냐고 물어봤는데, "신은 항상 승리한다"고 답변했다. 주변에 같이 온 사람들도 맹목적인 지지자들이었다. 어쨌든 이런 열성 팬을 가진 트럼프의 정치적인 능력도 대단하다고 생각했다. 트럼프 유세장 취재는 여러 번 경험이 있었지만, 이번에 만난 지지자들이 가장 치열하고 절박해 보였다. 트럼프가 위기에 처해 있으니 우리가 지켜줘야 한다는 생각으로 비 오는 추운 날씨를 견디는 최후의 전사 같은 느낌이었다. 선거가 가까워지면서 이들이 똘똘 뭉치고 있다는 건 확실하게 느낄 수 있었다.

트럼프 지지자들의 말말말

아침부터 유세장에 줄 선 사람들에게 인터뷰를 꽤 많이 했는데, 모두 친절하고 우호적으로 답변해 줬다. 기억에 남는 인터뷰를 문답 형식으로 정리했다.

* 성조기를 온몸에 감은 마거릿

김수형 트럼프를 지지하는 이유는?

마거릿 미시간은 너무 심한 록다운을 겪었다. 트럼프를 지지하는 건 우리의 자유와 관련한 것이다. 바이든이 되면 우리 자유가 없어진다.

김수형 사전 투표는 했나?

마거릿 난 사전 투표 안 한다. 내 표가 훼손되는 걸 원하지 않는다. 선거 당일 직접 가서 트럼프에게 표를 던질 것이다.

김수형 미시간에서 트럼프 여론조사가 계속 뒤지는 걸로 나온다.

마거릿 당신은 여론조사를 믿나? 지난 대선에서 다 겪어봤는데 그걸 아직도 믿나? 트럼프의 지지율이 낮은 건 우리 같은 사람들이 답을 안 하기 때문이다. 나도 누군가 전화로 트럼프를 지지하냐고 물어본다면 답을 안 할 것이다. 모르는 사람에게 전화로 그런 걸 말하기 싫다. 내 주위 사람들도 다 그렇다. 그래서 우리 지지율이 반영이 안 되는 거다. 그걸 잘 알아야 한다. 그러다 보니 여론조사 기관들은 대답 잘하는 민주당 지지 샘플을 더 많이 넣는 것이다. 트럼프의 '사일런트 보트silent vote'는 투표장에서 나타날 것이다.

* 스스로 인터뷰를 요청한 사피니

김수형 트럼프를 지지하는 이유는 무엇인가?

사피니 트럼프는 자유와 자본주의를 상징한다. 이번 선거는 근본에 대한 싸움이다. 바이든이 되면 이게 바뀐다. 트럼프가 만약 패배하면 미국은 사회주의나 마르크스주의 국가가 될 것이다. 정말 위험하다.

김수형 사전 투표를 했나?

사피니 나는 일 때문에 부재자투표를 했다(미국 선거일은 공휴일이 아니다).

김수형 트럼프가 우편투표는 문제가 있어도 부재자투표는 괜찮다고 해서 그런 건가?

사피니 부재자투표는 괜찮다. 나는 직접 투표소에 가져다줬다.

＊ 휘트머 미시간 주지사 주민 소환 서명 텐트에서 나온 로버트

김수형 주지사 소환이 필요하다고 보나?

로버트 우리 주지사는 독재자다. 이런 독재자는 본 적이 없다.

김수형 주지사를 납치하려고 시도했던 사람도 있었다.

로버트 그게 실행이 됐나? 계획만 한 것이고 실행이 된 건 아니었다. 그리고 그런 얘기를 소셜미디어에 다 올렸다는데 그렇게 음모를 꾸미는 사람이 어디 있나. 뭔가 이상하다.

＊ 메리와 주변 친구들

김수형 지난번 미시간 유세에서 '주지사를 감옥에 가둬라(lock her up)' 구호가 또 나왔다. 그렇게까지 해야 하나?

메리 그녀는 부패했다. 부패했으니까 잡아넣으라고 한 거다.

김수형 트럼프 대통령의 말에 문제가 있다고 생각하지는 않나?

메리 당신은 트럼프의 '풍자(sarcasm)'를 이해 못 하는 거다. 언론은 모든 면에서 트럼프를 공격만 한다. 트럼프는 전쟁 중이다. 트럼프는 지구상에서 가장 용감한 사람이다. 그래서 언론이 그를 미워한다. 그리고 자꾸 트럼프를 인종차별주의자라고 하는데, 트럼프의 1980년대 트럼프 인터뷰를 한번 봐라. 일관성이 있다. 오히려 바이든이 말이 계속 바뀌는 인종차별주의자다.

김수형 트럼프를 지지하는 이유를 설명해 달라.

메리 난 자유, 총, 신앙이라고 말하고 싶다. 특히 우리는 총기를 소유할 `
권리를 가지고 있다. 지금 안티파랑 급진 좌파들이 폭력을 행사하
는 곳을 봐라. 집에 막 침입한다. 우리는 우리를 보호하기 위해서 총
이 필요하다. 정부나 경찰이 우리를 지켜주지 못하는 경우가 많기
때문이다.

✻ 코디 역할을 했던 마이크

김수형 트럼프가 진다면 평화로운 정권 이양이 가능할까?

마이크 난 이렇게 묻고 싶다. 2016년에 폭력을 행사한 사람들이 누구인
가? 그때 무정부주의자들, 급진 좌파들이 폭력을 행사했다. 보수주
의자들이나 공화당원들이 그런 게 아니었다. 트럼프가 진다면 지지
자들이 큰 실망을 할 것이다. 우리가 추구했던 보수적인 가치, 세금
인하나 정부 간섭 배제 등은 어려워질 것이다. 한동안 나라를 되찾
아올 방법이 없어서 괴로워하겠지만 평화적으로 권력은 이양될 것
이다. 공화당은 좌파들처럼 마음에 안 든다고 약탈이나 방화 따위
는 하지 않는다.

뒤집어진 플로리다 판세
흔들리는 바이든 대세론

미국 언론들도 아주 중요하게 참고하는 정치 여론조사 웹사이트 '리얼

클리어폴리틱스RealClearPolitics' 여론조사 평균에서 트럼프가 플로리다에서 바이든을 처음으로 앞서는 것으로 나왔다. 지난 4월에 트럼프가 1퍼센트포인트 앞선 적이 있었는데 그때 이후로 다시 역전한 것은 이번이 처음이었다. 선거를 앞두고 플로리다에서 트럼프 바람이 부는 게 여론조사 지표에서도 나타나고 있다. 한국도 그렇지만 선거는 바람과 추세가 매우 중요하다. 선거 직전 트럼프가 치고 올라오는 상황이고, 바이든은 뒷심이 달리는 모양새여서 결과가 어떻게 나올지 매우 궁금했다.

29명의 선거인단을 가진 플로리다를 트럼프가 가져간다면 대단히 복잡한 일이 벌어질 가능성이 매우 커진다.* 선거 결과가 빨리 공개되는 플로리다에서 바이든이 이긴다면 뜻밖에 하루 만에 결과가 나올 수 있다. 하지만 트럼프가 승리하게 되면 북부 러스트 벨트 개표까지 다 해봐야 승자가 나올 수도 있다. 북부 경합 주는 사전 투표를 대선 당일 이후에 열기 때문에 집계하는 데 시간이 굉장히 많이 걸릴 것으로 미국 언론들은 전망하고 있다. 통계 사이트 '파이브서티에이트FiveThirtyEight'에서는 '선거 날(election day)'이라고 하지 말고 '선거 주(election week)'가 더 어울릴 거라고 표현했다.

미시간에서 트럼프 지지자들이 확실히 결집하고 있고, 이들은 시간이 걸리는 사전 투표 같은 방식이 아닌, 당일 투표장에 직접 나와 표를 던질 것으로 보였다. 트럼프는 여론조사 수치가 좋아지고 있다고 계속 말하고 있는데, 그 말이 아주 지어낸 말은 아니었다. 특히 단단한 팬덤을

---

* 대표적인 경합주로 꼽히던 플로리다주 선거 결과는 2020년 11월 4일 자정(현지 시각)을 넘겨 공식 발표되었는데, 트럼프가 득표율 격차 3퍼센트포인트를 기록하며 승리를 확정지었다.

기반으로 고정표를 가지고 있는 트럼프의 추격은 만만치 않은 돌풍을 일으키고 있다.

바이든 당선과 정상 국가 미국
미국 역사상 최다 득표 낙선자로 기록된 트럼프

2020. 11. 8.

바이든 당선 소식에 워싱턴 집결한
'마스크 부대'

피 말리는 대선 개표 과정을 거쳐 바이든이 드디어 당선됐다는 언론 보도가 나온 직후, 워싱턴은 바이든 지지자들로 가득 찼다. 워싱턴 D.C.가 시위의 '메카'가 되면서 사람이 모이는 걸 많이 봤지만, 이번에 모인 인파는 단연 역대급으로 많았다. 백악관 북쪽 라파예트 쪽은 발 디딜 틈 없이 사람들이 빽빽하게 가득 찼고, 백악관 남쪽 마당도 넓은 잔디밭 앞이 거의 다 찰 정도였다.

특히 대부분 차량이 경적을 울리면서 다녔는데, 성조기와 바이든·해리스기를 창밖으로 휘날리며 다니는 차량도 있었다. 창밖으로 손을 내밀어 옆 차와 인사하는 건 물론 휴대전화를 꺼내 웃으며 서로 사진을

2020년 11월 7일(현지 시각) 백악관 앞 BLM 플라자의 모습.

찍었다. 차들이 계속 경적을 울렸는데, 마치 2002년 월드컵에서 한국팀
이 상대를 꺾고 올라갈 때 우리 국민이 겪었던 극도의 희열 상태를 보는
것과 비슷했다. 워싱턴 일대 교통이 마비되면서 움직이는 데 시간이 엄
청나게 걸렸지만, 바이든을 응원하려고 일부러 나온 사람들이 대부분이

라 입이 귀에 걸려 있는 경우가 많았다. 이 많은 사람이 그동안 유세장도 못 가고 화상으로만 바이든 연설을 듣고, 투표장에도 못 가서 우편으로 투표했구나 하는 생각이 들었다.

곳곳에서 춤판도 벌어졌다. 시끄럽게 음악을 틀어놓고 리듬에 몸을 맡긴 젊은이가 많았는데, 백악관 앞에서는 트럼프 보란 듯이 더 요란스럽고 흥겹게 춤추는 사람들이 많았다. 특히 꼬마 아이들까지 길거리에서 귀엽게 춤을 춰 한참을 구경했다.

현장을 다니면서 놀랐던 건 거의 모든 사람이 마스크를 쓰고 있었다는 점이었다. 인종차별 반대 시위 때도 마스크를 쓴 사람들이 많기는 했지만, 안 쓴 사람들도 상당수 있었다. 그래서 인터뷰하는 게 상당히 부담스러웠던 기억이 있는데, 이번에는 안 쓴 사람을 거의 찾아보기 어려웠다. 바이든 지지자들의 동질성은 역시 마스크 착용으로 확인할 수 있었다.

바이든 당선은 미래 세대를 위한 일

바이든 후보의 당선 소식을 전하면서 CNN 정치 평론가 밴 존스Van Jones가 펑펑 우는 장면이 인상적이었다. 이제 애들한테 좋은 사람이 되는 게 중요하다고 말하는 게 더 쉬워졌다며 눈물을 펑펑 쏟았는데, 개인적으로도 너무 공감했다. 트럼프의 연설은 어느 순간부터 아이들에게 들려줄 수가 없었다. 질 낮은 자화자찬으로 가득 찬 내용도 문제지만, 상대에 대한 공감과 배려라고는 찾아볼 수 없는 연설을 들으면서, 아이들이 좋은 영향을 받는 걸 기대할 수 없었기 때문이었다. 순간적으로 상대를 공격하고 괴롭히는 트럼프의 언어 표현은 지난 4년 동안 미국인의 삶을 더 피폐하게 만들었다. 바이든의 연설을 들으면서 '대통령의 연설이 원래 이렇게 정상적이었구나' 하는 생각이 떠올랐다. 오바마처럼 뛰어난 언변이 아니어도 진심을 담아 통합과 치유를 외치는 바이든의 연설은 귀담아들을 충분한 가치가 있었다.

백악관 앞에 모인 사람들도 가슴에 맺힌 게 너무나 많았다. 인터뷰를 요청했을 때 거부하는 사람도 하나 없이 속에 담은 얘기를 쏟아내는 신기한 경험을 했다. 젊은 여성 세 명을 인터뷰했는데, 한국의 SBS 기자라고 했더니 환호하면서 인터뷰하기를 원한다고 말했다(이런 환호 속에 인터뷰한 건 LA에서 BTS 팬들을 인터뷰한 이후 처음이었다). 이들은 "바이든이 결점이 있다는 걸 잘 알고 있다"고 대답했다. 하지만 "바이든은 좋은 사람이고, 트럼프 대통령보다는 무엇을 하든지 더 나을 것"이라며 확신에 차 있었다. 워낙 트럼프에 대한 기대치가 낮아서 가능한 얘기일 듯했다.

온 집안 식구들과 함께 나온 흑인 아버지의 인터뷰도 기억에 남았다. 그는 자기 아들의 어깨를 치면서 "바이든 당선은 우리의 미래 세대를 위해서 아주 다행스러운 일"이라고 설명했다. 인종 문제 해결에 대한 기대감을 물어봤는데, "지난 4년 동안 전쟁 같은 일을 겪었다"며 "앞으로 훨씬 좋아질 것"이라고 전망했다. 이미 바이든이 흑인이자 여성인 카멀라 해리스Kamala Harris 를 러닝메이트로 선택한 순간부터 인종 갈등 문제를 해결하기 위해서 그가 얼마나 노력하는지 보여줬다는 것이다.

바이든은 미국을 정상 국가로
만들 수 있을까

어느 정도 예상했지만 트럼프 대통령은 나갈 때도 역대급 난장판을 만들고 있다. 갑자기 대선 날 어디선가 표가 나타나, 불법적으로 개표됐다는 식의 황당한 음모론으로 선거 부정을 주장하는 중이다. 평소처럼 근거는 없고, 일단 지르고 나면 지지자들이 그 말을 진실로 믿는 악순환이 이번에도 계속되고 있다. 대선 승복 자체를 안 하고 있어서 정권 인수에 협조할 의사가 없는 건 당연하다. 취임할 대통령을 백악관에 초청하는 전통 따위 무시하는 건 일도 아니었다. 바이든은 인사 검증을 위해서라도 정부 기관의 협조를 받아야 하지만, 그런 도움을 기대하기 어렵게 됐다.

대법관들을 자기 부하처럼 생각하는 트럼프 대통령의 비민주적인 행태도 그대로 드러나고 있다. 대법원에만 가져가면 마치 자기가 다시 당선될 것처럼 얘기하고 있지만, 대부분의 미국 언론은 대법원이 트럼프의 선거 부정 주장에 개입하기조차 쉽지 않다고 전망하고 있다. 종신직인 미국 대법관은 소신에 따라 판단하기 매우 좋은 여건이 갖춰져 있다. 긴즈버그 대법관의 사망 이후 보수 일색으로 대법원이 개편되기는 했지만, 이런 음모론에 근거해 대통령 선거의 판을 뒤집는 판결을 할 법관은 없을 듯하다. 말끝마다 대법원에만 가면 다 해결될 것처럼 말하는 트럼프는 자신이 주장하는 부정선거의 증거가 무엇인지부터 공개해야 한다. 처음에는 놀라서 말을 귀담아듣기는 했는데, 음모론도 자꾸 듣다 보면 감흥이 현저하게 떨어진다는 걸 경험하고 있다.

이제 바이든은 미국을 정상 국가로 돌리는 과제를 안게 됐다. 거짓말을 하면 안 되고, 성실하게 세금을 납부해야 하고, 이유 없이 남을 괴롭히면 안 된다는, 어린아이도 아는 기본부터 회복하는 게 시급하다. 미국은 대통령부터 이런 기본을 너무 쉽게 무시해서 무엇이 옳고 그른지 판단 기준조차 모호해졌던 게 사실이다.

미 역사 최다 득표 낙선자 트럼프

트럼프 대통령의 소송전은 자기가 당선인이 되기 위한 행동이라기보다는 지지자들을 향한 정치 행위로 봐야 할 듯하다. 이미 7,100만 표를 얻은 트럼프 대통령은 미국 역사상 최다 득표 낙선자로 기록되며, 앞으로도 정치권에 엄청난 영향력을 행사하게 될 것이다. 게다가 의회 선거에 대해서도 트럼프가 '너희들 누구 덕분에 당선된 거냐'고 주장할 수도 있다.

멀베이니 전 백악관 비서실장이 트럼프가 4년 뒤에 다시 출마할 거라고 말한 건 의미심장하다. 대중의 관심 없이 살 수 없는 트럼프는 어떤 방식으로든 다시 정치권의 중심으로 복귀하려고 시도할 것이다. 트럼프는 1946년생으로 다음에 나와도 1942년생인 바이든과 나이가 같으니, '나라고 못 할 것 없다'고 충분히 생각할 수 있다. 트럼프가 가장 신뢰하는 FOX NEWS 앵커 로라 잉그러햄은 "트럼프는 차기 선거의 킹메이커가 될 수 있다"고 전망했다.

정권을 잡은 바이든은 여러 수사 기관에서 진행되고 있는 트럼프 수사의 고삐를 쥐고 싶은 유혹을 받을 수밖에 없을 것이다. 트럼프가 사망하거나 감옥에 있지 않으면 선전·선동을 멈추지 않을 거라고 생각할 수도 있다. 물론 트럼프가 받고 있는 혐의가 워낙 많고 커서 자연인으로 돌아가면 감옥에 갈 수도 있다. 이 경우 트럼프가 정권의 공작이라며 바이든 정부를 엄청나게 공격할 수도 있다. 트럼프도 힐러리 클린턴을 감옥에 보내겠다고 공언했지만 실제 행동으로 옮기지는 않았는데, 이번에 트럼프는 어떻게 될지 지켜봐야 할 듯하다. 전직 대통령이 감옥에 가는 불행한 역사가 미국에서도 일어날지 두고 볼 일이다.

트럼프가 선동한 의회 폭동,
민주주의가 공격당하다
'묻지마식' 트럼프 사기 선거 증거

2020. 11. 13.

느리지만 기다리는 이유 있는
미국의 선거제도

미국 대선을 겪으면서 새삼 한국 개표 시스템이 효율성 측면에서는 타의 추종을 불허한다는 걸 실감했다. 우리는 부정선거 역사 때문에 중앙선관위가 모든 정보를 틀어쥐고 잡음의 소지를 사전에 차단한다. 시간대별로 체계적으로 개표 정보가 제공되고, 속도도 워낙 빨라 선거 당일 취재 장소로는 중앙선관위가 가장 꽃보직이었다. 중계 원고도 시간대별로 숫자 정도만 바꿔주면 되기 때문에 크게 신경 쓸 것도 없었던 기억이 있다. 다만 2012년 총선 때 중앙선관위에서 느긋하게 중계 연결을 하다가 선거 종료 직후 강남을에서 미봉인 투표함이 발견됐다고 속보가 들어와 라면을 먹다가 허겁지겁 라이브 연결을 했던 기억은 있다. 그 이후로 투표함 자체가 강화 플라스틱으로 교체됐는데, 역시 한국은 잡음이 발생할 여지를 확실히 틀어막는 능력 또한 탁월했다.

미국 개표 진행은 한국인으로서는 속이 터지기는 하지만 사실 찬찬히 뜯어보면 시간이 걸릴 만한 이유가 있다. 우편투표, 부재자투표, 사전투표, 현장 투표 등 다양한 선택지가 있고, 또 투표하기로 등록한 사람은 자기 사정에 맞는 투표 방식을 선택하는 게 가능하다. 가장 큰 문제가 된 우편투표의 인정 시한도 각 주별로 제각각이다. 게다가 선거인명부에 없는 '현장 등록 투표(provisional ballots)'는 그 신원을 나중에 확인해야 하는데, 거북이 개표를 하는 경합 주에서는 개표를 완전히 다 끝내지 않고 완전하게 신원 확인을 할 때까지 인내심 있게 기다린다고 한다(물론 한국 개표원들처럼 손 빠르고 일머리 있는 분들이 나선다면 시간이 이보다 훨씬 단축될 거라고 생각한다). 우리만큼 효율적이지는 않지만 각 주의 자치권을 최대한 보장하는 연방 국가의 선거제도답다는 생각이 들었다. 선거 정보를 중앙집권화하지 않는 것도 권력 집중을 두려워하는 미국의 가치가 반영돼 있었다.

마구잡이 소송전 벌이는 트럼프

그러다 보니 각 주가 당선자를 확정해 공식 발표하기 전에는 누가 대통령이 됐다고 발표할 기관은 언론밖에 없었다. NBC, CBS, ABC, CNN 연합군은 '에디슨 리서치Edison Research'를 활용하고, AP와 FOX NEWS는 'AP 데이터'를 기반으로 한다. 특히 AP는 수십 년 전부터 주요 선거에서 당선인 예측을 했기 때문에 승자 결정권을 가지고 있다고 사회적으로 인정하는 분위기다. 지난 대선 때도 그랬고, 이번에도 AP가 마지막에 깃발을 드는 걸 다른 언론사들도 유심히 보다가 그대로 따라가는 분위기였다.

자기가 불리할 때 전통을 지키는 것 따위는 안중에 없는 트럼프가 자기가 진다는 결론이 나오자 이런 승자 예측을 부정하면서 일이 꼬이기 시작했다. 2016년 AP의 승리 예측 이후 언론사들이 당선자로 확정했을 때 트럼프는 뉴욕 힐튼호텔에 나타나 당선 연설도 했지만, 이번에는 "언론이 무슨 권한으로 승자를 예측하냐"며 인정하지 않는다는 분위기였다. 개표 과정을 최대한 흔들기 위해 마구잡이 소송전을 벌이는 중이었다. 자기 소송해야 하니까 소송 비용을 보내달라고 메일과 문자가 어찌나 많이 오는지 짜증이 날 지경이었다. 원통해하는 트럼프 지지자들을 상대로 수금 활동은 왕성히 진행되고 있었다.

음모론 유혹에 낚이는 지지자들

트럼프 지지자들 가운데 극우 음모론 단체 큐어넌QAnon의 주장을 진실로 믿는 사람이 많다는 걸 확인하고는 충격받은 적 있다. 의사들이 돈을 받으려고 코로나19 사망자를 부풀린다는 얘기도 워싱턴 D.C.에서 트럼프 지지자 집회에서 들은 적이 있었는데, 트럼프 대통령도 막판 대선 유세에서 똑같은 얘기를 했다. 바이든으로 권력이 넘어가는 과도기에 음모론을 동원해서라도 자기편을 드는 큐어넌 세력을 철저히 이용하면서 동시에 트럼프도 그들의 주장이 진실이라고 믿고 있는 게 아닐까 하는 생각이 들었다. FOX NEWS 등에서 누군가 그런 류의 음모론을 주장하면 트럼프가 시차를 두고 그대로 따라 읊는 걸 여러 차례 본 기억이 있다. 이쯤 되면 트럼프와 음모론은 한 몸이라고 볼 수도 있다.

대규모 개표 부정이 있었다는 트럼프의 주장은 근거가 없다. 판세를 바꿀 만한 선거 사기는 대규모 조직과 치밀한 계획이 필요하다. 각 주정부를 포섭하고 집배원과 검표원, 진행 요원 등을 잘 엮어서 어디서도 비밀이 새지 않게 하면서 표를 바꿔치기해야 대규모 부정선거가 가능하다. 하지만 미국 개표 시스템은 그렇게 엉성하지 않다. 미국은 수백 년 동안 선거를 해온 역사를 가진 나라다. 한국의 자유당 시절이나 아프리카의 독재국가에서나 상상이 가능한 대규모 선거 부정이 있었다고 주장하는 건 음모론 외에는 설명할 수 없다. 그걸 집권 세력이 도전자를 상대로 주장한다는 것은 더욱 이해 불가였다. 자신이 국정 책임자라는 걸 종종 망각하는 트럼프는 여전히 민주당을 선거 부정을 할 수 있는 권력자로 몰아세우는데, 나 같은 외국인 기자가 봐도 이해가 되지 않았다. 물론 사람이 하는 일이기 때문에 시스템의 오류나 실수가 있을 수는 있다. 하지만 그게 조직적인 부정이냐 아니냐는 하늘과 땅 차이다.

트럼프 대통령이 트위터에 올린 영상은 더욱 황당했다. 아무 설명도 없이 우편투표 수거함에서 선거 이후에 표를 가져가는 장면이 담겨 있는데, 얼핏 보면 누군가 표를 쏠어 담아 빼돌리는 느낌이 났다. 트럼프는 "투표용지를 봐라. 미국이 이렇게까지 되는 거냐"며 한탄하듯 적어 놨다. 하지만 대선 다음 날 우편투표 수거함에서 표를 수거하는 건 적법 절차에 따른 행위였다. 대선 날 마감 시간에 봉인하고 다음 날 수거하는 정상적인 절차인데, 그걸 마치 대규모 부정의 증거인 것처럼 올려놓은 것이었다.

얼마 전 버지니아비치에서 트럼프 표가 불타고 있다며 인스타그램에 올라온 동영상도 마찬가지였다. 트럼프 차남이 리트윗하면서 삽시간에 퍼졌는데, 이 투표용지는 각 지자체에서 유권자들에게 투표용지를 미리 봐두라고 올려놓은 샘플 투표지였다. 바코드가 없는 투표지여서 거론할 가치도 없는 것이었다. 하지만 이런 영상은 이미 기정사실로 확정돼 음모론을 유포하는 그룹을 통해 트럼프 지지자들 머릿속에 자리잡고 있었다. 트럼프 지지자들을 실제로 만나보면 "그런 얘기를 동영상으로 봤다"고 하는 얘기를 많이 하는데, 이렇게 맥락을 교묘하게 삭제한 영상에 그대로 넘어가고 있는 것이었다(트럼프는 이런 수준을 넘어 딥페이크 기술로 조작한 영상도 자주 올리고 있다).

언론도, 우리 편도 믿지 말 것
승리만 주문하는 트럼프

펜실베이니아에서 대규모 선거 부정을 바라는 트럼프 대통령에게 알 슈미트Al Schmidt 필라델피아 공화당 선관위원은 눈엣가시였다. 개표 참관도 못 했고, 개표장에서 무슨 일이 있었는지 모르겠다고 해줘야 하는데, 앞장서서 "선거 사기는 없다"고 주장하고 있으니 열이 받은 듯했다. 슈미트 선관위원은 개표에 참여한 사람들이 살해 협박까지 받고 있다며 여러 차례 언론에 분통을 터뜨렸다. 그러면서 "사람들이 거짓말을 소비하는 데 얼마나 굶주려 있는 건지 모르겠다"고 일갈했다. 하지만 트럼프 대통령은 트위터에 "자칭 공화당원이라는 사람이 태산 같은 부정부패를 바라보기 거부했다"면서 "우리는 결국 승리한다"고 적었다.

재검표를 결정한 다른 경합 주 조지아도 사정은 마찬가지였다. 공화당 소속 조지아주 국무부 장관이 개표 부정이 있었다고 해줘야 하는데, 문제가 전혀 없다고 발표했다. 문제는 없지만, 신고를 한다면 조사하겠다는 태도를 유지했다. 조지아 공화당 의원들이 조지아주 국무부 장관의 사퇴를 요구하는 웃지 못할 일이 벌어지기도 했다. 1만 4,000표 정도의 표 차이로 박빙의 승부가 펼쳐지기는 했지만, 재검표로 결과가 뒤바뀔 가능성은 거의 없다. 트럼프 대통령은 2016년에 미시간에서 단 1만 700표 차이로 승리했던 적도 있었다. 그때에 비하면 표 차이는 더 벌어진 셈이었다.

《뉴욕 타임스》가 미국 50개 주 선거 담당 책임자를 일일이 취재해 45개 주에서 대규모 선거 부정이 없었다는 답을 들었다고 보도했다. 나머지 5개 주는 지금까지 그런 선거 부정이 있었다는 발표가 없었다. 대규모 선거 부정이라는 게 있었다면 이런 식의 음모론 말고 실체 있는 의혹 제기가 진작 나왔을 것이다.

선거 사기 음모론을 보도하면서 한국에도 트럼프의 승리를 간절히 원하는 사람이 많다고 생각했다. 댓글을 보면 곧 트럼프가 다시 승리할 거라는 내용도 많았지만, 바이든이 선거 부정으로 쫓겨날 거라는 대담한 예측도 수두룩했다. 요즘 한국 유튜브에도 미국 대선의 진실을 알려준다며 바이든의 대규모 선거 부정을 설명하는 영상이 많이 뜨는데, 음모론이 그만큼 조회 수를 올리는 데 도움 되는 소재라는 의미일 듯했다.

'언론은 국민의 적이다, 언론을 믿지 마라'는 트럼프의 주문은 강력했다. 일단 뭐가 진실인지 허구인지 모르는 상황에서는 대안적 진실이라고 포장한 거짓말도 진실로 받아들이게 할 수 있다. 트럼프의 거짓말

을 확인하는 데는 많은 노력과 수고가 필요하다. 당사자들을 일일이 나
확인해서 그게 거짓말이라고 밝히는 순간, 트럼프는 다른 거짓말로 탄
착점을 옮겨버린다. 그리고 '페이크 뉴스' 한마디만 하면 아무리 언론이
팩트 체크 노력을 해도 소용없어진다. 트럼프 지지자들은 언론 보도 자
체를 전혀 믿지 않기 때문이다. 이런 일을 계속 겪다 보니 얼마 전 다시
본 〈매트릭스〉에서 사람들이 자기 세계에 갇혀 사는 장면이 떠올라 더욱
섬뜩했다.

대선을 도둑맞았다고 주장하는 트럼프 지지자들

워싱턴에서 극우 무장 단체를 만나다

2020. 11. 15.

미 전역에서 모인 엄청난 규모의
워싱턴 대선 불복 집회

트럼프 임기 말 워싱턴 D.C.는 시위의 메카가 됐다. BLM 시위 때 일부 시위대의 약탈, 방화가 있었고, 야간 통행금지까지 내려지는 걸 목격했다. 웬만한 시위에는 별로 놀라지도 않는 수준이 되기는 했는데, 이번 트럼프 지지자들의 대선 불복 집회는 엄청난 규모에 '깜짝 놀랐다'는 표현을 쓰지 않을 수 없었다.

일단 차를 타고 워싱턴 시내에서만 한 시간 넘게 돌다가 결국 사무실 주차를 포기하고 길거리에 차를 세우고는 걸어 들어갔다. 야간 통행금지가 내려졌을 때도 기자들의 통행을 막지는 않았지만, 이번에는 모든 차량의 진입을 예외 없이 막아서 벌어진 일이었다. 지하철에서 사람들이 쏟아져 나왔는데, 근래 이렇게 많은 사람이 시내로 쏟아져 나오는 걸 본 기억이 없다. 집회 참가자들은 워싱턴 근처에서만 온 사람들이 아니었다. 미국 각지에서 모여든 사람들이 상대적으로 싼 숙소가 있는 버지니아 등에서 묵고 30, 40분씩 지하철을 타고 들어오는 경우가 많았다.

한국 특파원 사무실이 모여 있는 내셔널 프레스 빌딩 바로 옆 '프리덤 플라자Freedom Plaza'라는 큰 광장에 트럼프 지지자들이 가득 찼다. 웬만하면 인파를 뚫고 광장 안에서 이동해 보려고 했지만 도저히 불가능할 정도였다. 광장을 가득 채우고도 사람들이 바깥으로 밀려나 있었는데, 위에서 촬영한 영상을 보면 과거 탄핵 때나 광우병 사태 때 한국의 광화문 집회를 보는 느낌이 날 정도였다. 동시에 모인 인원으로 봤을 때 BLM 집회 때보다 2, 3배는 많다는 느낌이었다. CNN은 수천 단위로 참석 인원을 얘기했는데, 너무 보수적으로 잡은 듯했다. 수만 단위는 충분히 된다는 생각이 들었다. 트럼프 대통령이 집회에 자기를 지지하는 사람들이 많이 모였는데, 언론이 제대로 보도를 안 한다고 트위터에 불만을 써놓은 게 이번에는 틀린 말이 아니라고 생각했다. 올해 본 시위 중에 가장 사람이 많았고, 그 열기도 대단했다는 것은 사실이었다.

악명 높은 극우 무장 단체 '프라우드 보이스'

프라우드 보이스는 이번 미국 대선 토론회를 거치면서 폭력 단체 가운데 일약 스타로 떠올랐다. 대선 1차 토론에서 진행자 크리스 월리스가 "백인 우월 단체들을 비난하고, 폭력 선동을 중단하라고 할 수 있냐"고 질문했을 때 트럼프는 자기는 그런 단체는 모른다고 오리발을 내밀었다. 바이든이 프라우드 보이스라고 예시를 던져주자, 트럼프는 "프라우드 보이스, 물러서서 대기하라"고 발언했다. 대통령의 명령대로 언제든 현장에 투입돼 폭력을 휘두를 준비를 하라는 거냐는 비판이 쏟아진 바 있다.

그전까지 프라우드 보이스의 존재조차 몰랐던 사람들이 많았지만, 이 사건으로 그들은 극우 무장 단체의 대표 격이 됐다. 외신들도 그동안 트럼프 지지 시위에 나선 프라우드 보이스에 대한 보도를 꽤 했는데, 집회에는 방탄조끼에 방망이, 권총, 소총 등으로 중무장한 경우가 많았다. 특히 검은색 바탕에 노란색 월계관 모양의 문양이 들어간 셔츠를 맞춰 입어서 눈에 확 들어왔다. 내용을 찾아보니 이 단체가 '프레드페리Fred-Perry' 폴로 셔츠 로고를 무단 도용해서 자기들 상징으로 만들어 버렸다고 한다. 프레드페리는 아예 북미 지역에서 폴로 셔츠 판매를 포기했을 정도였다.

프라우드 보이스는 이번에도 시위 현장 곳곳에 퍼져 있는 걸 볼 수 있었는데, 말을 걸면 "대답 안 한다"고 손사래 치면서 사라져 버렸다. 이들 가운데 가방을 멘 사람들이 많이 보였는데, 그 안에 총이나 흉기가 있지 않을까 짐작했다. 족보를 알 수 없는 다른 무장 세력도 많았는데, 방탄조끼로 중무장한 사람들에게 왜 이렇게 하고 나온 거냐고 물어보니 "최악의 상황에 대비한 것"이라는 답을 들을 수 있었다. 극좌파 무리가 나와서 폭력을 선동하는데, 무슨 일이 일어날지 모르니 미리 준비하고 나온 거라는 말이었다. 중무장하고 나온 사람들은 싸움을 단단히 준비하고 나온 모양새였다.

낮에는 집회가 평화롭게 진행됐지만, 밤이 되니 역시ㅏ 폭력 사태가 발생했다. 시내 곳곳에서 프라우드 보이스와 안티파 세력이 뒤엉켜 난투극을 벌였다. 그래도 총을 꺼내 쏘는 극단적인 일은 벌어지지 않아 다행이었다. 경찰이 난투극을 벌인 20여 명을 체포했는데, 총기를 소지한 경우가 4명이었다고《워싱턴 포스트》가 보도했다. 대놓고 총을 보이게 들고 다니는 사람을 보지는 못했는데, 역시 숨겨서 가지고 있는 경우는 꽤 많았던 듯했다. 요즘 미국 상황은 어릴 때 보던 만화《북두신권》에 나오는 세기말적인 난장판과 비슷한 면도 있다.

빨간 모자 부대의 섬뜩한 배타주의

이번 대선 불복 집회는 대선 패배에 대한 화풀이 성격도 상당히 있었다. 그동안 현장에서 만난 트럼프 지지자들이 공격 성향을 드러낸다는 느낌을 받은 경우가 별로 없었는데, 이번에는 조금 달랐다. 프리덤 플라자 우측 편에는 AF(America First) 깃발을 든 단체가 따로 집회를 하고 있었다. 이 단체는 '미국을 다시 위대하게(Make America Great Again)'라는 문구가 쓰인 빨간 모자를 쓴 백인이 대부분이었다. 양복을 입은 한 남성과 눈이 마주쳤는데, 이 남성이 내 눈을 똑바로 바라보며 동양인을 비하하는 의미인 '눈 찢기'를 하는 걸 보게 됐다. 시비를 거는 건가 싶었는데, 말을 하고 싶은 욕구가 있는 사람 같아 불러서 인터뷰를 요청했다. 뜻밖에도 그는 북한 문제에 대해서 잘 아는 사람이었다. 대놓고 "아까 왜 눈 찢기를 한 거냐, 모욕 주려고 한 거냐"고 질문했다. 그랬더니 말을 얼버무리며 "중국 친구들은 그렇게 하면 굉장히 모욕감을 느끼는데 그게 재미있다고 생각해서 그랬다"고 실토했다. 그는 나를 중국인으로 착각한 것 같았는데, 미국에서 살면서 눈 찢기 모욕을 직접 본 건 이번이 처음이었다. 이들이 외치는 "아메리카 퍼스트!(America First!)" 구호도 섬뜩하게 느껴졌는데, 트럼프 지지층은 배타주의를 기반으로 하고 있다는 생각을 다시 한번 했다.

음모론에 심취한 지지자들도 많이 만날 수 있었다. 죽은 사람을 보는 아이가 나오는 영화《식스 센스》포스터에 "나는 죽은 사람이 투표하는 것을 보았어요(I see dead people voting)"라고 나름 재치 있는 내용의 피켓을 만들어 나온 사람도 있었다. 그는 이번 대선에서 죽은 사람들이 바이든에게 몰표를 준 대규모 선거 부정이 있었다고 굳게 믿고 있었다. 사망자가 무더기 투표했다는 얘기는 꽤 많은 사람이 말했는데, 출처에 대해 묻자 거의 모두 페이스북과 유튜브라고 답했다. 극우 음모론 사이트에서 시작된 내용을 트럼프를 비롯한 주변 인사들이 SNS를 통해 재확산시키고, 지지자들은 그게 사실이라고 굳게 믿는 패턴이 계속된다는 걸 확인할 수 있었다. 외국인 기자라고 밝히니까 '너도 공부 좀 해봐'라는 식으로 음모론 사이트를 알려주는 사람도 있었다. 딥스테이트 범죄자들이 국가를 장악했다는 황당한 얘기부터 5G가 사람들을 병들게 한다고 주장하는 사람도 있었다. 음모론의 대표 단체 큐어넌의 Q로고를 여기저기서 많이 봤다. 미국에 음모론자가 이렇게나 많다는 게 너무 놀라웠다.

이들은 하나같이 정부 발표와 언론 보도를 전혀 믿지 않는다고 답변했다. 최근 트럼프가 자기편을 충분히 안 들어준다며 FOX NEWS를 계속 공격하는 상황이어서 그나마 신뢰하던 TV 매체마저 불신하는 분위기가 느껴졌다. 트럼프 지지자들은 점점 인터넷 기반의 극우 성향 음모론 매체로 기울고 있었다. 한 여성 지지자에게 "정부를 못 믿는다면서 트럼프는 어떻게 믿나. 대통령도 정부의 일부 아닌가?"라고 질문했더니 "트럼프는 정부의 일부로 보지 않는다"는 답이 돌아왔다. 공화당도 민주당도 아니고 그는 기성 정치인이 아니기 때문에 정부 인사가 아니라는 논리를 전개했다. 5G 음모론을 펼치는 사람에게도 "그런 정책을 시행한 트럼프가 잘못한 거 아니냐"고 했더니 "트럼프는 아무 잘못이 없다"고 답을 했다. 음모론을 주장하기는 하지만, 트럼프의 결백은 불변의 진리였다.

이번에도 트럼프 대통령에 대한 놀라운 팬덤을 확인했다. 이 수많은 사람을 미국 전역에서 자발적으로 불러 모은 트럼프의 흥행 능력을 인정하지 않을 수 없었다. 트럼프 집회에 47번이나 참석했다는 사람도 있었다. 차를 타고 집회에 매번 따라다니는 사람이라는데, '도대체 왜 이렇게까지 하나'라는 생각이 들 정도였다. 그들은 그들이 원하는 메시지를 전해주는 트럼프가 너무 좋다고 답변했다. 종교에 심취하는 것과 마찬가지로 트럼프에 대한 믿음은 신앙에 가까운 듯했다.

트럼프 지지자들은 왜 괴물이 됐나
의회 폭동 현장을 취재하다

2021. 1. 9.

사상 초유의 '쿠데타 미수' 사건
사면초가 트럼프

2020년 코로나19 사태와 인종차별 반대 시위, 탄핵 사건* 등 워싱턴 D.C.에서 볼 수 있는 최대로 충격적인 사건을 모두 경험했다고 생각했다. 하지만 그게 착각이라는 걸 깨닫는 데는 그리 오래 걸리지 않았다. 팬데믹을 능가하는 의회 폭동 사태는 외국인 기자로서도 충격 그 자체였다. 아무리 막 나가는 트럼프라도 문명사회의 일원으로서 지켜야 할 선이 있다. 의사당 폭동은 '내란'이라고 해도 부족함이 없었고, 이를 부

---

* 트럼프는 재임 중이던 2019년 '우크라이나 스캔들'과 관련해 그해 12월 하원에서 탄핵소추안이 통과됐으나 이듬해 2월 상원에서 부결됐다.

추긴 사람이 트럼프라는 건 부인할 수 없다. 모든 것이 영상으로 녹화돼 있고, 평소처럼 그런 적 없다고 거짓말도 할 수 없는 상황이다. 이제껏 충동적인 트럼프의 행동을 많이 봤지만, 이번만큼 어리석고 황당한 잘못은 또 처음 경험했다.

미국 사회의 충격은 어느 때보다 큰 상황이었다. 1월 6일, 의회 폭동 사태 당일 지상파들도 정규 방송을 모두 끊고 상황을 생중계했었고, 진보, 보수가 모처럼 한목소리로 트럼프를 비난했다. 트럼프는 결국 견디지 못하고 나와서 대선 패배를 사실상 시인했다(물론 승복이라는 단어를 사용하지는 않았다. 그는 그런 식으로 알량한 자존심을 지키려 했다). 평화로운 정권 교체를 약속하고, 의회 폭력 사태 가담자를 강력하게 비난했다.

하지만 이런 말잔치가 자의가 아니라는 건 모두가 알고 있다. 사건 당일만 하더라도 트럼프는 죽도록 싸우자며 의회로 가서 지지자들의 힘을 보여줘야 한다고 말했다. 사실상 극한 시위를 부추겼던 것이다. 폭력 사태가 벌어진 뒤에도 시위대가 특별한 사람들이라며 사랑한다는 메시지를 남기는 것을 잊지 않았다. 하지만 사태가 너무 커지자 일단 꼬리 자르기가 더 급했다. 상황을 모면하기 위해 트럼프는 자신의 일부 지지자들까지 관계를 끊는 입장을 취했다. 트럼프 음모론자들은 의사당을 습격한 세력이 극좌 '안티파'라는 주장을 또 근거 없이 하고 있는데, 이런 주장에 힘을 얻어 이번 폭동 세력은 트럼프 지지자가 아니라고 주장하고 있었다. 의사당에 들어간 사람들이 트럼프 지지자가 아니라고 우기는 건 현장을 취재했던 기자 입장에서는 너무나 황당한 주장이었다.

탄핵 추진에 수사에……
임기 완주를 걱정해야 하는 트럼프

수정 헌법 25조*를 통해 트럼프 대통령의 직무를 정지시키는 안은 펜스 부통령의 미온적인 태도로 실현되기 어려운 분위기였다. 일단 실현되면 결정이야 빠르게 나겠지만, 가능성은 크지 않았다. 트럼프 탄핵** 추진 논의는 민주당에서 펠로시와 찰스 슈머Charles Schumer를 중심으로 논의되고 있지만, 이것도 끝까지 잘 될지는 장담하기 어렵다. 의회 폭동 사태는 1차 탄핵 소추의 이유가 됐던 우크라이나 스캔들보다 훨씬 범죄 혐의가 크지만, 지금은 트럼프의 임기가 얼마 남지 않았다. 바이든 당선인이 의지를 가지고 탄핵을 추진한다면 불이 붙을 수 있겠지만, 바이든이 흥미를 보이지 않는 상태였다. 눈앞에 코로나19라는 감당하기 어려운 큰 숙제를 안고 출발하기 때문에 트럼프 탄핵을 추진하면 국정 동력이 분산될 게 뻔하기 때문이다. 일단 급한 불을 끄는 데는 도움이 안 된다는 생각인 듯했다. 탄핵은 언제나 그렇듯이 정치 행위이기 때문에, 정치적인 부작용도 고려해야 한다. 지금도 트럼프 세력이 감당하기 어려울 정도로 많은데, 탄핵을 계기로 똘똘 뭉칠 수도 있다.

의회 폭동 수사는 눈여겨볼 부분이었다. 이번 사태를 내란 음모 혐

---

* 부통령과 내각의 과반이 대통령이 직무를 수행할 수 없다고 판단하면 대통령의 직무를 정지시키고 부통령이 대통령 직무 대행을 맡도록 하는 조항이다.

** 트럼프에 대한 두 번째 탄핵 추진은 2021년 1월 6일(현지 시각) 트럼프 지지자들의 의회 난입 사건으로 시작됐다. 트럼프에 대한 내란 선동 책임을 물은 하원은 1월 13일 그에 대한 탄핵 소추안을 통과시켰다. 하지만 탄핵안은 2월 13일 상원에서 최종 부결됐다. 이로써 트럼프는 하원에서 두 차례 탄핵소추되고, 상원에서 두 번 다 무죄판결을 받는 진기록을 세웠다.

의로 수사하겠다는 마이클 셔윈 워싱턴 D.C. 검사장 대행의 발표가 나왔다. 트럼프도 수사 대상이냐는 질문에 셔윈은 "혐의가 입증되면 모두 수사 대상"이라고 답변했다. 원론적인 내용이지만 대통령도 기소 대상이 될 수 있다는 메시지였다. 트럼프가 가장 걱정하는 부분은 형사 기소일 것이다. 물론 퇴임 직전에 셀프 사면을 통해 수사의 예봉을 피하려 하겠지만, 그 행위 자체가 복잡한 정치적 파장을 낳게 될 수도 있다. 셀프 사면권을 행사해도 각종 소송으로 법원까지 가서 어떤 결과가 나올지도 모르고, 스스로 사법적 잘못이 있었다는 걸 인정하는 역효과가 날 수도 있다. 수사에서 잘못이 있었다고 나오면 탄핵 논의가 급물살을 탈 수도 있다. 임기가 보름도 안 남은 대통령이 끝까지 백악관을 지킬 수 있을지 걱정해야 하는 딱한 상황이다. 난파선에 탄 참모들도 제 살길 찾겠다며 사표 내기 바쁜 상황이다. 예전에는 트럼프와 죽이 잘 맞던 참모들까지 사표 대열에 참여했다. 트럼프는 자기가 시간차 트윗 해고를 통해서라도 참모를 버려야 직성이 풀렸는데, 부하들에게 이런 식으로 내쳐지리라고는 생각하지 못했을 것이다.

트럼프 연설 전후로
완전히 달랐던 시위 분위기

2021년 1월 6일, 미국 상·하원이 바이든 당선인을 대통령으로 확정하는 날 열렸던 트럼프 지지자들의 집회 분위기를 기록해 둘 필요가 있다. 이날 집회는 트럼프가 오래전부터 지지자들을 불러 모았고, 전날에는 심지어 자기가 연설한다고 공지까지 했다. 현장에서 보니 평일, 추운 날씨

2021년 1월 6일(현지 시각) 트럼프 연설 직전 워싱턴 기념탑 앞에 모인 트럼프 지지자들의 모습.

워싱턴 인사이트

라는 악소건에도 흥행에는 상당히 성공했다. 2020년 11월 15일 처음 열렸던 대선 불복 집회만큼 엄청난 규모는 아니었지만, 지지자들이 컨스티튜션 애비뉴를 가득 채우고 워싱턴 기념탑 언덕 위까지 서 있어야 할 정도로 많았다. 수만 명이라고 충분히 말할 수 있는 규모였다. 트럼프를 대통령으로서 볼 수 있는 마지막 기회라고 생각한 지지자들이 많았던 듯했다.

방탄조끼에 가스총, 스프레이 등으로 중무장하고 나온 트럼프 지지자들도 상당수였지만(워싱턴 D.C.에서는 진짜 총기를 보이게 휴대하면 바로 잡혀간다), 이런 무장한 복장을 워낙 좋아하는 지지자들의 성향을 익히 알고 있었기 때문에 평소와 크게 달라 보이지는 않았다. 마스크를 쓴 사람은 여전히 거의 없었고 트럼프 깃발은 기본 소품처럼 거의 다 들고나왔다.

트럼프 지지자들은 인터뷰할 때마다 대통령과의 일체감이 너무 커 놀랄 때가 많다. 사실관계는 따져보지도 않고 거의 트럼프의 발언을 복사 수준으로 따라 하는 경우가 대다수였다. 특히 이번에는 트럼프 측이 선거 불복을 위해 제기했던 법원 소송에서도 모두 지고 패배가 확정된 상황이었지만, 이와 관련된 질문을 하면 지지자들은 오히려 법원을 비난했다. 정치인의 팬으로서 부정선거가 있었다고 믿고 있다는데 뭐라고 할 수는 없다. 그러나 그 근거로 모두 페이스북, 유튜브에서 본 음모론을 말하니 더 이상 질문하는 게 무의미했다. 음모론을 신봉하는 신도 수준이었다. 이번 집회에는 유독 태극기와 성조기를 같이 들고 나온 한국인들도 자주 마주쳤다. 이들도 부정선거가 있었다고 신앙처럼 믿고 있었다. 지나가면서 트럼프 관련 보도를 똑바로 하라고 한국말로 충고해 주는 사람도 있었다.

수많은 사람이 기념탑 앞 잔디밭에 모여 있었지만 트럼프 대통령의 연설이 진행될 때는 조용했다. 연설을 경청하고 싶어 하는 사람들이라 몰입도가 아주 높았다. 워낙 사람이 많아서 앞으로 조금씩 움직이기도 어려운 상황이었는데, 아예 나무 위에 올라가서 듣는 사람도 많았다. 트럼프에 대한 지지층의 열기는 여전히 뜨거웠다.

이날 트럼프의 연설은 지나치게 선동적이었다. 승복은 죽어도 못하겠고, 의회로 몰려가서 죽도록 싸우자고 발언했는데 사람들이 부글부글 끓어오르는 게 느껴질 정도였다. 자극제 주사를 맞은 사람들처럼 씩씩거리며 의회 행진을 했는데 분위기가 심상치 않았다. 인터뷰를 해도 지나치게 적대적이었고, 외국 언론인데도 분노를 드러내는 사람도 꽤 많았다. "자유 국가 미국에서 마스크는 왜 쓰는 거냐"며 시비 거는 사람부터, 중국 언론사로 착각한 지지자들이 "중국 놈들은 꺼져"라며 욕하며 시비 거는 경우도 있었다. 그동안 꽤 많은 트럼프 지지자를 실제로 만나고 인터뷰도 해봤지만, 이 정도로 거칠고 공격적으로 대응하는 사람들을 만난 건 처음이었다. 물론 전부는 분명히 아니었다. 일부는 친절하게 인터뷰에 응해줬고, 자기가 의사당에서 촬영한 동영상을 현장에서 드롭박스로 올려서 쓰라고 건네준 트럼프 지지자도 있었다.

트럼프가 지지자들을 선동한 게 맞냐고 묻는다면 그렇다고 말할 수밖에 없다. 대통령의 지시는 일종의 공적 업무였다. 의사당에 난입한 사람들은 자기가 이런 행동을 해도 대통령이 뒤를 봐준다고 생각했을 듯하다. 물론 선봉에 서서 기물을 부수고 들어간 사람들은 일종의 범죄 전문가라고 볼 수 있겠지만, 뒤따라 우르르 들어간 대다수는 평범한 일반 시민이었다. 트럼프가 가라고 해서 갔고, 남들이 들어가니까 들어간다는 일종의 군중심리가 있었던 게 사실이다. 의사당 안에 들어갔다가 나온 사람을 붙잡고 "왜 거기 들어갔냐"고 물어보니 답변이 가관이었다. 그들은 "하도 불법적인 일이 많이 진행돼 의회에서 적법하게 일하는지 확인하려는 것이었다"고 말했다. 또 "의회의 주인이 국민인데, 주인이 자기 집 들어가는 게 뭐가 문제냐"는 단순한 논리였다. 이 얘기를 하는 사람이 여럿이었는데, 트럼프 지지자들 사이에서는 이미 널리 공유된 생각이었다.

의사당 진입 과정에서 유리창을 깨부수고, 공성전하듯 담벼락을 기어오르고, 의사당 안에서 경찰과 주먹질하는 장면은 모든 사람이 느끼듯 충격 그 자체였다. 경호원들이 총기와 최루탄을 발사하는 장면은 어느 나라에서 일어났어도 대서특필됐을 듯했다. 밤에는 주 방위군이 방패로 시위대를 밀어내는 걸 또다시 경험했다. 군인은 경찰과는 다른 수준의 위압감을 준다. 군인들 앞에서 뉴스용 스탠딩 영상을 빠르게 촬영했는데 그 앞에서 시간을 끌면서 뭉그적거리다 방패로 맞아도 하소연을 못 할 듯했다. 의사당 폭동과 진압 과정 모두 미국의 수치였다. 하원 의원실 보좌관과 다른 일로 연락하다가 이 문제 얘기가 나왔는데 그녀는 "너무 창피하다"는 말을 여러 번 반복했다.

음모론 집착이 부른 참사
측근을 모두 적으로 돌린 트럼프

하루에도 수십 개씩 부정선거 증거라며 트위터에 음모론을 올렸던 트럼프 대통령을 보며 '음모론을 진짜로 믿고 있는 것 같다'고 생각했다. 트럼프도 처음에는 정치 자금 수금이 목표라고 생각했을 수도 있다. 하지만 주변에 워낙 음모론을 신봉하는 사람과 말도 안 되는 얘기로 자신의 패배를 부정하는 사람이 많아 트럼프도 이들에게 경도됐던 게 사실이다. 트럼프는 언론이 아무리 부정선거가 사실이 아니라고 해도, 대중에게는 진실이 은폐된 것일 뿐이라고 선동했다. 어느 순간부터 음모론에 대한 집착의 정도가 도를 넘는다는 생각이 들었는데, 결국 대선 결과까지도 원하는 대로 지지자들의 폭력 행위로 탈취할 수 있다고 생각한 게 큰 패착이었다.

결과적으로 트럼프는 자신의 가장 충성스러운 부하 펜스를 적으로 만들었다. ABC 백악관 출입 기자 조나단 칼Jonathan Karl도 트럼프에게 가장 충성심이 높은 사람이 펜스라고 주저 없이 말하곤 했다. 실제로 그동안 펜스는 거의 대다수 대중 연설에서 트럼프를 칭찬했다. 반기를 든 적도 없었고, 트럼프의 부통령으로서 시키는 대로 충직하게 직무를 수행해왔다. 하지만 상·하원 회의에서 선거 결과를 바꾸라는 명령은 북한 수준의 독재국가가 아니면 따르는 게 불가능한 얘기였다. 부통령이 자기 마음대로 당선자를 선언할 수 있다면 돈과 시간을 들여 대선을 치르는 이유가 뭔지 의문이다. 이런 민주주의의 기본조차 무시한 트럼프는 펜스를 비난했고, 의사당에 난입했던 지지자들은 "펜스를 교수형에 처하라"고 험악하게 외치기도 했다. 이런 보스에게 충성을 다할 수는 없다. 이제 트럼프 주위에는 사면을 바라는 음모론 신봉자 루돌프 줄리아니Rudolf Giuliani 같은 함량 미달의 인물밖에 없다. 이러니 내리는 의사 결정마다 패착이었다.

2020년 한 해만 돌아봐도 트럼프에게는 수많은 기회가 있었다. 코로나19 초기 병의 실체를 인정하고 '마스크 쓰기' 하나만 강조했어도, 미국이 이 지경까지 되지는 않았을 것이다. 설사 지금과 똑같은 피해를 입었다고 하더라도, 코로나19 피해자들에게 공감하고 그들을 조금만 더 위로했어도 이렇게 민심이 떠나지는 않았을 것이다. 트럼프는 도저히 질 수 없는 대선에서 자기 잘못으로 패배했다. 그리고 그 패배조차 인정하지 않고 무리수를 두다가 안전한 퇴임의 기회조차 날려버렸다는 평가를 받게 됐다.

한국계 순자 의원이 설명하는
두 번째 트럼프 탄핵의 이유
메릴린 스트릭랜드 연방 하원 의원 인터뷰

2021. 1. 10.

한복 취임 선서 화제 된
한국계 연방 하원 의원 스트릭랜드

2021년 1월 4일, 연방 하원 의원으로 취임한 한국 이름 순자, 메릴린 스트릭랜드Marilyn Strickland는 취임 선서 때 한복을 입어 큰 화제가 됐던 인물이다. 빨간색 저고리와 짙은 남색 치마가 인상적이었는데, 의사당에서 자신의 한국계 뿌리를 공개적으로 드러냈다는 점에서 큰 의미가 있었다. 취임 선서를 할 때 한복을 입고 나온 건 미 의회 역사상 처음 있는 일이어서 미국 언론도 상당히 호기심 어린 눈으로 비중 있게 다뤘다. 바이든 정부 출범에 맞춰 미 의회가 이렇게 다양해졌다는 상징처럼 보였는데, 그녀는 첫날부터 주목을 한 몸에 받는 데 성공했다.

트위터에 자신이 한복을 입은 건 문화적 유산을 상징하고, 어머니의 명예를 높일 뿐 아니라, 미국 내 다양성의 중요성을 보여주는 증거라고 밝힌 바 있다. 이런 큰 이벤트에 한복을 입고 나왔던 한국계 의원이었던 만큼 뒷얘기를 들어보고자 의원실에 연락해 인터뷰를 섭외했다.

하지만 중간에 트럼프 지지자들의 의회 폭동 사태가 터지면서 인터뷰 날짜가 꼬이기 시작했다. 시간이 밀리다가 날짜를 잡았는데 정해진 시간에 의원이 도착하지 못했다. 민주당 의원들의 탄핵 논의가 길어지면서 너무 늦어진 것이었다. 때마침 지역구인 워싱턴주로 가는 비행기 표까지 예약이 돼 있어서 바로 공항으로 갈 수밖에 없었다는 얘기를 들었다. 일반적인 상황이 아니었기 때문에 이해가 됐는데, 보좌진부터 의원까지 굉장히 미안해했다. 다음 날은 주말이었지만 스트릭랜드 의원이 자택에서 화상 인터뷰를 하기로 해 약속을 지켰다.

현직 대통령, 폭동에 관여할 수 없어

스트릭랜드 의원을 화상으로 인터뷰하면서, 그녀의 논리 정연한 말솜씨에 감탄했다. 일부 인사들은 인터뷰해 보면 중구난방으로 말을 쏟아내 어디를 인터뷰로 써야 할지 난감한 때도 있는데, 스트릭랜드는 언어가 상당히 정제돼 있고 말이 정확했다. 방송기자 입장에서는 굉장히 좋은 인터뷰 대상이었다. 각 질문에 자신의 메시지를 정확히 담아 얘기를 해서 인상적이었다.

스트릭랜드 의원은 의원실에 있다가 폭동 사태가 터지면서 사실상 감금 상태로 상황을 지켜봤다. TV 화면으로 당시 본회의장 상황을 지켜보고 있었는데, 회의장에 들어가기 전에 이 사건이 터졌다고 한다. 보통

2021년 1월 5일(현지 시각) 메릴린 스트릭랜드 연방 하원 의원이 취임 선서를 하는 모습.
(출처: 스트릭랜드 의원실 보도자료)

회의장 문은 항상 열려 있는데, TV 화면에서 문이 닫혀 있는 걸 보고 '뭔가 문제가 생겼다'는 걸 직감했다고 말했다.

이번 폭동 사태는 지지자들의 단순한 난동 정도가 아닌 것으로 드러나고 있다. 미시간에서 주지사 납치를 모의했다가 적발된 사람들처럼 의원들을 상대로 직접적인 린치를 가하려 했다는 정황이 속속 드러나는 중이다. 방탄조끼로 완전무장한 사람들이 수갑으로 쓸 수 있는 케이블 타이(결박끈)를 들고 회의장을 헤집고 돌아다니는 장면이 찍혔다. 현장에서는 방탄조끼와 헬멧으로 완전무장한 공군 예비역 중령이 사람들을 지휘하는 장면도 포착됐다. 현장에는 총기를 휴대한 사람들이 있었다는 것도 확인됐다. 비록 미수에 그치기는 했지만, 의원들을 인질로 붙잡고

워싱턴 인사이트

트럼프를 대통령으로 확정하라고 다그치는 일이라도 생겼다면 그 후폭풍은 지금보다 훨씬 더 컸을 듯했다. 인질극이 벌어지면 의원 중에 희생자가 발생했을 가능성도 있다.

스트릭랜드 의원은 이번 폭동 사태를 실패한 쿠데타, 자국민을 상대로 한 테러 행위로 규정했다. 미국 역사에서 남부 연합기를 연방 의회 건물에 들고 들어간 것은 남북전쟁 때도 없던 일이라며 미국이 이렇게까지 분열돼 있다는 걸 상징적으로 보여준다고 설명했다. 트럼프의 인종적인 공포 조장과 갈등 증폭이 이번 대선을 통해 막을 내리게 된 것이라고 덧붙였다.

트럼프 대통령이 이번 사태를 어떻게 책임져야 하냐고 물으니, 자진 사퇴가 가장 좋은 방법이라고 답변했다. 수정 헌법 25조를 통한 방법이나 탄핵보다는 자진 사퇴를 하는 게 미국을 위해서 최선이라는 것이었다. 민주당에서는 1월 11일 탄핵안을 정식 발의할 거라고 예고했다. 자기 발로 내려오지 않는다면, 끌어내리는 일을 본격적으로 추진하겠다는 것이었다.

사실 임기가 열흘 남은 대통령을 탄핵하는 게 과연 가능한지 의문이 있었다. 첫 번째 탄핵 사태를 겪으면서 절차적 민주주의를 중시하는 미국에서 탄핵이 얼마나 복잡한 절차를 거쳐 길게 이어지는지 눈으로 봤기 때문이다. 스트릭랜드 의원은 '현직 대통령이 의회 폭동에 관여할 수 없다'는 메시지를 보내야 한다는 점에서 탄핵을 추진해야 한다고 설명했다. 현직 대통령의 잘못을 선례로 남겨야 하기 때문에 남은 임기와 상관없이 탄핵을 추진해야 한다는 말이었다.

또 다른 이유는 트럼프 대통령이 재선에 출마하지 못하게 막는 데

2021년 1월 10일 메릴린 스트릭랜드 하원 의원과 인터뷰하는 모습.

있다고 강조했다. 트럼프는 이미 재선 출마를 주변에 공식화했다는 보도가 꾸준히 나오고 있었다. 탄핵을 가결하면 재출마를 막는 것도 표결할 수 있는데, 이것도 중요한 탄핵 추진 이유 가운데 하나라는 얘기였다. 엄청난 논란을 일으킬 게 뻔히 보이는 트럼프가 다음 대선에 출마를 안 하는 것 자체가 민주주의와 국가 안보, 세계 질서 안정에 도움이 된다고 설명했다.

연방 의회 취임식에서 입은 한복의 의미

미국 의원의 취임 선서식에는 가족들이 모두 오는 게 관례다. 코로나19 이전인 2019년 연방 의회 취임 선서 때도 펠로시 의장 주위로 아이들이 가득했었다. 의원 선서를 가족들이 함께 지켜본다는 건, 선서의 의미를 더 진실하게 만들고 엄숙하기만 한 의사당 분위기를 훨씬 인간적으로 만드는 면이 있다. 하지만 올해는 코로나19 때문에 그렇게 하는 것 자체가 불가능했다.

스트릭랜드 의원은 코로나19 때문에 취임식장에 오지 못하는 어머니를 위해 존경의 뜻을 담아 한복을 입었다고 설명했다. 한국계, 아프리카계 뿌리를 가진 자신이 한국계임을 공개적으로 드러냄으로써 의회의 다양성을 높이는 데도 기여할 수 있을 것이라고 말했다. 한복을 입고 취임 선서를 하자, 휴대전화에 자랑스럽고 기쁘다는 응원 메시지가 많이 왔다고 전했다. 한국에서 군 복무했거나 한국 생활을 경험했던 동료 의원들도 감동했다는 말을 많이 했다고 한다.

한국계 정체성에 대해서는 간단명료하게 설명했다. 한국인 여성, 한국인 어머니가 키우면 그 사람은 한국 사람이라는 것이었다. 그게 정체성과 문화의 큰 부분이라고 답변했다. 학업적인 성취를 위해서 자식을 가르치고 끊임없이 인내하는 한국인 어머니가 미국에서 자란 자신도 한국 정체성을 가진 사람으로 길러냈다는 것이다. 어머니가 공부를 많이 시켰냐고 물어봤는데, 어머니는 교육이 가장 중요하다고 생각한 분이었다고 설명했다. 이민자로서 교육을 많이 강조했기 때문에, 자기도 학교에서 잘해야만 했다고 답변했다. 어머니의 교육 방침을 마음속에 새기고 한국인 어머니를 애틋하게 생각하는 스트릭랜드 의원의 마음씨도 따뜻하게 느껴졌다.

군대가 주둔할 만큼
삼엄했던 바이든 취임식
래리 호건 메릴랜드 주지사 인터뷰

<u>2021. 1. 19.</u>

험난했던 출근길

의회 폭동 사태 이후 워싱턴 D.C.는 사실상 계엄 상태가 됐다. 출근길이 하도 험난해서 그걸로 르포 뉴스 한 꼭지도 만들 수 있을 정도였다. 봉쇄 초기에는 시간이 걸려서 그렇지 차로 가까이 접근하는 게 가능했지만, 이제는 그마저도 불가능해졌다. 중심지로 들어갈 수도 없고, 주차 공간까지 전부 폐쇄해 차를 댈 수조차 없었다. 마땅한 이동 수단이 지하철밖에 없는 셈인데, 이것도 시내 대부분 역을 무정차로 통과해 워싱턴 초입에서 내려서 걸어 들어가는 수밖에 없었다. 워싱턴 지하철은 원래 사람이 많지 않지만, 요즘은 더 텅 빈 상황이었다. 마스크도 안 쓰고 큰 소리로 웃고 떠들며 비말을 사방으로 전파하던 트럼프 지지자들이 시위가 있는 날이면 열차를 가득 채워서 끝자리로 슬금슬금 도망갔던 적도 있었는데, 요즘은 그런 사람이 없어서 그나마 다행이었다.

역에서 내려 걸어가는 것도 직선거리 주파가 불가능했다. 쇠 울타리를 통과하려면 보안 검색을 받아야 하는 곳이 이곳저곳 많이 들어섰고, 시간이 늦어지면 돌아가라고 야멸차게 문을 걸어 잠가 버리는 곳도 상당수였다. 빙빙 돌아가다 보니 평소보다 시간이 2, 3배는 걸렸다. 의사당이나 백악관으로 연결되는 길은 공항 검색대보다 더 엄격하게 소지품 검사를 했다. 보안 검색대 통과는 물론 비밀경호국(Secret Sevice) 직원들이 가방을 전부 열어 소지품을 하나하나 손으로 열어보고 만져본 뒤에야 통과시켰다. 노트북은 실제로 작동하는지 전부 켜서 화면을 보여줘야 했다. 기자 신분증도 뚫어져라 쳐다보며 얼굴까지 대조했다. 금속 탐지기에 소리가 조금만 울려도 요원들이 탐지를 여러 번 반복하면서 경고음이 나는 물체가 뭔지 확인했다. 한 사람이 검색대를 통과하는 데 10분은 걸렸다. 이 과정에서 조금이라도 거짓말을 하거나 수상한 물건이 나오면 바로 체포되는 분위기였다. 이미 몇 명은 검색대를 통과할 때 총을 가지고 오거나 다른 사람 신분을 사칭하다가 걸려서 바로 잡혀갔다고 보도되기도 했다.

주 방위군의 등장

의사당 근처는 말 그대로 주 방위군이 사방으로 깔린 상태였다. 수만 명을 이렇게 좁은 공간에 배치하다 보니 의사당에는 군복 입은 사람밖에 안 보이는 상황이었다. 주 방위군들은 소총을 들고 방탄조끼에 헬멧을 쓰고 서 있었다. 쇠 울타리를 사람이 타고 오르지도 못하게 날카로운 철선을 넘어놔서 의사당이 군사기지가 된 상태였다. 이러한 상황이니 아무리 날고 기는 무장 시위대라도 의사당에 접근하는 것 자체가 불가능했다. 이미 의사당 수 킬로미터 밖에서부터 접근이 저지되는 상황이라 정작 의사당 주 방위군은 상당히 무료해 보였다. 앉아 있는 사람은 없었지만, 자기들끼리 수다를 떨며 무료함을 달래는 경우도 많았다.

이런 중공군식 인해전술은 사실 미군들에게는 굉장히 낯선 개념이다. 사실 미군들은 전투에만 집중하지, 기지 경호 업무 같은 건 외주를 맡기는 경우가 많다. 주한 미군 기지도 출입구 신분증 검사는 한국 민간인들이 담당하는 경우가 많다. 주 방위군은 일종의 파트타임 군인 개념이다. 원래 직업이 있는데도 일종의 부수입을 얻기 위해 주 방위군으로 복무하는 사람이 많다. 한 달에 한 번 정도 주말 훈련을 해서, 일 년에 2주 훈련 기간을 채워야 한다. 정규 미군에 비하면 훈련량도 부족하고, 군기가 세다고 보기도 어려운 조직이다. 물론 주 방위군이 도시를 점령하다시피 하면서 트럼프 지지자들이 폭력 시위를 꿈도 꿀 수 없게 됐다. 하지만 이렇게 많은 사람이 인명 살상이 가능한 총기를 들고 있는 게 걱정스럽긴 했다. 혹시나 정신 상태에 문제가 있는 사람이 총기를 함부로 사용하면 또 다른 사고가 생길 가능성도 있다.

취임식 준비 위원회 쪽에서도 이런 걱정을 꽤 하는 상황이었다. FBI가 배치된 주 방위군 전원에 대한 신원 조사를 진행한다는 보도가 나왔다. 아직 군인들이 취임식을 겨냥한 문제 행동을 한다는 첩보는 없지만, 만일의 사태에 대비한다는 차원인 듯했다. 지난 의회 폭동에서 다수의 전 현직 경찰, 군인 등이 시위에 참여해 이런 걱정이 더 들었다. 트럼프는 기회가 될 때마다 말로는 이들이 최고라며 사탕발림 칭찬을 하는 경

의회 폭동 이후 쇠울타리로 사실상 봉쇄된 워싱턴 D.C.에서 현장 중계를 하는 모습.

우가 많았는데, 실제로 법 집행을 담당하는 공무원 사이에서 트럼프의 인기가 높았던 게 사실이다. 이번 의회 폭동 사태에서 한 의회 경찰도 빨간색 트럼프 모자를 쓰고 있던 모습이 사진에 찍혀 직무 정지와 함께 조사를 받고 있다.

의회 폭동과 코로나19 후폭풍 짙은
바이든 취임식장

4년 전 트럼프 대통령 취임식은 노스캐롤라이나 채플 힐에서 연수를 하면서 TV로 지켜봤었다. 트럼프 취임식은 백인 일색인데다 오바마 시절과 비교하면 환영 인파도 많지 않았지만, 그래도 사람 구경 자체가 취임식의 볼거리였다. 트럼프 정부는 일부 백인들의 큰 열망 속에 출발했고, 취임식 참석자들을 보는 것만으로도 그러한 분위기를 느낄 수 있었다. 하지만 바이든 취임식은 이런 사람들의 반응을 볼 기회가 원천 봉쇄됐다. 취임식 장소가 의회 폭동으로 유린당한 상태에서 진행되는 거라 워싱턴 전체에 쇠 울타리가 둘러쳐 있었고, 인파 대신 성조기 수십만 개가 볼거리의 전부였다. 게다가 자타공인 세계 최악의 코로나19 상황을 겪고 있는 미국에서 열리는 행사라 사람들이 모이는 것 자체가 극도로 조심스러운 일이었다.

취임식장 내부도 참석 인원이 천 명에 불과했다. 예전에는 미국 대통령 취임식 참석을 위해 한국의 정치권에서도 출장 오는 인원이 상당했지만, 이번에는 한국 정부의 취임식 참석 인원도 극히 제한적이었다. 취임식장 분위기와 함께 한국과 관련한 얘기를 전해줄 취임식 참석자를 찾다가 래리 호건Larry Hogan 메릴랜드 주지사가 생각났다. 취임식이 진행 중일 때 주지사들의 얼굴을 보지 못해 어떻게 된 일인가 영상을 다시 찾아봤는데, 호건 주지사가 존 벨 에드워드John Bel Edwards 루이지애나

의회 폭동 이후 경계가 삼엄해진 워싱턴 D.C. 모습.

주지사 등과 취임식장에서 얘기를 나누는 모습을 찾을 수 있었다. 위치를 자세히 보니 단상 위가 아닌 단상 아래 가장 앞줄쯤에 주지사들이 배치돼 있었다. 취임식 당일 50개의 모든 주 의사당에 대한 테러 경보가 발령된 상태라 주지사들이 취임식에 참석하는 것 자체가 큰 결정이었다. 이날 쿠오모 뉴욕 주지사를 비롯한 일부 주지사들은 혹시 모를 비상사태에 대비해 워싱턴행을 아예 포기했다. 상원 의원들도 대통령과 좀 멀기는 했지만 연단 위에 배치했는데, 주지사들을 제일 앞이라지만 하단에 배치한 것은 선뜻 이해가 가지는 않았다. 장갑을 끼고 방한복을 입고 앉아 있는 모습으로 밈meme이 된 버니 샌더스Bernie Sanders도 예전 같으면 상원 의원 자격으로 신임 대통령과 훨씬 가까운 거리에 앉았을 듯했다. 취임식장 참석 인원을 천 명으로 제한하다 보니 이런 일이 생길 수밖에 없었던 것 같다.

취임식장 분위기를 물어보기 위해 호건 주지사 측과 연락을 해봤는데, 일정을 조율하다 어렵게 화상 인터뷰를 했다. 코로나19 진단기 도입 이후 직접 주지사실을 찾아 인터뷰했던 인연이 있어 쉽게 인터뷰가 성사됐다. 인터뷰한 날도 호건 주지사가 일정이 많았는데, 한국 관련한 얘기를 묻고 싶다는 요청에 일부러 시간을 만들어 인터뷰에 응해줘 더욱 감사했다. 호건 주지사 공보실장이 사전에 카메라 위치 등을 잡아 주었고, 약속한 시간에 주지사가 바로 들어와 밀도 있는 화상 인터뷰가 가능했다. 이런 모습도 코로나19가 불러온 언론계의 뉴 노멀이었다.

주 방위군 모아놓고 발만 동동 구른 호건

2020년 8월 인터뷰한 이후 이번에 화상으로 다시 만난 호건 주지사는 체중이 좀 줄었다는 게 느껴졌다. 건강해 보인다는 말에 "아내 유미가 건강한 식단을 준비해 주고, 운동도 하게 해줘서 그렇다"고 아내에게 공을 돌렸다. 최근 출간된 한국어 자서전에 대해서도 잠깐 언급했는데, 한국과 관련한 언급이 많아 한국 독자들도 재미있게 봤으면 좋겠다고 답변했다.

예상대로 호건 주지사에게도 바이든 대통령 취임식은 "예전과 굉장히 달랐다"고 회상했다. 의회 폭동과 코로나19 때문에 대규모 축하 인파가 없는 취임식은 처음이라 본인도 현장에서 낯설게 느꼈다고 말했다. 당일 날씨가 꽤 쌀쌀해 기자들도 외부에서 취재하는 게 힘들었는데, 호건 주지사도 바람이 너무 많이 불어서 앉아 있기 힘들었다고 회고했다. 하지만 취임식은 축제 분위기여서 아주 좋았다고 답변했다.

메릴랜드와 버지니아는 워싱턴 D.C.와 거의 한 묶음이라고 봐도 된다. 딱 붙어 있는 지역이어서 한 지역에서 비상사태가 벌어지면 다른 지역에서 쉽게 도움을 줄 수 있다. 의회 폭동 당시 호건 주지사는 일본 대사와 화상 미팅 중이었다고 했다. 하지만 의회가 공격받았다는 소식을 접하고 일본 대사에게 양해를 구하고 회의를 전면 중단했다. 그리고는 즉각 주 방위군을 워싱턴 D.C.로 보내기로 결정했다. 특정 주에 소속된 주 방위군이 다른 주로 넘어가기 위해서는 국방부의 승인이 필요하다. 그러나 방위군을 보내겠다고 해도 국방부에서 결정을 내려주지 않아 주 방위군이 대기만 하는 상황이 1시간 반이나 지속됐다. 트럼프 행정부 막판 장관 대행 체제로 운영되던 미 국방부가 사실상 제 기능을 못 했다는 의미다. 주 방위군이 투입되면서 의회 폭동은 신속하게 진압할 수 있었다. 당일 야간에 의사당 근처에서 취재하고 있었지만, 방위군이 등장하면서 분위기는 급변했다. 트럼프 지지자들이 힘도 못 쓰고 의회 폭동 당일 늦은 오후부터 흩어진 건 방위군 덕분이라고 모두가 인정하는 부분이다.

2021년 1월 24일 래리 호건 주지사와 인터뷰하는 모습.

취임식까지 워싱턴 D.C.에 파견된 메릴랜드주 방위군은 1,000여 명이었다. 다른 주에서는 비행기를 타고 와야 해서 아무래도 늦어질 수밖에 없었지만, 메릴랜드는 차로 몇 시간이면 도착하기 때문에 메릴랜드주 방위군이 가장 먼저 입성했다. 메릴랜드주 방위군 현장 지휘 책임자가 흑인 여성 원스타 장군이었던 게 눈길을 끌었다. 주지사는 방위군의 사령관 역할을 겸하기도 해 호건 주지사는 취임식 전 워싱턴 D.C.에 와서 의사당에 근무하는 주 방위군을 격려했다. 취임식에 대규모 환영 사절단을 파견하는 게 정상이었을 텐데, 주 방위군을 보내야 했던 호건 주지사도 기가 막혔을 듯했다.

호건 주지사가 의회 폭동 직후 트럼프 대통령의 하야를 요구했던 건 미국 언론에서도 대대적으로 보도된 바 있다. 이번 사태의 책임론에 대해 묻자 호건 주지사는 조금도 주저 없이 "트럼프 대통령에게 의회 폭동을 선동한 가장 큰 책임이 있다"고 직설적으로 말했다. 공화당이 트럼프 당이었던 시절부터 줄기차게 트럼프의 잘못을 지적하는 걸 주저하지 않았던 호건 주지사다운 발언이었다. 투표 결과에 따라서 평화롭게 권력을 이양하는 게 240년 넘게 이어지던 전통인데, 그 전통을 이번에 위협받았다는 사실에 호건 주지사는 분노했다. 트럼프가 부정선거라는 근거 없는 거짓말로 사람들을 부추긴 게 원인이라고 분석했다. 설사 의견이 달라도 선거로 선출된 대통령은 존중해야 한다고 강조했다. 트럼프가 사고를 쳤을 때 공화당에서 쥐 죽은 듯 아무도 목소리를 못 낼 때, 호건 주지사만 거의 유일하게 그의 잘못을 잘못이라고 말했다.

바이든의 국토안보부 장관 입각 제의?

미국에서는 당이 달라도 장관직을 수행하는 경우가 있다. 오바마 정부 시절에도 공화당 소속의 로버트 게이츠Robert Gates 국방부 장관이 있었다. 다른 당 소속을 장관으로 임명하는 건 정부가 초당적으로 일한다는 점에서 좋게 보이는 게 사실이다. 바이든이 당선인이던 시절 미국 언론은 호건 주지사를 국토안보부 장관으로 많이 거론했었다(실제 국토안보부 장관은 라틴아메리카계 알레한드로 마요르카스Alejandro Mayorkas가 지명된 상태였다). 하지만 이런 하마평 기사가 나올 때, 임기가 아직 2년이나 남은 메릴랜드 주지사가 바이든 정부의 장관으로 자리를 옮길 가능성은 제로라고 봤었다.

이번 인터뷰에서 호건 주지사에게 장관 입각 제의가 있었던 게 사실이냐고 질문했다. 호건 주지사는 바이든이 부통령이었던 시절부터 자주 봤던 사이라며, 당은 다르지만 우호적인 관계를 유지해왔다고 언급했다. 대통령으로 당선된 이후에도 여러 번 전화를 걸어왔던 게 사실이라고 얘기했다. 하지만 장관 제안 등에 대해서는 답변하지 않았다. 다만 코로나19 백신 보급 등을 놓고 여러 차례 연락을 받았다고 말하며 대책을 함께 논의하고 있다고 소개했다. 바이든 대통령과 한미 관계에 대해서도 얘기한 게 있냐고 물어보니 아직까지는 없지만 곧 논의할 기회가 있을 거라고 언급했다.

호건 주지사는 바이든 대통령이 던진 통합의 화두에 대해서 크게 환영했다. 트럼프 시대를 거치면서 미국이 너무나 분열되고 분노에 가득 차 있는데, 이제 사람들을 통합해 같은 목표를 향해 나아갈 때가 됐다는 것이다. 자신도 그동안 당이 달라도 상식에 기초해 초당적인 대처를 하자고 여러 차례 강조했는데, 바이든 대통령이 자신과 마찬가지로 통합을 통한 문제 해결을 약속한 게 좋았다고 답변했다.

트럼프 시대의 동맹은 한마디로 돈으로 환산되는 관계였다고 정의하고 싶다. 온갖 난장판을 만들며 한국에 방위비 분담금을 조금이라도 더 갈취하려는 태도부터, 간이고 쓸개고 다 내주려는 일본에 대해서 노골적으로 호의적인 티를 내던 트럼프 행정부의 태도를 보며 그런 생각이 더 들었던 게 사실이다. 바이든은 취임사부터 동맹의 가치 복원을 내세워서 인상적이었는데, 호건 주지사도 한미 관계에 대해서는 굉장히 낙관적이었다. 한국이 동맹으로 가치가 워낙 크기 때문에 바이든 정부도 한미 관계 발전을 위해 노력하리라 전망했다. 자신도 메릴랜드 주지사로서 양국의 관계 발전을 위해 도울 일이 있으면 무슨 일이라도 하겠다고 답변했다. 미국 정치권에 한국을 잘 이해하고 관계 발전을 위해 노력할 준비가 돼 있는 호건 주지사가 있다는 것만으로도 양국 관계에 큰 도움이 될 것이다.

워싱턴 덜레스 공항에서 만난 카불 탈출 선발대

〈모가디슈〉보다 더 영화 같았던 증언을 듣다

2021. 8. 23.

덜레스 공항에 도착한 아프간 피란민 200명

아비규환이었던 아프가니스탄(이하 아프간) 카불 공항에서 탈출한 선발대가 지난 주말부터 워싱턴 덜레스 공항으로 입국하기 시작했다.* 지역 뉴스의 보도를 보고 곧 입국한다는 소식은 알고 있었는데, 덜레스 공항에 지인 배웅을 나갔다가 평소와 달리 공항에 히잡을 쓴 여성이 굉장히

---

* 　2021년 1월 취임한 조 바이든 대통령은 이제 아프간 전쟁을 끝낼 때가 됐다며, 그해 8월 31일까지 미군을 철수하겠다고 밝히고 철군을 진행했다. 그러나 미군 철수가 채 끝나기도 전인 8월 15일 탈레반이 아프간 정권을 20년 만에 재장악하면서 미국은 황급하게 아프간에서의 대피를 진행해야 했다. 이 과정에서 이슬람국가 호라산(IS-K)이 8월 26일 카불 공항에서 자살 폭탄 테러를 일으켰고, 미군 13명을 포함해 100여 명이 목숨을 잃었다. 이후 2021년 8월 30일 미군 철수와 민간인 대피가 종료되면서 9·11 테러 한 달 뒤인 2001년 10월 시작돼 20년간 이어졌던 미국과 아프가니스탄의 전쟁이 끝났다.

많아졌다는 걸 피부로 느낄 수 있었다. 입국장 앞에는 적십자사에서 피란민들에게 구호품을 나눠주는 데스크가 마련돼 있었다. 일정표를 보니 정오쯤부터 중동에서 들어오는 비행기가 몇 대 있었다. 혹시나 아프간 피란민들을 만날 수 있지 않을까 싶어 취재팀과 함께 촬영 장비를 챙겨 나와 입국장에서 하염없이 기다리는 '뻗치기(언론계 은어)'를 시작했다.

하지만 아프간 피란민들이 정상적인 여행객처럼 들어올 것이라고 생각한 것 자체가 큰 실수였다. 2, 3시간이 지나자 공항에 마중 나온 아프간인들은 물론 중동의 다른 나라 사람들까지 SBS 마이크를 보고 하나둘씩 다가와 말을 걸기 시작했다(요즘 중동에서 K-팝의 인기가 높아졌는지 사람들이 SBS가 〈인기가요〉를 방송하는 한국 방송사라고 정확히 알고 있었다). 이들은 지금 카불에서 탈출한 200명이 덜레스 공항 안에서 대기하고 있다고 친절하게 설명해 줬다. 하지만 입국 수속에 시간이 걸려 언제 어떻게 나올지는 이들도 가진 정보가 없었다.

입국 대기 중인 200명을 두고 그냥 갈 수가 없어 무작정 기다렸다. 마침 가족과 친구를 기다리던 아프간인들이 지루할 틈이 없을 정도로 많은 얘기를 해줘 큰 도움이 됐다. 히잡을 쓴 소녀 3명이 카불에서 탈출한 친구를 마중 나왔는데, 이들은 여성을 사람으로 취급 안 하는 탈레반의 무자비한 행태에 극도의 적개심과 분노를 표시했다. 아프간에서 여성은 이제 죽은 목숨이라고 말하기도 했다. 또 다른 아프간 남성은 영어를 거의 못했지만, 같이 나온 다른 젊은 남성에게 통역을 해달라고 하면서 지금 카불 공항의 상황에 대해 설명해 줬다. 이들은 페이스북과 왓츠앱WhatsApp, 바이버Viber 등에 만들어진 아프간인들의 단체 방을 통해서 현지 상황을 실시간으로 전달받고 있었다.

저녁 먹을 시간이 조금 지나자 CNN과 FOX NEWS의 지역 채널 카메라 팀이 등장했다. 이들도 피란민들이 언제 나올지 정보가 없기는 마찬가지였는데, 센터에서 지휘하는 PD가 오후 늦게 피란민들의 입국 소식을 듣고 현장에 나가 뻗치기를 하라고 했기 때문에 일단 여기 있어야 한다고 말했다. 이들은 오후 국방부 브리핑에서 덜레스 공항에 지난 24시간 동안 아프간 피란민 태운 비행기 세 편이 내렸다고 발표한 걸 보고 나온 듯했다. 졸지에 한국 매체 대표로 외신들과 현장에서 같이 대기하는 상황이 벌어졌다. CNN은 라이브 방송 장비를 착용하고 있었다. 영상을 라이브로 송출하면 센터에서 보고 기사 가치가 있다고 판단하면 정규 방송에 바로 화면을 띄워 앵커가 진행한다고 설명해 줬다. 혼자서 인터뷰도 하고 영상도 찍으면서 라이브 송출도 하는데, 멀티 플레이가 대단하기도 했지만, 사실 취재의 밀도가 높을 수는 없었다. 대충 쑥 훑으면서 찍고 빠지는 수준이었다. 입국장 내부에 카불에서 탈출한 200명이 있다는 사실을 알려줬는데, '와우'라고 짧은 감탄사를 낼 정도로 놀라더니 전화 보고를 하고는 이들도 결국 현장에 같이 묶여 있게 됐다.

속절없이 시간이 지나 밤 10시가 지나자 젊은 아프간인들이 꽤 많이 모이기 시작했다. 이들은 페이스북 아프간 그룹을 통해 통역 자원봉사가 필요하다고 요청받고 뛰어나온 사람들이었다. 오후에 있던 적십자 직원들까지 다시 나와 구호 물품을 점검하는 것을 볼 수 있었다. 피란민들은 새벽 1시 반이 넘어서야 하나둘씩 입국장 밖으로 나오기 시작했다.

피란민들의 충격적인 증언

아프간에서 온 사람들은 한눈에 알아볼 수 있었다. 오랫동안 제대로 못 먹고, 못 씻은 티가 확연한데다, 핸드캐리 가방을 든 경우도 많지 않았다. 배낭 하나 정도를 가지고 사실상 몸만 비행기에 싣고 온 사람들이었다. 여기저기 감격스러운 재회 장면을 볼 수 있었는데, 입국자들과 가족들이 드디어 살아 돌아왔다는 안도감을 느끼고 있다는 걸 한눈에 알 수 있었다. 서로 부둥켜안고 감격스러운 재회를 하는 장면을 보자 코끝이 시큰해졌다. 지옥 같은 곳에서 돌아온 이들의 마음고생을 한눈에 확인할 수 있었던 장면이었다. 아이들은 적십자사에서 나눠준 물과 과자를 먹으며 천진난만하게 행복해했다.

인터뷰에 응한 선발대는 모두 미국 영주권을 가지고 있거나 시민권이 있는 사람들이었다(이번에 도착한 사람 중 비자가 없는 서류 미비자가 많아 공항에 늦게 내린 사람도 있었다). 이들은 공통적으로 공항까지 가는 길이 너무 위험했고, 공항 내부로 진입하는 것도 너무 힘들었다고 증언했다. 자신의 영주권, 시민권 서류를 들고 흔들며 공항 내부로 들어가게 해달라고 애원했고 미군의 도움으로 들어갔다고 설명했다. 이들은 거의 전부 미군을 돕는 직업을 가졌던 사람들이었기 때문에 영어에 능통했고, 미군들과 소통하는 데도 큰 문제가 없는 사람들이었다. 이들은 자신들이 탈출하지 않았으면 탈레반의 보복 1순위가 됐을 거라고 설명했다.

현장에서 만난 젊은 청년 마이완드는 공항 외곽에서 사람이 총에 맞아 죽는 장면을 자신의 눈으로 목격했다고 증언했다. 현재 카불 공항은 내부에는 미군이 주둔하고 있지만, 외부에는 탈레반이 주둔하고 있는 기묘한 상황에 놓여 있었다. 탈레반들은 인파가 몰리면 기분 내키는 대로 총질하고 수류탄까지 던지는 상황이라고 했는데, 이 때문에 많은 사람이 희생됐다고 설명했다. 마이완드는 본인이 직접 촬영한 미군 수송기 C17 내부와 제삼국 대기 시설 사진도 보내줬는데, 모두 사람들로 가득한 상태였다. 수송기 사진은 사람이 3분의 2 정도 찬 사진이라고 했는데 이륙 때는 700~800명이 탑승해 발 디딜 틈이 하나도 없었다고 말했다. 특히 마이완드의 아버지는 탈레반이 총질할 때 파편에 맞아 눈 주위에 큰 상처를 입은 상태였다. 촬영을 원하지 않는다고 해 찍지는 않았지만, 실제로 다친 사람들을 확인하는 게 어렵지 않았다.

사쿠르 씨는 초창기에 공항으로 진입한 사람이었다. 그는 첫 수송기가 이륙할 때 사람들이 매달렸다가 추락사했던 비극적인 현장에 있었다. 당시 활주로에는 남녀노소 수많은 사람이 수송기를 붙잡고 매달렸는데, 수송기가 이륙하자 일부는 그대로 추락사했다고 당시 상황을 담담하게 진술했다. 사쿠르 씨는 다행히 일가족을 모두 데리고 나올 수 있었는데, 지치고 힘들어 보였지만 무사히 나온 걸 진심으로 신에게 감사한다고 말했다. 아프간 여성인 앗시아 씨는 카불 공항에 사람들이 살기 위해 몰려든 거라고 설명했다. 출국에 필요한 서류도 없는 사람들이 많았지만, 일단 살기 위해 미국으로 탈출하려고 시도한 것이라고 설명해줬다.

최근 한국 영화 〈모가디슈〉를 봐서 그런지 이들의 증언이 더 생생하게 와 닿았다. 목숨 걸고 공항에 가서, 탈레반의 감시를 뚫고, 미국행 비행기를 탔다는 건 정말 기적 같은 일이었다. 이런 비극적인 일이 21세기에 실제로 벌어지고 있다는 사실이 더 참담하게 느껴졌다.

카불 철군 참사로
추락하는 바이든 정부 신뢰도
아프간 철수 논란 정면 돌파 선택한 바이든

2021. 9. 2.

미국을 위한 최고의 선택

미국 역사에서 전례를 찾아보기 어려운 카불 공항 항공 철수 작전은 보름 넘게 미국 언론의 톱뉴스였다. C-17 수송기에 아프간인들이 매달려 가다 결국 떨어져 숨진 참혹한 장면은 베트남전 패전을 연상시키며 미국인의 자존심에 깊은 상처를 남겼다. 게다가 느닷없이 끼어든 이슬람 국가 호라산(IS-K)이 감행한 자살 폭탄 테러로 미군 13명이 숨지는 참혹한 결과가 나오고 말았다. 아프간 철수는 그 장면 자체가 바이든 대통령의 임기 초를 규정짓는 가장 상징적인 사건이 될 것이다.

철수 작전이 종료된 다음 날 바이든 대통령의 대국민 연설은 시작부터 강한 어조였다. 앞서 미군 사망 직후 했던 연설에서 바이든 대통령은 군인들을 애도하면서 울먹이고, 힘없이 고개를 푹 숙였었다. 이후

FOX NEWS 등에서는 바이든을 작전에서 실패한 '약한 대통령'이라며 조롱하고 비아냥거렸다. 이에 대한 반작용으로 이번 연설에서 바이든 대통령은 지금까지 들었던 연설 가운데 가장 강한 어조로 이번 사태를 정면 돌파하려는 듯 보였다.

바이든 대통령의 연설에서 핵심은 제일 마지막 문장이 담고 있다. 바이든은 "저는 제 마음을 다해 약속할 수 있습니다. 이번 결정은 올바르고, 지혜롭고, 미국을 위해 최선의 결정이라는 것입니다(I give you my word: With all of my heart, I believe this is the right decision, a wise decision, and the best decision for America)"라고 말했다. 이번 결정이 미국을 위한 최선의 결정이라고 본인은 철석같이 믿는다는 것이었다. 카불 공항 철수 작전은 '대단한 성공(extraordinary success)'으로 규정했는데, 12만 명 이상을 항공기로 구해낼 수 있는 나라는 전 세계에서 미국밖에 없다는 점을 강조했다. 이 과정에서 발생한 미군 사망자들과 부상자들의 희생을 절대로 잊지 않을 것이라고도 말했다.

이번 연설은 그동안 제기됐던 여러 비판에 대한 반박을 담고 있기도 했다. 철수 작전을 서둘러서 6월, 7월부터 시작했다고 하더라도, 내전 중간에 사람을 빼 오는 일을 하면 공항에 사람이 몰리게 돼 혼란을 피할 수 없었을 거라고 설명했다. 또한 위험도를 낮추고, 비용을 덜 들이는 방식의 전쟁을 수행할 수 있지 않았냐는 비판에는, 그런 전쟁은 없다고도 일축했다. 군인들이 생명을 바쳐야 하고, 하루에 3억 달러씩 돈을 퍼부었던 전쟁을 이제는 끝내는 수밖에 없다고 강조했다. 《뉴욕 타임스》의 피터 베이커Peter Baker 같은 경험 많은 백악관 출입 기자도 진작부터 확전이나 종전이 아닌 중간 지대는 없다고 바이든을 비판하기도 했다.

단호함을 강조하기 위해 세심하게 선택한 단어와 문장으로 연설문은 짜여 있었지만, 사실 바이든 대통령의 대국민 연설은 자신의 결정에 오류가 없다는 강한 독선을 담고 있었다. 미국 내에서도 준비 부족과 정보 실패에 대한 수많은 전문가의 비판이 있었지만, 바이든 대통령은 전문가의 말대로 했어도 이 정도 혼란은 일어날 수밖에 없었다는 것이다. 게다가 이번 사태의 근본적인 원인이라고 할 수 있는 30만 아프간 군대의 느닷없는 항복에 대해서는 "잘 싸울 줄 알았는데, 정확하지 않은 정보였던 것으로 드러났다"고 대충 말하고 넘어갔다. 판단 착오와 의사 결정 과정의 오류를 시인하거나 사과하는 건 전혀 없었다. 그 결과 미군들이 사망하고, 아직 아프간 안에 미국인 100~200명이 빠져나오지 못한 것으로 집계되고 있지만, 이 정도는 '어쩔 수 없다'는 식으로 넘어갔다. 공화당에서는 이번 철수를 대실패로 규정하고 있지만, 바이든 대통령 본인은 성공이라고 분칠해 버린 셈이었다.

바이든 대통령은 자신에게 모든 책임이 있다고 말은 했지만, 철수 작전이 대성공이었으므로 사실상 책임질 게 없다는 결론이 나오는 상황이다. 바이든 말대로 아프간 철수가 성공이라고 한다면 미국 내부가 떠들썩한 축제 분위기여야 하지만, 죽을 고생을 하고 기적적으로 돌아온 군인들까지 동료들의 덧없는 희생 앞에 망연자실한 상태였다. 트럼프 전 대통령이 코로나19 방역에 처참하게 실패하고도 내 덕분에 수많은 사람의 목숨을 구했다고 자화자찬했던 것이 겹치는 느낌이었다.

백악관 앞에서 아프간계 미국인들의 시위가 자주 열리는데, 이곳에 나온 사람들에게 물어보니 "가장 큰 문제는 바이든의 배신"이라고 직격하는 얘기도 들을 수 있었다. 이 전쟁은 미국의 전쟁이었다며, 미국이 시작했으니 미국이 끝을 내야 하는데, 이렇게 철수를 하면서 아프간만 피해를 봤다는 것이다.

아프간 사태를 단기 악재로 만들기 위한 몸부림

외국인 기자 입장에서는 이번 사태를 성공이냐 실패냐 단정 짓기 쉽지 않다. 혼란과 실수가 있는 것은 분명하지만 앞으로 사태 수습을 어떻게 하느냐에 따라서 역사적인 평가가 달라질 수 있기 때문이다.

일단 바이든 대통령은 여론의 절대다수가 찬성했던(철수 과정의 혼란으로 이에 대한 여론도 급격히 악화했다) 아프간 전쟁을 끝내는 옳은 결정을 했다는 것을 최대한 부각하면서, 국익이 없고 골치만 아픈 아프간 문제를 끊어버리겠다는 입장이었다. 아프간 내부에서 탈레반과 IS-K가 치고받고 싸우면서 테러가 일어나든, 대혼란으로 경제가 붕괴되든, 일단 미국의 사활적인 이해가 걸린 건 아니므로 최우선으로 신경 쓸 건 아니라는 태도를 취할 것으로 보인다. 오히려 혼란 상태가 벌어진다면 '거봐, 우리 나오기 잘했지?'라는 여론이 조성되기를 바라는 측면도 있을 듯하다. 일단 미군이 다 빠지고 난 뒤에 미국 언론들의 관심도 서서히 사그라지는 상황이어서 국내 이슈에 집중하며, 아프간에서 절약한 예산으로 미국의 발전을 위해 투자한다는 바이든식 미국 우선주의를 펼치지 않을까 짐작했다.

하지만 바이든 대통령의 바람과 달리 아프간에 남겨진 미국인 100~200명은 두고두고 미국 정부의 발목을 잡게 될 것으로 보인다. 사실 국무부가 발표한 이 숫자가 맞는지조차 의심스러운데 미국 영주권자와 특별 비자를 받은 사람까지 합치면 이보다 훨씬 더 많은 사람이 아프간에 발이 묶여 있는 건 분명하다. 미국 언론에는 카불 공항에서 탈출하지 못한 아프간계 미국인들이 도움을 요청하는 인터뷰가 여기저기서 나오는 상황이다.

아프간 경제가 매우 어려운 상황에 빠지면서 은행에서 돈을 못 뽑고 길게 줄을 서 있는 장면도 나오고 있다. 탈레반이 어떻게 나올지 알 수 없으니 사람들도 극도로 조심하는 상황이다. 소개로 알게 된 아프간인들과 메신저 등으로 연락을 해보기도 했지만, 이들은 카불 상황이 대단히 유동적이고 가변적이어서 신변의 위협 때문에 말을 하기가 너무 조심스럽다는 반응을 전해왔다.

미국과 좋은 관계 맺고 싶다는 탈레반

이번 카불 탈출 작전에서 탈레반의 협조는 여러 가지로 의외였다. 철수 중에 공격하지 않는다는 게 트럼프와 맺은 평화협정의 핵심이기는 했지만, 카불 공항으로 통하는 비밀 통로로 탈레반이 미국인들을 직접 안내해 주기도 했다는 CNN 보도가 나오기도 했다. 탈레반은 20년 전 공포정치, 철권정치를 하던 예전의 탈레반이 아니라는 걸 강조하는 데 주력했다. 히잡만 쓴다면 여성도 사회 활동을 할 수 있다고 선전하고 있고, 대사면령을 통해 통합 정부를 구성하겠다는 의사까지 발표한 상태였다. 이제 경제 개발을 위해 모두가 소매를 걷어 올려야 한다는 새마을운동 시대의 표어 같은 말을 대변인이 하는 상황이었다. 9월 1일 카불에서 열린 정식 기자회견에서는 미국을 포함한 국제사회와 좋은 관계를 맺고 싶다고 대변인이 누차 강조했다.

하지만 미국의 조력자들을 색출하기 위해 탈레반이 수색하고 있다는 보도가 나온 바도 있고, 여전히 야만적인 폭력 행위가 자행되고 있다는 얘기도 전해지고 있다. 하지만 탈레반 대변인은 이런 보도가 모두 근거가 없다고 일축했다. 설사 그런 일이 있다고 하더라도 탈레반의 공식 지시가 아니라며, 이런 일을 당하면 신고할 수 있도록 콜센터까지 만들었다고 말했다.

선전 메시지에 불과하더라도 탈레반이 일단 이렇게 나오는 건 과거의 폭압 정치로는 국가 운영이 어렵다는 걸 어느 정도 알게 된 게 아닐까 짐작했다. 미국 정부가 90억 달러에 달한다는 해외 자금부터 풀어주지 않으면 탈레반은 정부 운영이 쉽지 않은 상황이다. 게다가 IS-K와 경쟁하는 구도에서 국정 장악을 하려면 국제사회에서 인정받는 정부 형태를 갖추지 않으면 어렵다고 생각했을 수도 있다. 이들이 과거와 달라진 탈레반인지는 시간이 지나면서 어떻게 행동하는지를 보면 알 수 있을 듯하다. 과거에 저지른 인권 탄압 행태가 워낙 심각해 새사람이 됐다고 주장하는 걸 선뜻 믿기가 쉽지는 않다.

문제는 미국이 탈레반과 거리를 어느 정도 유지할지 정하는 것이다. 미국인을 빼내기 위해서 탈레반의 협조가 절실하지만 그렇다고 이들을 정식 국가로 인정하기도 어렵다. 유력 공화당 정치인인 니키 헤일리 전 UN대사는 기고와 방송 출연을 통해 바이든 정부가 탈레반같이 야만적인 정권을 정부로 인정하려고 한다며 선제적으로 공격했다. 아프간의 실질적인 통치 정부로 국제사회에서 인정받고 싶어 하는 탈레반과 미국인을 빼내 정치적 충격을 최소화할 것을 원하는 바이든 정부가 어떤 협상을 할지가 앞으로 관전 포인트다.

한국 최초로
'탈레반의 입'을 인터뷰하다
수하일 샤힌 탈레반 대변인 인터뷰

2021. 9. 7.

'탈레반의 입' 수하일 샤힌

카타르 도하의 탈레반 대표부에서 대변인으로 활동하는 수하일 샤힌Su-
hail Shaheen은 미군의 아프간 철군 사태 이후 서구 언론에 단연 스타로 떠
오른 인물이었다. 이미 BBC, 알자지라, CNN, ABC, NBC, CBS 등은 물
론 탈레반에 더 적대적인 FOX NEWS에도 직접 출연해 탈레반의 입장
을 설명한 바 있다. 사건 초창기였던 8월 17일, BBC의 아프간 출신 여성
앵커 얄다 하킴Yalda Hakim에게 전화를 걸어 탈레반 입장을 설명했는데,
앵커가 난데없이 걸려 온 전화를 받고 깜짝 놀라 생방송 중에 통화를 연
결해 라이브 방송을 긴박하게 진행한 바 있다. 과거 탈레반은 거의 북한
에 맞먹을 정도로 미지의 영역이었다고 한다면, 지금은 샤힌 같은 인물
들이 종횡무진 서방 언론에 출연하며 '우리는 이상한 집단 아니다'라는

메시지를 발신하는 중이었다.

수하일 샤힌은 한국 사투리처럼 구수하게 들리는 아프간 특유의 악센트가 섞인 영어로 거침없이 탈레반의 입장을 설명했다. 목소리를 높인 적도 없고, 서방 매체 기자들의 질문을 끝까지 듣고 조곤조곤 답변하고는 했다. 그를 인터뷰 했던 한 BBC 기자는 "샤힌은 당신이 '탈레반의 대변인이라면 이럴 것이다'라고 생각하는 그런 사람이 아니다"라고 진단하며 "침착하고, 예의 바르고, 질문에 답변할 준비가 돼 있다"고 평가한 바 있다.

샤힌은 2000년대 초반, 파키스탄 주재 아프간 부대사를 지냈던 인물이다. 총을 들고 들판을 떠돌던 전형적인 탈레반과는 거리가 있는 사람이다. 지난해 폼페이오 당시 미국 국무부 장관과 평화협정을 할 때 탈레반 2인자인 압둘 가니 바라다르를 수행하는 협상단의 일원으로 참가하기도 했다. 트위터를 대단히 잘 활용하는 탈레반답게 그의 트위터는 팔로워가 47만 명에 달했다. 탈레반의 프로파간다는 그가 영어로 작성해서 올려주는 트위터를 통해 서방 언론에 전파되고 있다.

아프간 사태를 정리하면서 탈레반을 이해하기 위해 샤힌의 트위터를 쭉 훑어보기부터 시작했다. 그는 트위터에 자신에게 접촉해 온 언론들과 매일 인터뷰하지만, 이스라엘 언론하고는 하지 않는다고 선 긋는 내용을 올린 바 있다. 실제 미국은 물론 유럽의 주요국, 중국을 비롯한 아프간 주변국 언론사들도 샤힌과 인터뷰를 통해 자신들의 관심사에 대한 탈레반의 입장을 직접 취재했다. 한국이 아직까지 탈레반의 입장을 직접 취재하지 못했던 게 오히려 이상한 상황이었다. 우리도 아프간 피란민들을 받아준 상황이어서 탈레반은 한국과도 밀접한 관련이 있다.

탈레반에 한국 관련 입장을 누군가는 물어봐야 하지 않을까 생각하고, 대변인에게 연락해 봐야겠다고 마음을 먹었다.

주변을 수소문해 보니 탈레반과 접촉하는 방법을 아는 사람들이 있었다. 이들은 카불에서 들어온 아프간 선발대 피란민들을 마중 나온 사람들이었다. 한국 방송사 SBS에 대한 호감으로 오랫동안 얘기를 나눴던 분들이 이번 취재에 큰 도움을 줬다. 고마운 분의 도움으로 연락처 몇 개를 받아 대서양에 편지를 담은 와인 병을 띄워 보내는 심정으로 접촉을 시작했다. 일부는 틀린 번호로 확인이 됐지만, 번호 한 개가 이상할 정도로 답이 없었다. 휴대전화와 SNS 메시지 등 모든 수단을 동원해 연락했는데, 아프간인들이 많이 쓴다는 왓츠앱은 메시지를 읽기만 하고, 답을 안 주고 있었다. 시간이 날 때마다 메시지를 보냈더니 어느 날 느닷없이 '연락을 줘서 고맙다. 인터뷰할 수 있는 일정을 주겠다'고 답변이 왔다. 하지만 그게 샤힌이라고는 100퍼센트 확신할 수 없는 상황이었다. 이런 예민한 취재원의 신원을 얼굴과 목소리로 직접 확인하지 않고 확신할 수 없었다. 일단 스케줄을 달라고 하고 그렇게 또 시간이 지났다.

답을 준 인물은 전화를 해도 받지 않고, 본인이 답을 줄 수 있을 때에만 메시지를 주는 상황이어서 답답했다. 인터뷰 시간을 몇 번 잡기는 했지만, 실제로 성사되지는 못했다. 사실 샤힌이 아닐 수도 있기 때문에 이번 인터뷰는 헛심만 쓰고 성사되지 못하겠다고 생각했는데, "2시간 내로 인터뷰할 수 있을지 확인해 주겠다"는 답이 왔다. 약간의 오기도 생기고, 이 번호 주인의 얼굴을 실제로 보고 싶다는 생각이 들었다. 사무실에서 준비하고 있으니 준비가 되면 연락을 달라고 여러 차례 요청했더니 "15분 뒤에 하자"고 최종 통보했다. 이미 그 시간 도하는 자정에 가까운 늦은 시간이었다.

미리 줌ZOOM 링크를 보내줬는데, 미국 취재원들처럼 샤힌은 줌을 사용하는 데 전혀 어색함이 없었다. 약속 시간에 화면이 열리고 그가 들어왔다. 생김새와 목소리 모두 여러 차례 다른 인터뷰에서 봤던 탈레반 대변인 수하일 샤힌이 정확히 맞았다. 외신들을 상대하던 바로 그 자리에 앉아 있었고, 탁자에는 탈레반 국기가 놓여 있었다. 그는 "다른 매체 인터뷰도 많았지만, 내부 회의와 대표부 회의까지 너무 많은 일정이 있어서 당신과의 인터뷰 일정을 확정할 수가 없었다"고 멋쩍게 웃으며 양해를 구했다. 내각 구성을 앞두고 탈레반이 내부 권력 다툼으로 극도의 혼란 상태인데, 도하에 있는 샤힌도 그런 상황에서 벗어날 수는 없었을 듯했다.

재건의 역사 가진 한국 도움 절실

사실 샤힌에게 어떤 것을 질문하겠다고 언질을 준 건 없었다. 한국과 관련한 탈레반 정부의 입장을 들어보고 싶다는 내용이 거의 전부였다. 시간을 정하는 게 최우선이어서 질문 자체는 사전에 논의할 겨를도 없었다. 서방 언론에 워낙 '미디어 트레이닝'을 많이 한 사람이어서 그러기도 했겠지만, 자신의 말실수 가능성에 대해서는 별로 걱정하지 않는다는 분위기였다.

그동안 서구 언론에 나오지 않은 탈레반의 입장 중 우리가 관심 가질 만한 내용은 한국과 북한에 대한 의견이었다. 한국 기자 입장에서 가장 중요한 것이었는데, 미군이 남기고 떠난 엄청나게 많은 무기에 대한

2021년 9월 6일 수하일 샤힌과 인터뷰하는 모습.

질문은 꼭 해봐야겠다고 마음먹었다. 미국 공화당 하원 의원들이 국방부 장관에게 공개 편지를 보내, 아프간에 남겨진 미군 무기가 중국, 북한 등 적대 국가에 들어가면 어떻게 할 거냐고 질의한 바 있다. 이러한 의혹 제기를 샤힌 대변인에게 그대로 물어봤는데, 답변이 명확했다. 샤힌은 미국 의원들의 주장이 그저 근거 없는 추정에 불과하다고 잘라 말했다. 그는 "미군 무기는 아프간을 위해 필요한 것"이라며, "북한에 절대로 무기를 팔지 않을 것"이라고 단언했다. 북한과 어떤 관계인지, 탈레반 정부 구성 이후에 북한과 접촉했는지도 물어봤다. 샤힌 대변인은 자신이 아는 한 "탈레반은 북한과 전혀 관계가 없다"고 답했다.

아프간 개발에 한국 정부의 도움이 절실하다고 대놓고 말한 것도 인상적이었다. 잿더미가 된 아프간처럼 한국도 전쟁으로 파괴된 역사가 있었다는 점에 주목했다. 그는 "한국도 국가 재건을 하면서 경험을 많이 쌓았기 때문에 한국이 도움을 준다면 환영하고 감사할 것"이라고 말했다. 경제 재건 사업에 한국 기업의 참여를 원하는 것이냐고 다시 확인해보니, "그럼 왜 마다하겠나"라는 답이 돌아왔다. 한국은 아프간에서 대사관을 철수할 필요가 없다는 점도 말했다. 자신들이 대사관의 안전을 보호할 것이라고 이미 발표했다면서, 아프간 사업가들이 한국에서 직물, 자동차 등을 들여와 경제적으로도 가까웠다는 점을 상기시키기도 했다. 한국으로 출국을 원하는 아프간인도 적법한 서류가 있다면 허락하겠다는 것도 확인해 줬다. 샤힌 대변인은 나가는 것도 자유지만 들어오는 것도 자유라는 걸 강조하려고 했다. 왕래가 자유롭다는 건 탈레반 정부가 정상 국가라는 걸 부각하면서 나온 발언으로 이해했다.

샤힌 대변인은 경제적인 위기를 털어놓는 데 전혀 거리낌이 없었다. 그는 "아프간 국민의 70퍼센트가 빈곤 상태에 있으며, 중앙은행인 아프간 은행 자금이 동결된 것이 큰 문제"라고 솔직하게 고백했다. 앞으로 댐, 철도 등을 건설하는 대규모 사업이 필요한데, 다른 나라와 손잡고 진행할 거라는 계획을 말했다. 다른 나라의 도움과 경제 개발 참여를 요구하는 취지의 인터뷰는 다른 나라 매체와 할 때도 이미 여러 차례 반복한 바 있다. 수중에 돈이 거의 없는 탈레반 정부는 고난의 행군을 겪을 수밖에 없는데, 여기저기 해외 자금을 어떻게든 유치해 살길을 찾아보겠다는 각오가 느껴졌던 대목이었다.

故 윤장호 하사·샘물교회 피랍 살해, 사과할 생각 있냐고 물어보니

한국으로서는 탈레반과 분명히 짚고 넘어가야 할 사건이 있다. 지난 2007년 탈레반의 폭탄 테러로 숨진 故 윤장호 하사와 피랍 살해된 샘물교회 선교단에 대한 탈레반의 입장 표명을 들어본 적이 없기 때문이다.

한국에서 만들어진 탈레반의 테러리스트 이미지는 그때의 충격적인 사건 때문이라고 해도 과언이 아니다. 샤힌 대변인에게 "이 사건에 대해서 사과할 생각이 있냐"고 물어봤다. 가장 예민한 문제여서 답변을 안 할 수도 있겠다고 생각했는데, 샤힌 대변인은 목소리 톤을 유지한 채 상황 논리를 들며 설명을 했다. 당시 아프간은 점령 상태였고, 한국도 점령군의 일원이었다는 것이었다. 그러면서 "그 일은 지나간 일이라고 생각하는 게 낫겠다"고 말했다.

샤힌은 "당시 아프간 국민 수십만 명도 점령군에 살해당했다"는 점을 강조하면서 빠져나갔다. 점령당했던 아프간은 점령군 일원이었던 한국보다 더 큰 인명 피해를 입었다는 걸 말하고 싶어 했다. 샤힌 대변인은 한국과 관련된 사건을 들어서 알고 있다고 말했지만, 세부 사항은 잘 모른다고 말하면서, 과거 탈레반이 행한 테러 행위에 대해서는 직접 사과하지 않았다.

양국 관계를 설명하면서 한국과 새로운 페이지를 넘기기를 원한다는 것도 귀에 들어왔던 부분이었다. 그는 "건설적이고 긍정적인 관계를 한국과 맺을 준비가 돼 있다면서 상호 이익과 존경에 기반을 둔 협력 관계를 구축하고 싶다"고 강조했다. 왜 BBC 기자가 샤힌이 전혀 탈레반스럽지 않다고 했는지 이해되는 대목이었다. 그는 오히려 노련한 외교관에 더 가까운 인물이었다.

IS-K·알카에다는 아프간에서 존립하지 못할 것

탈레반과 정국 주도권을 놓고 불구대천 원수처럼 경쟁하고 있다는 IS-K

에 대해 물으니 "그들은 이슬람적인 정당성이 없다"고 비판했다. 과거 다른 나라가 아프간을 점령했을 때는 이 같은 투쟁이 정당성을 가지고 있었겠지만, 지금은 그런 점령 상태가 모두 끝났으므로 IS-K의 싸움에는 이슬람적인 정당성이 없다고 잘라 말했다. 그러면서 "탈레반이 정국을 장악한 만큼 그들이 이슬람 통치를 거부한다면, 조처할 것"이라고 강조했다. 또한 IS-K는 아프간 국민에게 뿌리내리지 못했기 때문에 존립하지 못할 것이라고 전망했다.

샤힌은 알카에다를 비롯한 모든 테러 조직이 아프간 땅을 거점으로 삼지 못하게 하겠다는 약속을 다시 한번 강조했다. 이미 트럼프와 맺은 평화협정에서 이 같은 원칙을 천명했다며, 미국과 그 동맹국들을 포함해 다른 나라를 공격하려는 테러를 위해 아프간이 이용되지 못하게 할 거라고 말했다. 이 얘기는 탈레반의 약속이라는 점도 거듭 강조했다. 테러 단체 이미지가 강한 탈레반이 다른 극단주의 테러를 일삼는 단체를 비난하며 본인들은 상대적으로 이성적이고 정상 국가를 통치할 수 있는 능력을 갖추고 있다고 설명한 것이다.

중국이 아프간에 공을 많이 들이고 있다는 것은 이미 많이 알려진 얘기였다. 미국이 떠난 힘의 공백 기간에 탈레반 문제는 자칫 중국 내부의 불안 요소가 될 수도 있다. 그러므로 이를 적절히 단속하고 있는 걸로 알고 있었는데, 양국이 생각보다 더 밀착돼 있다는 느낌을 받았다. 샤힌 대변인은 "중국이 국가 재건 사업 등에 큰 도움을 주고 있으며 인도적 지원도 많이 하고 있다"고 설명했다. 중국이 현재 아프간의 결정적인 상황에 큰 도움을 주고 있다고 순순히 인정했다. 그러면서 미국을 포함해 아프간 재건을 위해 협조하겠다는 모든 국가를 환영한다고도 밝혔다.

다만 미국에 대한 감정의 앙금을 나타내기도 했다. 미군이 철수하면서 군 장비를 비롯해 아프간 사람의 재산을 너무 많이 파괴했다며, 이것은 아프간에 부정적인 영향을 미치게 될 것이라고 말했다. 미군이 철수하면서 장비를 많이 놓고 갔지만, 탈레반이 쓰지 못하도록 짧은 시간 동안 상당히 노력했음을 읽을 수 있는 대목이었다.

목표는 이슬람 가치 지키는 것

탈레반의 말은 유화적이지만, 그들의 말과 행동에 괴리가 발생하는 게 제일 큰 문제였다. 국제사회가 가장 문제로 삼는 게 여성의 사회 참여였다. 샤힌은 "여성이 교육받고 직장 생활을 하는 데 아무런 이견이 없다"는 취지로 탈레반이 여성의 사회 활동을 보장한다고 답변했다. 하지만 벌써부터 여성 대학생들에게 눈만 빼고 상반신을 다 가리게 하는 니캅을 입게 했다는 외신 보도가 잇따르고 있다. 이 보도가 사실이라면 과거 히잡만 쓰면 된다던 입장에서 상당히 후퇴한 것이었다. 국립외교원의 인남식 교수는 "탈레반이 아프간의 이름을 'Islamic emirate(이슬람 통치자가 다스리는 지역)'로 선언했다"며 "여성의 문제나 기본 인권의 문제는 보편적인 가치로 추구하겠지만, 서방 세계의 표준을 따르지는 않고 자기들만의 이슬람 가치를 지키겠다는 게 목표가 된 것으로 본다"고 분석했다.

수하일 샤힌의 말로 탈레반의 전모를 이해했다고 생각할 수는 없다. 국제사회의 일원이자 정상 국가의 모습으로 아프간의 지배 세력이 되려는 영리해진 탈레반의 모습이 샤힌을 통해 투영됐다고 이해하는 게 더 맞을 듯했다. 그들이 저지른 수많은 잘못이 있지만, 과거처럼 철권 폭압 정치로는 더 이상 국가를 운영할 수 없다는 기본적인 생각을 갖게 된 건 분명했다. 인남식 교수도 "탈레반도 더 이상 반군이 아니라 집권 세력이 됐다고 믿기 때문에 이런 반응이 나오는 것"이라며 "국가를 운영할 만한 재원과 인사 운영을 하지 않으면 탈레반도 버티기 힘든 상황"이라고 진단했다.

앞으로 아프간은 거대한 불확실성이 넘실거리는 상황이 전개될 것이다(미군의 카불 철수로부터 일 년이 넘게 지난 2022년 9월, 탈레반의 행태는 과거와 크게 달라지지 않았고 아프간은 여전히 극도의 혼란 상태에 빠져 있다). 극단주의자들과 탈레반 정부가 국정 주도권을 쥐기 위해 권력 투쟁을 벌일 가능성이 매우 크고, 탈레반 지도부조차 이견과 갈등이 표출되는 상황이다. 아프간 전체가 극도로 혼란스러운 상황에서 탈레반이 한국 정부에 원하는 것이 무엇이고, 어떤 입장을 가지고 있는지 확인한 것은, 앞으로 우리가 아프간과 관련한 의사 결정을 해야 하는 상황이 닥칠 때 도움이 될 것이다.

카터보다 인기 없는
대통령이 된 바이든

집권 1년만에 대폭락한 지지율

<u>**2022. 1. 10.**</u>

언론 노출을 대단히 좋아했던 트럼프와 달리 바이든은 기자회견장에서 상당히 소극적인 자세를 보이는 경우가 많다. 대국민 발표는 많이 하지만 기자들의 질문은 받지 않는 경우가 대부분이었다. 회견 말미 기자들이 손을 들고 소리 질러 질문하는 게 통상적인 모습이 됐다. 가끔 자기가 말하고 싶은 게 있으면 돌아서 답할 때도 있지만, 바이든 대통령은 질문을 받지 않고 휙 나가버리는 경우가 많다.

실제로 AP가 타우슨대학교의 통계를 기초로 집계했더니, 최근 6명의 대통령 중 바이든이 집권 1년 차에 기자회견과 인터뷰에 가장 인색했던 것으로 나타났다. 바이든의 비공식 질의응답 횟수는 높은 편이기는 했지만, 질문에 대한 답을 한 거라고 보기는 어렵다.

바이든의 소극적이고, 능력 없어 보이는 이미지는 언론을 피하는 태도에서 상당 부분 나오지 않았을까. 고령의 대통령이 더 적극적으로 언론과 접촉하고 상대했다면, 지금보다 더 에너지 넘치고 진취적인 이미지를 만들 수 있었을 듯하다. 하지만 바이든과 참모들은 회견과 인터뷰를 하면 할수록 손해 보는 게 더 많다고 생각하는 듯했다. 물론 단독 인터뷰를 하면서 실언 등으로 논란이 벌어진 경우도 있었다. 하지만 회견과 인터뷰 자체를 피하면서 소극적인 대통령이라는 이미지가 공고해진 측면도 분명히 있었다. 한두 번 회견을 피할 수는 있었지만, 장기적으로는 손해 보는 장사를 한 셈이었다(젠 사키 대변인의 정례 브리핑은 훌륭하지만, 대통령이 직접 하는 브리핑과는 큰 차이가 있다).

외국인 기자로 미국의 언론 환경을 지켜보면서, 미국 대통령의 인터뷰 문화는 대단히 자리를 잘 잡았다고 여러 번 생각했다. 대통령은 주요 매체는 물론 전문지, 심지어 유튜버 등과도 일대일로 앉아 다양한 분야에 대한 질문을 주고받으며 국정에 대한 구상을 밝히는 게 당연한 문화로 받아들여진다(사실 미국은 공개되는 공적 데이터도 엄청나게 많다. 그래서 특정 사안을 제대로 취재하려면 많은 자료를 들여다봐야 한다). 틈만 나면 언론을 국가의 적으로 공격했던 트럼프도 자신에게 날 선 질문을 하는 앵커와 격투기 하듯 인터뷰하는 것을 피하지 않았다. 이런 문답 과정에서 국민이 정말로 알고 싶어 하는 사안이 드러나게 돼 있고, 그게 국민의 알권리를 충족시키는 데 부합하기 때문에, 언론은 대통령과 인터뷰를 적극적으로 시도하고, 대통령도 이를 '국민의 공복public servant'으로서 자기 의무의 한 부분이라고 생각하는 분위기가 있다.

한국의 대통령들은 미국에 비해 언론 인터뷰에 상대적으로 인색하다. 이건 역대 거의 모든 정부가 그랬다. 대체로 단독 인터뷰는 해외 순방 과정에서 외국 유력 매체들과 하는 경우가 많은데, 볼 때마다 좀 이상했다. 국민은 국내 산적한 현안에 대한 대통령의 답변을 궁금해하는데, 대통령의 직접적인 의중이 주로 외신을 통해서 드러나는 것은 언론 종사자로서 보기에 문제가 있다. 게다가 외신 기자들은 근본적으로 자국의 이해관계에만 집중해 질문할 수밖에 없다(심지어 하노이 북미 정상회담 기자회견장에서도 일부 미국 기자들은 중요한 회담 내용은 묻지도 않고, 자국 내 현안만 질문하는 걸 보기도 했다).

물론 언론의 책임도 있다. 함량 미달의 기사, 정파적인 의도만을 담은 기사들도 분명 존재한다. 그렇다고 모든 언론을 적으로 돌리고 인터뷰 자체를 하지 않으면, 국민의 알권리는 무시당할 수밖에 없다. 하지만 언론은 너무나 큰 집단이기 때문에 모든 매체를 하나의 정체성으로 규정하기도 어렵다. 언론 전체를 하나로 놓고 기자 집단 전체를 매도하는 것에 대해 수긍하기 어렵고, 그렇게 공격하는 것도 사회에 도움이 되지 않는다. 대통령이 기회가 닿는 대로 최대한 많은 매체와 인터뷰한다면 형평성 논란에서도 벗어날 수 있을 것이다. 한국 대통령들도 더 많은 기자회견, 언론 인터뷰에 응했으면 한다.

2022. 1. 17.

바이든 집권 1년 차 여론 지지도는 위험 수위라고 표현할 수 있을 정도로 형편없는 상황이 됐다. 오늘 CBS 조사 결과는 '지지한다 44퍼센트, 지지하지 않는다 56퍼센트'로 조사됐다. 퀴니피액대학교 조사에서는 33퍼센트까지 폭락했다. 이 수치는 트럼프 대통령을 제외한 전임 6명의 대통령 가운데 제일 낮은 것이었다. 낙제 수준의 트럼프가 있다고 위안

삼을 수 있지만, 트럼프 지지율은 콘크리트 지지층이 있기 때문에 수치 자체만 놓고 보면 안 된다. 사실 지난 대선에서 트럼프가 코로나19에 걸리지 않고 선거운동을 일주일만 더 했으면 바이든이 당선됐다고 장담하기 어렵다.

사람들의 답변을 보면 경제 문제에 대한 불만이 가장 컸다. 인플레이션에 대한 불만이 80퍼센트였는데, 너무 급격하게 물가가 오르다 보니 미국인들의 분노가 위험 수위까지 찬 상황이다. 물가 상승이 무서운 게 장 볼 때마다 가격 상승이 느껴지기 때문에 매번 화가 난다는 것이다. 게다가 공급망 문제는 여전히 해결을 못 해 식료품점에서도 원하는 물건을 살 수 없는 일까지 벌어지면서, 바이든 정부의 '무능' 이미지는 계속 덧씌워지는 중이다.

관록의 상원 의원 출신 바이든은 거대 법안 협상에 여전히 총력을 다하고 있다. 1조 7,500억 달러에 달한다는 BBB(Build Back Better, 더 나은 재건) 법안 처리에 총력전을 벌이고 있는데, 민주당 내부 이견이 정리가 안 되면서 여전히 지지부진하다(이 법안은 2022년 8월 '인플레 감축 법안'이라는 이름으로 내용이 수정돼 통과됐다). 물론 법안이 제일 중요한 것은 맞지만, 엄청난 규모의 예산이라 실감이 잘 되지 않는다. 게다가 법안에만 국정의 에너지를 올인하다 보니 디테일을 놓치는 일이 빈번하게 발생하고 있다. 오미크론이 폭증할 걸 예측 못 하고 자가 진단기 보급을 지금까지 못 한 것도 대표 실패 사례로 거론되고 있다.

바이든의 지지율 떨어지니 미국 언론들도 연임에 실패했던 지미 카터Jimmy Carter와 비교를 많이 하고 있다(물가 폭등, 올림픽 보이콧, 철군 과정 대망신 등 공통점이 많다). 카터는 재임 중에는 인기가 없다가, 퇴임하고 인기가 오른 대표적인 대통령이다. 그러나《워싱턴 포스트》가 두 대통령을 비교 분석한 기사(2022년 1월 9일 자)를 장문으로 썼는데, 카터는 집권 1년차 지지율이 50퍼센트를 넘겼었다. 듣고 보니 바이든이 카터와 비교되는 것 자체가 황송한 상황이 돼 버렸다.

트럼프 낙선, 바이든 인기 폭락은 큰 틀에서 코로나19가 결정했다고 할 수 있다. 코로나19 대응책으로 돈을 풀어서 인플레이션이 생기고, 글로벌 팬데믹이 장기화하면서 공급망은 아직도 회복될 기미가 없다.

보수 진영의 바이든 증오는 날이 갈수록 증가하고 있다. 바이든을 은근하게 모욕하는 문구(Let's Go Brandon)가 써진 셔츠가 판매되고, 현수막까지 등장했다. 이게 왜 바이든 욕이냐고 할 수도 있는데, 자동차 경주를 하는 나스카 경기장에서 "Fu** Joe Biden"이라고 관중들이 외치는 걸 NBC 캐스터가 발음이 "Let's Go Brandon"으로 들린다고 표현하면서 바이든 욕이 됐다. 언뜻 들어서는 이게 욕인지 알 수가 없는데, 심지어 크리스마스 이브에 대통령과 전화 연결한 시민이 "Let's Go Brandon"이라고 말하자, 바이든도 이게 자기 욕인지 모르고 따라 하는 난처한 일이 발생했다. 의회에서는 공화당 의원이 연설을 마치고 구호처럼 외치기도 했다. 마치 국내 극우 사이트 '일간베스트'에서 사람들이 잘 모르게 모욕 이미지를 곳곳에 숨겨 놓은 것과 비슷한 느낌이었다.

지지율이 떨어지면서 '바이든이 재선이 될까'라는 불안감도 확산하는 중이다. 해리스 부통령의 인기도 동반 추락하면서 민주당 진영이 울상이다. 아직 화끈한 인기를 가진 유력 잠룡이 없다는 것도 민주당의 불안감을 키우고 있다. 이런 상황에서 공화당 진영에서는 누가 후보가 돼도 바이든을 이길 수 있다는 자신감이 충만해 있다. 다만 바이든이 가장

Brand: Let's Go Brandon Apparel Meme Co.
Let's Go Brandon Shirt Vintage Lets Go Brandon American Flag T-Shirt
★★★★★ ˅ 50 ratings
$15⁹⁹
& FREE Returns ˅
Fit Type: Men
Men Women
Color: Black
Size:
Select ˅
• Solid colors: 100% Cotton; Heather Grey: 90% Cotton, 10% Polyester; All Other Heathers: 50% Cotton, 50% Polyester
• Imported
• Machine Wash
• This hilarious meme shirt saying let's go Brandon is cool and unique shirt! Get your today and wear it to work as a funny impeach politic day!
• Let's Go Brandon Tee is sarcastic Conservative Tee for Anti Liberal Jokes with funny Sayings in a fun way to put on a shirt! Get yours today before others!
• Lightweight, Classic fit, Double-needle sleeve and bottom hem

미국 아마존에서 판매되는 'Let's go Brandon' 티셔츠.

해볼 만한 상대는 아이러니하게도 트럼프다. 의회 폭동을 선동하고, 극우 이미지를 가지고 있는 트럼프가 나오면 또다시 박빙의 승부가 펼쳐질 가능성이 크다. 공화당에서 트럼프 말고 다른 후보를 내세우면 차기 대통령이 되는 건 확정적이지만, 경선 과정에서 트럼프를 이기는 게 너무 어려운 일이다. 트럼프가 후보가 되면 바이든을 이긴다고 장담할 수 없는 서로 물고 물리는 순환 관계가 펼쳐지고 있다.

최근 트럼프가 백신 접종을 지지하고 있다는 건 주목할 부분이다. 백신이 자기 성과라는 걸 챙기겠다는 의도이기는 하지만, 접종을 강제하지 않는 선에서 방역에 신경 쓰는 사람이라는 걸 강조하면서 외곽 지대 표를 끌어오려는 전략인 듯했다. 느닷없이 트럼프가 백신 접종을 독려하자 지지층도 상당히 당황했다. 하지만 이미 트럼프는 이런 방식으로 인기가 떨어진 현직 대통령의 표를 끌어오는 전략을 실행하고 있었다.

이런 상황에서 북한도 계속 도발적인 행동을 하고 있다. 지금 미국으로서는 현안이 산적해 있어 북한은 잊고 싶은 골칫덩어리다. 최대한 미뤄두고 다른 숙제부터 처리하고 싶은데, 자꾸 시선을 끄는 행동을 하면서 미국도 골치 아파하는 상황이다. 그럼에도 북한은 미국 대외 정책의 최우선 순위라고 보기는 어렵다. 바이든 정부는 북한을 단순히 당뇨병처럼 생각하고 증세가 발현하지 않으면 무시하고 싶어 하는 인상이 강하다. 바이든 정부가 대북 정책과 관련해 여러 현란한 수사를 쓰고 있지만, 오바마 정부의 '전략적 인내(strategic patience) 시즌 2'라고 할 수밖에 없을 듯하다.

2부

워싱턴에서
우크라이나 전쟁 취재에
뛰어든 이유

워싱턴 D.C. 스미소니언 미국 역사박물관에는 1950년 6월 25일 소식을 담은 《워싱턴 포스트》 1면(1950년 6월 26일 자)이 전시돼 있다. 워싱턴에 처음 와서 박물관들을 돌아보다가 6·25전쟁이 일어난 당일 미국 유력지 1면을 직접 마주한 게 너무 신기해서 한참을 들여다봤던 인상적인 기억이 있다. 한국인에게는 하늘이 무너지는 것처럼 충격이었던 이 전쟁에 대해 《워싱턴 포스트》는 1면에 정작 한국의 반응을 담지는 않았다. 뉴스 분량도 1면의 절반 정도를 차지하는 것에 불과했다. 다른 잡다한 미국인의 일상이 그들에게는 훨씬 중요했다. 우크라이나 전쟁이 시작되기 전인 2022년 2월 초, 만약 러시아가 우크라이나를 상대로 전쟁을 벌인다면, 그 당시와 상황이 비슷하게 전개될 수 있겠다고 생각했다.

미국도 아프간에서 철군 망신을 당한 상황에서 약한 모습을 보였다가는 바이든의 지지율이 어디까지 더 떨어질지 알 수 없는 상황이었다. 미국은 당장 중국이 타이완을 가지고 어떻게 도발할지 모른다는 근원적인 불안감도 있다. 그러다 러시아가 우크라이나를 전격적으로 침공하면서 전 세계가 충격에 빠졌다. 특히 민간인을 무차별 살상하는 러시아군의 태도는 비판받아 마땅했다. 일단 전쟁이 벌어지면 순식간에 우크라이나를 굴복시킬 수 있다고 봤던 러시아는 힘겨운 전쟁을 치르고 있다. 이런 장기전에서 미국도 사실상 주연급 배우의 역할을 하고 있었다. 미국 언론은 혼신의 힘을 다해서 전쟁 보도를 하고 있었고, 개전 초기 미국의 모든 대외 정책의 에너지는 우크라이나에 집중됐다. 통상적인 전쟁 취재를 생각한다면 우크라이나까지의 물리적인 거리는 큰 장벽이 될 수밖에 없었다. 하지만 기술 발전은 그 장벽의 높이를 예전과는 비교할 수 없게 낮췄다. 특히 코로나19를 거치면서 전 세계 모든 대륙에 있는 오피니언 리더들이 화상 인터뷰에 굉장히 익숙해졌다. 영어를 구사할 수 있는 사람이라면 간단히 줌 링크만 보내줘도 예전에는 상상도 할 수 없었던 화상 인터뷰가 가능해졌다. 예전에는 국경을 넘고 현장에 들어가야만 전쟁의 참상을 보여줄 수 있었다면, 코로나19 이후에는 그런 현장의 목소리를 인터넷 연결을 통해서 얼굴을 마주 보면서 전하는 게 가능해졌다.

우크라이나 전쟁을 취재하기 위해 우크라이나는 물론 미국, 러시아까지 주요 이해 당사자 10명을 화상 인터뷰했다. 이 중 6명의 주요 취재원과 나눈 인터뷰와 취재 기록을 2부에 담았다. 우크라이나의 비탈리 클리츠코Vitali Klitschko 키이우 시장은 키이우 현지에서 인터뷰에 응했고, 러시아의 블라디미르 밀로프Vladimir Milov 전 에너지부 차관은 리투아니아에서 인터뷰했다. 시간 변환기를 놓고 워싱턴과 인터뷰이가 위치한 곳의 시각, 한국 시각을 모두 고려해야 인터뷰 시간을 정할 수 있었다. 밤낮이 바뀌는 경우도 많았지만, 기술 발전으로 과거에는 엄두도 못 내던 일을 할 수 있다는 성취감이 있었다.

전쟁이 장기화하면서 이 취재는 우크라이나 전쟁 초기 상황의 그림을 담고 있다는 한계도 있다. 하지만 다소 무모했던 시도 덕분에 러시아의 우크라이나 침공 초기, 전쟁의 속사정을 당사자들의 생생한 육성으로 시청자에게 전할 수 있었다. 2부는 그 기록을 담았다.

전운 감도는 우크라이나, 푸틴·바이든의 의도는?

스티븐 파이퍼 전 우크라이나 미국 대사 인터뷰

<u>2022. 2. 18.</u>

전쟁 시작 버튼을 누르는 건 푸틴이지만, 그걸 못 누르게 막고 있는 바이든의 움직임도 주목받는 게 사실이다. 이렇게까지 적극적인 미국의 대응을 본 기억이 없는데, 강력한 정보전에 러시아도 상당히 짜증이 난 듯 보였다. 군부대 전개는 위성 자료로 상당 부분 포착이 가능하므로 미국이 말하는 얘기가 근거가 없다고 하기도 어려운 상황이다. 미국의 이런 호들갑 덕분에 전 세계가 우크라이나에서 전쟁이 나지 않도록 관심을 끌게 만들었다.

바이든은 아프간에서 겪었던 철군 망신을 우크라이나 사태에서 만회하겠다는 생각이 굉장히 강해 보인다. 오랜만에 미국 정부의 외교 안보 전략이 힘을 발휘하는 모습이다. 동맹을 한꺼번에 엮어서 대응하는 방식으로 러시아에 맞서고 있는데, 러시아도 엄청난 피해를 감수한 전진이냐 적당히 타협한 후퇴냐 기로에 서 있다.

푸틴이 서방에 요구하는 안보 불안 해소는 사실 선뜻 이해하기 어려운 측면이 있다. 군사 최강국 러시아가 안보 불안을 느낀다며 군대를 모두 긁어모아 우크라이나를 상대로 무력 시위를 벌인 진짜 의도가 궁금했다.

글로벌 최대 현안인 우크라이나 사태에 대한 여러 측면을 설명해 줄 수 있는 인물들을 발굴해 한국 시청자에게 현상을 정확히 알리고 싶었다. 요즘 미국 언론에는 전직 우크라이나 주재 미국 대사들이 활발하게 참여해서 현 상황에 대한 분석을 전하는 중이다. 이 중 스티븐 파이퍼 Steven Pifer 전 우크라이나 주재 미국 대사와 인터뷰한 내용을 정리했다.

일촉즉발 전쟁 위기, 임박한 러시아의 침공
푸틴의 편집증은 무엇인가

백악관 대통령 브리핑의 중요도는 바이든 대통령이 얼마나 늦게 나오느냐로 대강 가늠해 볼 수 있다. 대통령이 홍보하고 싶어 하는 내용의 브리핑은 대통령이 대개 제시간에 딱 나와서 연설하지만, 사실 기사로 다룰 내용은 많지 않다. 엄중한 내용일수록 대통령이 늦게 나오는데, 지난주 두 차례나 있었던 바이든의 대국민 연설이 그랬다. 두 번 다 바이든이 한참이나 지각했는데, 막판까지 우크라이나 문제에 대해 논의했다는 걸 짐작할 수 있었다. 바이든은 대국민 연설에서 미국 대통령이 할 수 있는 최고 수위의 어조로 '전쟁이 임박했다'는 걸 온몸으로 발산했다. 바이든은 다소 고지식한 면이 많은데, 이런 대통령이 강한 어조로 경고하는 건 보통 의미가 아니라는 의미다. 특히 "푸틴이 침공을 결심한 것으로 확신한다"면서 "증거가 있다"고 발언한 건, 정보 자산을 총동원해 푸틴 주변의 움직임까지 다 파악하고 있다는 경고의 의미도 담고 있다고 봐야 한다. 바이든은 러시아의 목표가 280만 명의 무고한 시민이 사는 우크라이나의 수도 키이우를 점령하려는 것에 있다고 목소리를 높였다.

바이든은 얼마 전 러시아의 우크라이나 침공 일자를 지목했고, 이번에는 푸틴의 침공 결심까지 말했는데, 사실 틀리면 웃음거리가 될 수밖에 없다. 하지만 이러한 정보 공개는 스스로 웃음거리가 되더라도, 전쟁을 막아보겠다는 의도로 해석할 수 있다. 제이크 설리번Jake Sullivan 백악관 국가안보보좌관이 일전에 기자회견에서 말했듯이, 미국이 이라크전처럼 다른 나라를 침공하기 위해 정보를 공개하는 것과 달리, 이번에는 우크라이나 전쟁을 막기 위해 정보전을 벌이는 것이다. 따라서 같은 선상에 놓고 평가하기는 어렵다. 일단 전쟁이 벌어지면 많은 사람이 죽을 수 있다. 따라서 지푸라기라도 잡아서 막을 수 있다면 그렇게 하는 게 좋다고 말할 수밖에 없다. 사실 이렇게까지 기밀 정보가 많이 공개되는 건 사상 초유의 일이라는 게 미국 내 전문가들의 공통된 의견이다. 정보전의 대가 푸틴의 전략을 사전에 파악해 전 세계에 공개하면서 그 힘을 빼겠다는 건데, 지금까지는 어느 정도 성공을 거뒀다고 볼 수 있다. 미국의 행동이 전쟁 위기감을 고조하는 측면도 있지만, 어쨌든 푸틴이 머뭇거리게 하는 것 자체가 성과다.

정보전에서 밀리는 기세가 역력했던 푸틴이 한방에 전세를 역전시킬 카드로 핵무기를 꺼내 들었다. 푸틴은 벨라루스 대통령을 자기 부하처럼 거느리고 전술 핵무기 훈련을 참관했다. 앞서 미소 냉전 시기에 인류는 만약 핵 대결이 펼쳐진다면 순식간에 전 세계가 가루가 돼버릴 수도 있다는 공포를 느꼈었다. 이번 푸틴의 핵 위협으로 미국인들은 잊고 있던 두려움을 다시 떠올리게 됐다. 우크라이나를 위협하던 러시아가 느닷없이 말리던 미국에 '까불면 너희도 다칠 수 있다'는 경고장을 날리려는 의도가 명백했다. 바이든 대통령의 금요일 연설 이후 질의응답에서 푸틴의 핵 전술 훈련 참관에 대한 질문이 나왔는데, 바이든은 "푸틴이 핵무기 사용을 고려하는 것은 아닐 거다"라고 전제하면서도 "그냥 훈련하려는 것인지 그 이상이 있는 건지 푸틴의 마음을 읽기는 어렵다"고 답했다.

러시아가 우크라이나를 침공할 준비는 거의 마친 상황이다. 우크라이나를 에워싼 병력은 19만까지 늘어났고, 돈바스 일대의 러시아 반군 지역에 살던 친러계 주민들까지 난민으로 러시아로 이주했다. 벨라루스에서 하던 연합 훈련은 2월 20일이면 끝나는데 러시아 군대가 벨라루스에 더 머물 거라는 발표가 나왔다. 이제는 푸틴이 깃발을 들면 육해공에서 러시아군이 우크라이나를 밀고 들어가는 끔찍한 일이 일어날 수 있다.

러시아가 궁지에 몰렸다고 분석한 이유

그동안 우크라이나 사태에 대해 국내에서도 훌륭한 분석과 전망이 많이 나왔다. 그러한 분석과 전망이 이번 사태를 이해하는 데 큰 도움이 됐다. 하지만 우크라이나 사태의 한쪽 당사자인 미국의 입장을 보다 세밀하게 파악하기 위해 스티븐 파이퍼 전 우크라이나 미국 대사와 인터뷰했다. 파이퍼 전 대사는 스탠퍼드대학교에서 유럽 문제를 연구하고 있다. 그가 대학 연구소 웹페이지에 올리는 우크라이나 사태 관련 칼럼은 통찰력이 돋보였는데, 그에게 인터뷰를 요청했다. 파이퍼 전 대사는 일정이 많아 시간이 없다고 처음에는 답했지만, 간곡하게 메일을 몇 번 보내자 잠깐 시간을 내보겠다며 인터뷰에 응해줬다.

우크라이나 사태는 인질극에 비유할 수 있다. 러시아가 우크라이나를 인질로 잡고 주변 사람을 협박하고 있는데, 러시아의 요구 사항은 '나의 안전을 보장해 달라'는 것이다. 무시무시한 인질극을 벌이는 사람의 요구치고는 좀 어이가 없다. 아무도 당신을 해치지 않는다고 말하지만, 푸틴은 '다 필요 없고 내 안전을 보장한다고 문서로 내놓으라'고 생떼를 부리는 상황이다. 러시아가 신변의 공포를 느끼게 된 이유가 궁금해 여러 가지 질문을 던졌다.

미국이 최악을 가정한 정보 전쟁 벌인 이유

김수형 러시아가 궁지에 몰렸다고 표현했는데(그가 최근 스탠퍼드 보고서에 담은 내용), 그 이유가 무엇인가?

파이퍼 크렘린의 의사 결정을 아는 것은 때로는 매우 힘든 일이다. 푸틴 주변에는 아주 소규모의 이너서클이 있다. 그리고 외부에는 자신들의 최종 목표를 숨기곤 하는데, 그러다 보니 종종 오판을 한다. 일단 크렘린은 우크라이나 정부가 상당히 견고하게 버티는 걸 보고 놀랐을 것이다. 처음 러시아가 이 일을 시작했을 때는 군사적으로 겁을 주면 양보를 얻을 수 있다고 생각했을 거다. 하지만 그게 아니었다. 지금 미국과 나토가 단결하는 모습을 보면서 아마 당황하고 있을

2022년 2월 18일 스티븐 파이퍼 전 우크라이나 대사와 인터뷰하는 모습.

것이다. 이건 크렘린이 생각했던 것보다 훨씬 거칠게 나오고 있는 것이다.

김수형 바이든 대통령은 2월 16일을 침공 날짜로 못 박았다. 그날 전쟁은 나지 않았지만 다시 전쟁이 며칠 내에 일어날 거라고 말하기도 했다. 어떻게 이런 전망을 할 수 있는 것인가?

파이퍼 사실 침공 날짜를 못 박았다는 기사가 나고 국무부 현직 관료들과 얘기를 해봤다. 그런데 하나같이 자기들은 날짜를 언급한 적이 없다고 했다. 그냥 가까운 미래에 일어날 수 있다 정도로 표현했다고 하더라. 아마 2월 16일이라는 날짜는 누가 얼버무리면서 말한 걸 기자가 파악해서 날짜를 특정해 보도한 것 같다(2월 16일은 《폴리티코》의 특종으로 세상에 알려졌다). 내가 여러 국무부 인사들에게 들었지만, 그들은 우크라이나 주변의 군사력 증강을 들여다보면서 심각하게 우려하고 있었다. 특히 지난 36시간 동안 군사력 증가는 매우 우려스러운 것으로, 이는 우크라이나를 침공하려는 행동일 가능성이 높다.

김수형 아직까지 전쟁이 일어나지는 않고 있는데, 바이든 대통령의 메가 폰 전략이 효과가 있다고 볼 수 있는 건가?

파이퍼 바이든 정부가 정보 전쟁에서 매우 잘하고 있다고 평가할 수 있다. 지금 이 상황은 매우 흥미롭다. 예전 같으면 기밀로 묶여서 절대로 외부로 나갈 수 없는 내용이 전부 나오고 있기 때문이다. 이런 행동으로 러시아가 침공할 구실을 만드는 것을 차단하고 있다. 또 미국 정부는 우크라이나 일대 러시아의 군사력 증강을 잘 알릴 수 있었다. 그래서 이제 누군가가 도발한다면, 그건 러시아라는 걸 명확히 인식시켰다. 또 살벌한 메시지를 전할 수밖에 없는 건, 우크라이나에 있는 미국인들이 자신의 안전을 위해서 빨리 그곳을 떠나게 하기 위한 것도 있다. 이런 전략은 최악의 상황을 가정한 접근으로 굉장히 영리한 방식이다. 이렇게 했기 때문에 미국은 유럽의 동맹국들을 하나로 묶을 수 있었다. 최악을 가정했기 때문에 각자 모두 최대한 노력을 해서 크렘린이 전쟁을 하지 못하도록 설득하고 있는 것이다.

김수형 지금까지 미국의 러시아 대응을 어떻게 평가하나?

파이퍼 물론 미국의 대응은 시작이 너무 느렸다. 하지만 지난 한 달 반은 정말 잘했다고 볼 수 있다. 러시아가 원하면 협상할 수 있다는 것을 보여줬고, 동시에 침공을 하면 강력한 제재로 대가를 치르게 하겠다는 것을 정확히 알렸다. 그리고 침공을 그냥 기다리지 않았다. 바이든 정부는 우크라이나 정부에 방어 무기를 계속 공급했다. 우크라이나인들이 더 나은 상황에서 방어할 수 있도록 도왔다. 러시아의 공격 의지를 꺾을 수 있다고 봤기 때문이다. 또 중요한 것은 논의와 공조 과정을 관리한다는 점에서 잘했다고 볼 수 있다. 워싱턴은 매일 유럽 국가와 통화하며 소통을 했다. 이런 조치는 매우 통일된 것이었고, 굉장히 적극적인 반응이었다. 이런 공조 과정으로 워싱턴과 유럽 주요 도시들을 묶을 수 있었다.

김수형 우크라이나 사태에 대한 바이든 대통령의 목표는 무엇인가?

파이퍼 단기적인 목표는 러시아의 침공을 막는 것이다. 이것은 군대를 철수하는 것을 의미하는 것이다. 벨라루스에서 훈련하고 있는 러시아군은 극동에서 왔다. 이들은 7,000~8,000킬로미터를 가로질러 왔는데, 이들이 본진으로 돌아가야 긴장 완화의 신호라고 볼 수 있다. 미국은 나토를 다시는 확장하지 말라는 러시아의 요구를 수용할 수는 없다. 나토가 1997년 이후 가입한 국가에서의 군사 기반을 철수하라는 건 더 받아들일 수 없다. 하지만 우리는 군축 협상과 군비 통제, 위기 감소, 신뢰 구축을 위해 논의할 준비가 돼 있다. 여기서 가장 큰 문제는 러시아가 그들의 핵심 요구가 충족되지 않았는데 이걸 수용할 수 있느냐는 것이다.

김수형 미국은 폴란드에 미군을 증강 배치하고 있고, 다른 유럽국도 나토군을 주변국에 배치하고 있다. 이들의 역할은 무엇인가?

파이퍼 바이든 대통령과 나토의 수장도 이미 말했다. 미군과 나토군은 우크라이나에 들어가서 싸우지 않는다. 폴란드에 들어간 미군의 역할은 두 가지로 볼 수 있다. 첫째, 발트 3국(에스토니아, 라트비아, 리투아니아)과 루마니아 등 러시아 주변국에 '우리가 당신들을 위해 이곳에 있다'는 메시지를 주는 것이다. 나토군이 증강되는 것도 주변국에게 같은 메시지를 가지고 있다. 그리고 다른 하나는, 크렘린에 주는 메시지다. 우리는 우크라이나에서 싸우지는 않지만, 나토국을 방어하기 위해서는 분명히 싸울 것이라는 메시지를 강하게 보내는 것이다. 그래서 독일군이 리투아니아 북쪽으로 들어갔고, 영국군도 에스토니아로 갔고, 프랑스군도 루마니아로 간 것이다. 전부 러시아를 겨냥한 행동이다. 더 많은 군대가 동쪽 옆구리에 배치될 것이다. 이것은 모스크바에 중요한 신호다.

김수형 우크라이나의 나토 가입은 어떻게 될 것으로 전망하나?

파이퍼 그게 이 문제의 핵심이다. 러시아는 우크라이나의 외교 정책에 영향력을 행사할 힘을 갖기를 원한다. 그게 서방 국가와 러시아의 차이점이다. 서방은 우크라이나가 주권을 가지고 있고, 외교 정책을 자신들이 결정할 수 있다고 생각한다. 하지만 러시아는 우크라이나를 위성국으로 넣을 수 있다고 생각한다. 물론 지금 나토 국가들이 우크라이나를 회원국으로 받는 데 열성적이지 않다. 하지만 나토가 확장의 문을 닫지 않는다는 것은 분명하다. 특히 러시아의 압력을 받아서는 더욱 그렇게 하지 않는다. 러시아는 누구도 우크라이나에 나토에 가입하라고 등 떠밀지 않는다는 걸 알아야 한다.

19세기 사고방식을 가진 푸틴의 편집증

김수형 러시아는 군사 최강국 가운데 하나다. 러시아가 가지고 있는 공포의 근원은 무엇인가?

파이퍼 흥미로운 질문이다. 러시아는 전 세계에서 가장 많은 핵무기를 가진 국가다. 재래식 무기도 엄청나다. 하지만 러시아는 여전히

19세기 사고방식을 가지고 있다. 러시아와 서구에는 완충지대가 필요하다고 생각하고 있다. 하지만 나토국 그 어디서도 러시아를 다시 공격할 생각이 없다. 이런 이유로 나토국들은 1990년대 이후, 군사력을 꾸준히 줄였던 것이다. 냉전이 끝날 무렵에 독일군은 탱크가 2,000대쯤 있었다. 지금은 200대도 안 된다. 이런 군사력 감소는 나토가 러시아를 공격하기 위한 것이 아니기 때문이다. 그런데도 러시아는 나토가 러시아를 공격하려고 한다, 나토는 러시아의 적이고, 정권을 바꾸려고 한다는 이야기를 만들어 내고 있다. 나는 이런 게 일정 부분 편집증이라고 생각한다. 푸틴은 가끔 너무 엉뚱한 얘기를 꺼내고, 그걸 너무 많이 말한 뒤, 이내 믿어버리곤 한다.

김수형 푸틴 대통령의 최종 목표는 무엇인가?

파이퍼 푸틴의 마음을 읽는 것은 매우 어렵다. 크렘린은 이걸 나토와 러시아의 문제라고 규정짓고 있다. 우크라이나가 회복 불가능하게 모스크바의 궤도에서 이탈해서 서방 진영으로 가겠다는 결정을 내릴까 봐 걱정하는 것이다. 하지만 지난 8년 동안 러시아의 결정은 크름반도 불법 강제 합병, 돈바스 지역 반군 지원을 통한 1만 4,000명 살해였다. 그런 정책 때문에 우크라이나가 러시아를 피해서 더욱 서방으로 가겠다고 결심한 것이다. 여론조사를 한번 보라. 2014년에는 우크라이나의 나토 가입 지지 여론이 30퍼센트 정도였다. 하지만 지금은 59퍼센트나 된다. 그건 모두 러시아 정책이 잘못됐기 때문이다. 러시아는 우크라이나를 찾아오겠다고 하지만, 정확히 반대 방향으로 정책을 펴고 있다. 군사적인 행동을 하게 되면 러시아는 이제 우크라이나를 찾아올 수 없다. 러시아군은 우크라이나 군대를 압도할 수 있을 것이다. 하지만 우크라이나는 싸울 것이다. 러시아는 게릴라전을 치러야 할 것이다.

내가 2주 전에 키이우에 다녀왔다. 거기서 여러 사람을 만났는데 모두가 굉장히 단호했다. 지난주에 키이우에 있는 친구와 통화를 했는데, 지금 사람들이 너무 많이 지원해서 소형 화기 훈련을 받겠다고 해도, 2주를 기다려야 한다고 하더라. 러시아가 지난 8년 동안 우크라이나인들의 국가 정체성을 일깨운 것이다. 러시아 정부에 대한 적개심이 상당하다. 러시아가 오판으로 침공을 해도 우크라이나인들은 격렬하게 저항할 것이고, 러시아는 강력한 저항을 만나게 될 것이다. 러시아는 이 부분을 너무 얕잡아 봤다. 러시아가 이길 수도 있지만, 비싼 대가를 치러야 할 것이다. 소련이 아프간에서 겪은 것과는 비교도 안 될 것이다.

김수형 러시아가 이번 무력 시위에서 잃은 것과 얻은 것은 무엇인가?

파이퍼 지금 상황은 러시아가 예상했던 것이 아니다. 우크라이나가 패닉에 빠지지 않았다. 서구가 단결된 모습을 보이는 것도 러시아의 계획이 아니었다. 미국과 유럽은 굉장히 고통스러운 제재를 준비하고 있다. 그리고 나토군도 동유럽에 대폭 증강됐다. 이건 러시아가 이런 무력 시위를 벌이지 않았다면 일어나지 않았을 일이다. 다만 러시아가 이런 위협을 가하면서 우크라이나 경제에 상당한 충격을 줬다는 것은 성과라고 할 수 있다. 크렘린은 우크라이나에 뭔가 어려운 일을 만드는 걸 반길 것이다. 그리고 훈련 자체의 성과도 있다. 이렇게 장거리 기동 훈련을 할 수 있다는 걸 증명해 냈다. 하지만 얻은 게 있으면 비용도 있다. 나는 러시아가 들인 비용이 성과보다 훨썬 크다고 생각한다.

강대국 사이 독립 국가로 살아간다는 것

파이퍼 대사를 인터뷰하면서 미국과 러시아의 생각의 간극이 무척이나 크다는 걸 실감할 수 있었다. 러시아는 서면으로 확실한 안전 보장을 받겠다는 결심이 분명해 보이지만, 미국은 우크라이나를 내주는 일이 있더라도 그걸 해줄 가능성이 거의 없어 보인다. 이 과정에서 나토에 가입도 못 하고, 러시아와도 가깝게 지낼 수 없는 우크라이나가 최대 희생자가 될 수밖에 없다.

《힐빌리의 노래》의 저자이자 공화당 후보로 상원 의원에 출마하겠다고 요즘 FOX NEWS에 자주 나오는 J. D. 밴스 같은 인물은 대놓고 우크라이나 사태에 우리가 왜 관심을 가져야 하냐고 목소리를 높이고 있다. 트럼프 시절이었다면 사실 푸틴은 별 신경도 안 쓰고 우크라이나를 마음껏 유린 했을 가능성도 있다. 바이든 시대의 미국도 나토라는 '우리 식구'를 보호할 의지가 분명해 보이지만, 그 이상은 아닌 것이 명확하다. 인질로 잡힌 우크라이나에 러시아가 해를 가하면 제재를 하겠다는 미국의 입장은 우크라이나에서 보기에는 답답할 노릇이다.

볼로디미르 젤렌스키Volodymyr Zelensky 대통령이 뮌헨 안보 회의에서 러시아가 우크라이나를 점령하고 난 이후에 제재하는 게 무슨 의미가 있냐고 절규하듯이 쏟아낸 게 그래서 더 이해가 갔다. 강대국 사이에서 독립 국가로서 존엄을 지키면서 산다는 게 얼마나 어려운 일인지 우크라이나 사태는 생생하게 보여주고 있다.

최강이라던 러시아군에 무슨 일이 있었던 것일까

알리나 플로로바 전 우크라이나 국방부 차관 인터뷰

2022. 3. 3.

러시아의 우크라이나 침공은 러시아 전력의 심각한 문제를 드러냈지만, 우크라이나군의 놀라운 방어력도 확인하게 만든 계기가 됐다. 젤렌스키 대통령을 중심으로 우크라이나인들의 결사 항전 의지가 있기 때문에 가능했겠지만, 우크라이나군이 가진 놀라운 전력의 실체도 짚어볼 필요가 있다.

우크라이나 수도 키이우에 남아있는 알리나 플로로바Alina Frolova 전 우크라이나 국방부 차관은 이 문제를 설명해 줄 적임자였다(키이우에는 전직 고위 관료들도 대부분 남아서 정부 관련 일을 하고 있었다). 그녀는 젤렌스키 대통령 출범 이후인 2019년부터 2년 동안 우크라이나 국방 현대화 작업을 진두지휘한 책임자였다. 폭격이 이어지는 상황에서 고맙게도 화상 인터뷰에 응해줬는데, 그녀의 설명을 듣다 보니 '러시아가 상대를 잘못 골랐다'는 생각이 들었다. 러시아군은 이미 상당한 피해를 입은 상태였다. 키이우를 에워싸고 있는 러시아 군대에도 심각한 문제가 벌어지고 있다는 사실도 전해 들을 수 있었다.

폭격 이어지는 키이우에서 응한 인터뷰

알리나 플로로바 우크라이나 전 국방부 차관의 인터뷰는 갑작스럽게 섭외가 됐다. 우크라이나 전·현직 고위 인사들은 상당수 우크라이나에 들어가 있다. 원래는 군사 분야 관련 다른 고위 인사를 인터뷰하려고 연락하고 있었는데, 전쟁 통에 계획했던 인물이 코로나19 확진 판정까지 받으면서 사실상 취재 계획이 무산됐다. 키이우에서 중간에 연락을 맡았던 사람도 폭격이 시작되면서 한동안 연락이 두절됐다. 너무나 처참한 상황이 계속되고 있다는 걸 잘 알았기에 왓츠앱으로 안부를 묻는 메시지만 가끔 보냈는데, 다행히 러시아 침공 2, 3일이 지나면서부터 연락이 다시 닿기 시작했다. 한국에서도 우크라이나에 대해서 얼마나 관심이 높은지 기회가 닿는 대로 설명해 줬고, 이들도 여기에 깊은 감사를 표시했었다. 그러다 우크라이나 취재원이 플로로바 전 국방부 차관을 인터뷰하면 어떻겠냐고 먼저 제안을 했다. 그녀는 젤렌스키 정부에서 우크라이나 국방 현대화를 담당했던 고위 인사였고, 현재 우크라이나군 상태를 가장 잘 아는 인물 가운데 한 명이었다.

줌 화면에서 처음 본 플로로바 전 차관의 얼굴은 굉장히 피곤해 보였다. 잠을 못 잔 게 확실해 보였는데, 밤낮이 뒤바뀌어 사는 워싱턴 특파원들은 얼굴만 봐도 상대가 어떤 상태인지 대략 짐작할 수 있다. 그녀는 폭격이 이어지고 있어서인지 상당히 어두운 방에서 조명도 제한적으로 켜고 인터뷰에 응했다. 중간에 화면이 깜빡거릴 때도 있었지만, 이렇게 인터뷰를 할 수 있다는 것만으로도 감사한 일이었다. 먼저 키이우에 남게 된 이유를 묻자 그녀는 "우리 가족이 다 여기 있는데, 그럼 어디로 가냐"고 답했다. 플로로바 전 차관은 점령군이 들어와 인생이 바뀌는 걸 원치 않는다고 힘줘서 말했다. 지금 모든 정부 기능이 비상 체제로 운영되기 때문에 전직 관료들도 각자 역할을 맡아서 업무를 진행하고 있다고도 설명했다.

플로로바 전 국방부 차관의 인터뷰는 우크라이나군과 러시아군의 현 상황에 대한 정보를 담고 있었다. 물론 한쪽 당사자의 얘기라는 한계는 있지만, 그녀의 설명은 대체로 미 국방부의 설명과도 일치한다. 러시아군은 대외적으로 정보를 통제하고 차단하고 있기 때문에 신뢰할 수 있는 정보가 거의 없다. 민간인 지역에 마구잡이 폭격을 하는 영상이 들어와도 러시아군은 자기들이 한 게 아니라고 발뺌하는 상황이다. 러시아의 침공으로 시작된 이번 전쟁에서 피해 당사국인 우크라이나의 목소리에 더 주목해야 한다고 생각했다. 그녀와 인터뷰 주요 내용을 문답 형태로 정리했다.

러시아군의 피해 상황

김수형 러시아군의 공격 상황에 대해서 설명해 달라. 지금도 공습이 계속되고 있나?

플로로바 오늘 키이우에 공습이 10번에서 12번 있었다. 포격은 계속되고 있다. 하지만 공격한 지 일주일이 지났지만, 주요 도시 가운데 러시아군이 장악한 곳은 없다. 러시아군이 당황한 것은 우크라이나 어디에도 그들을 환영하는 곳이 없다는 것이다. 그들은 이미 엄청난 손실을 겪었다. 러시아가 2차 세계대전 이후 겪어보지 못했던 일이다. 지난 몇 년 동안 시리아 사태를 포함해서 러시아는 3,000~4,000명의 병사가 전사했다. 하지만 침공 일주일이 된 지금 6,000명이 넘게 숨졌다. 제트기만 30대 넘게 격추됐다. 이것은 시작에 불과하다. 우리는 그들과 계속 싸울 것이다.

김수형 러시아군의 공격이 갈수록 야만적으로 바뀌고 있다. 왜 이런 건가?

플로로바 처음에 러시아군은 우크라이나를 하루 이틀 사이 굉장히 빨리 점령할 수 있다고 생각했다. 그래서 처음에는 국방, 안보 시설을 주요 공격 대상으로 삼았다. 하지만 지금은 민간인이 주요 공격 대상이다. 그들은 병원과 어린이 시설을 공격 목표로 삼고 있다. 이런 전략은 우크라이나인들의 사기를 꺾어서 백기 투항을 유도하기 위한 것인데, 그런 일은 일어나지 않을 것이다. 러시아는 극도로 강한 우크라이나 군대를 과소평가했다.

러시아가 제공권도 장악하지 못한 이유

김수형 러시아군을 잘 막아낼 수 있었다. 그 비밀이 무엇인가?

플로로바 비밀을 말하자면(처음으로 웃음) 첫째는 우리가 조국을 위해서 싸우기 때문이고, 둘째는 지난 8년 동안 군 현대화를 진행했다는 점에 있다. 우리는 내전이 진행되고 있었기 때문에 전쟁 경험이 8년이다. 현역 군인이 26만 명 있는데(수치는 다른 자료들과 조금씩 다름), 전

2022년 3월 3일 알리나 플로로바 전 우크라이나 국방부 차관과 인터뷰하는 모습.

시에 동원할 수 있는 예비군까지 합치면 이 숫자가 급격히 불어난다. 우리는 이 전쟁을 위해서 80만에서 100만 명의 병력을 동원했다. 그리고 그들은 모두 군 경험이 있는 사람이다.

김수형 러시아가 제공권을 장악하지 못했다. 그 이유는 무엇인가?

플로로바 사기가 충만하고 기술적인 면에서도 훌륭하기 때문이다. '키이우의 유령**'**이라는 사람을 들어봤을 거다. 아직 이 파일럿의 얼굴은 모르지만, 무용담이 국민 사이에서 회자하고 있다. 혼자서 러시아 제트기를 6, 7대를 격추시켰다는 신화가 사람들의 용기를 북돋아 주고 있다.

문제는 러시아 군대가 문민 통제를 받지 않는다는 것이다. 그들은 투명하지 않다. 아무도 러시아 군대에서 무슨 일이 일어나는지 모른다. 비밀을 유지하는 데는 도움이 되겠지만, 실제 전쟁에는 도

---

* 우크라이나 공군은 2022년 5월 3일 러시아 전투기 수십 대를 격추해 '키이우의 유령'으로 불리던 자국 공군 조종사가 실존 인물이 아닌 가공의 영웅이라고 밝혔다.

움이 안 된다. 또 그동안 러시아 군대는 대체로 민간인이나 반군과 싸웠다. 조지아 같은 경우는 나라도 작고, 정규군이 얼마 안 된다. 러시아는 처음으로 이렇게 중무장한 정규군과 전투를 했고, 전 방면에서 지고 있다. 우리 피해보다 10배는 크다. 이건 놀라운 일이다. 우리는 여전히 제공권을 장악하고 있다. 물론 우리가 항공 장비면에서 열세인 것은 분명하다. 하지만 나토가 방공 시스템을 제공해 주기로 약속했고, 곧 들어올 예정이다. 몇 개 나라는 우리에게 전투기를 제공했다. 하루 이틀이면 실제로 운용할 수 있을 것이다.

김수형 러시아 탱크가 굉장히 많이 보였다. 이들은 어떻게 된 건가?

플로로바 우리는 탱크를 차단한 것뿐만 아니라 많이 빼앗았다. 지난달에는 서구 우방국들이 탱크를 막을 수 있는 무기를 많이 제공해 줬다. 재블린Javelin이라고 들어봤을 거다. 이것 말고도 많은 종류의 장비가 있다. 이것이 현장에 배치돼 있다. 서구 국가들이 지속해서 장비와 미사일과 무기를 제공해 주고 있다. 여전히 개인 보호 장비는 부족해서 새로 확보하는 지역의 방어에서는 어려움을 느낀다. 하지만 유럽과 전 세계가 결국은 알게 됐다. 이게 단순히 우크라이나만의 문제가 아니라, 우리가 최전선에 있다는 것을 깨달았다는 것이다.

식량과 연료가 바닥난 러시아군

김수형 키이우를 에워싸고 있는 군 장비 행렬은 무엇을 의미하나?

플로로바 러시아군은 키이우를 여러 방면으로 들어오기 위해 에워싸고 있다. 러시아는 도시 내부로 바로 진입하기는 어렵다는 점을 이해하고 있다. 하지만 우크라이나군은 러시아군의 장비 상당수를 노획했고, 파괴했다. 하지만 여전히 상황은 심각하다. 상대가 전 세계에서 가장 강력한 군대이기 때문이다. 여전히 러시아는 후방에 많은 미사일을 가지고 있다.

실제 전장에서 백기를 들고 투항하는 러시아군이 많다. 수백 명이 그랬다. 싸울 의지도 없었고 그냥 항복했다. 러시아군은 전사자 시체를 수습하기도 쉽지 않다. 실제로 러시아 전사자들이 여기저기 많이 있다. 그런데 러시아군은 그냥 철수하고 있다. 전사자들을 현장에 두고 떠난다. 그들은 지금 식량도 없고, 옷도 없고, 장비도 엉망이다. 그래서 많은 러시아 군인이 포로로 잡히는 것이다. 러시아군이 현장에서 얼마나 놀라고 있는지 우리는 확인하고 있다.

김수형 러시아 군인들이 음식을 훔치고, 연료가 떨어져서 탱크를 버리고 갔다는 뉴스를 많이 봤다. 그게 사실인가?

플로로바 사실이다. 음식을 많이 훔친다. 전 세계에서 가장 강력한 군대의 병사들이 음식을 훔치고 다닌다는 것은 웃기는 일이다. 그들은 음식만 아니라 상점을 약탈하기도 한다. TV, 전자 제품도 털어가더라. 추한 군대다. 우리가 보기에 그들은 음식이 떨어졌고, 특히 연료가 바닥났다는 건 명백하다. 평상시 병참이 유지되지 않고 있다. 그래서 우리는 시간이 우리 편이라고 말을 한다. 하지만 그들이 새로운 장비를 들여오려고 시도하는 것은 명확하다. 물론 그게 쉬운 일은 아니다. 러시아가 지금 가진 장비와 연료는 이미 1년 반 전부터 준비했던 것이다. 지금부터 다시 준비하는 게 쉽지 않을 것이다.

우크라이나-러시아 협상 타결 가능성

김수형 우크라이나와 러시아 협상은 어떻게 진행되고 있나?

플로로바 우리는 모든 해결 가능한 방법을 사용할 것이다. 그래서 우리도 협상에 동의한 것이다. 하지만 러시아가 어떤 해결책에도 도달하고 싶어 하지 않는 상황이다. 그들이 제시하는 목표는 도달 불가능하고, 실행 가능하지도 않다. 이 협상은 그들이 '선한 의지'가 있다는 걸 보여주기 위한 것일 뿐이다. 그래서 솔직히 말하면 우리 가운데 누구도 협상을 통해 어떤 결론에 도달할 것이라고 생각하지 않는다. 지금 러시아는 우크라이나에 집중하고 있지만, 그들은 영토 분쟁을 여러 곳에서 일으켰다. 아시아에도 있고, 북극 지방에도 있고, 지중해에도 있다. 그것을 잊어서는 안 된다. 이것은 우크라이나만의 문제가 아니다. 우리는 협상을 할 때 국제사회의 원칙을 지킬 것이다. 하지만 그들이 말하는 것을 허락해 주면, '다른 곳에서는 왜 똑같이 안 되는데?'라는 식으로 나올 것이다. 이것은 세계 질서에 관한 문제다. 우크라이나는 지금 아이들이 죽어가면서 이 일을 하고 있는 것이다.

김수형 하지만 푸틴에게 퇴로를 열어줘야 한다는 지적도 있다. 양보안을 줄 수는 없나?

플로로바 지금 상황은 양보가 되는 상황이 아니다. 지금 러시아는 전 세계의 모든 자산이 묶인 상태다. 유럽은 러시아의 고위직 자제들을 추방하고 있다. 그들은 서유럽에 빌딩과 저택이 많다. 거기서 사는 가족이 많다. 정치 엘리트들은 이제는 정상적인 삶을 사는 것이 불가능하다는 것을 알고 있을 것이다. 그들은 부패하고, 푸틴과 연관된 사람들이었다. 하지만 이제는 그를 바꿀 시간이 됐다. 이미 푸틴은 전쟁 범죄를 저지른 사람이다. 만약에 그가 핵무기를 사용한다면 그는 절대로 용서받을 수 없다. 그들이 스스로 푸틴을 바꾸지 않으면 끝날 때까지 완전히 고립될 것이다.

푸틴이 전면전을 벌인 이유

김수형 푸틴이 핵 긴장을 고조시키고 있다 어떻게 보나?

플로로바 나는 푸틴이 핵무기를 사용하지 않을 이유가 없다고 본다. 그는 핵무기를 우크라이나의 항복을 받기 위한 수단쯤으로 생각할 수 있다. 전 세계가 연합해서 압박을 가하고 있고, 러시아 정치 엘리트들도 압박을 받고 있다. 하지만 그가 핵무기를 사용한다면 지금과는 완전히 다른 세상이 될 것이다.

김수형 당신은 푸틴이 정말로 핵을 쓸 수 있다고 보나?

플로로바 그렇다. 푸틴이 핵무기 부대에 명령을 내렸고, 러시아군은 핵무기를 쓸 준비를 마쳤다. 그게 다음 단계가 될 수 있다.

김수형 푸틴은 왜 이런 전면전을 벌였을까? 여기까지는 예상하지 못한 사람이 많았다.

플로로바 전면전을 개시하면 하루 이틀이면 전쟁이 끝난다고 봤다. 항복을 받고 괴뢰정부를 세우고 러시아가 조종하는 국가를 만들고 끝내려고 했다. 하지만 그는 계산 착오를 했다. 서방 국가들은 사전에 준비됐고, 제재를 내렸다. 그는 우크라이나 군대에 대해서 오판했고,

우크라이나 국민이 그를 지지하지 않는다는 것을 몰랐다. 아무도 그에게 진실을 말하지 않는다는 건 더 큰 문제다. 그는 거대한 진공 상태에 있는 신 같은 사람이 됐다. 올바른 정보를 받지 못하니, 결론이 잘못된 것이다. 그는 잘못된 결론에 빠지는 덫에 걸렸다.

김수형 젤렌스키 대통령은 어떤 사람인가?

플로로바 그는 영리하다. 내가 말해줄 수 있는 건 젤렌스키는 그가 이해하지 못하는 것에도 관심이 많다는 것이다. 그리고 결정이 매우 빠르다. 정보의 관점에서 보면 아주 열린 생각을 가지고 있다. 그는 모든 정보를 국가에 바로 공유한다. 그는 우리의 일원이다. 그는 침공에 대한 두려움이 없다. 그리고 그의 발언은 가슴에서 나온다. 그의 목소리는 모든 우크라이나인의 목소리다.

김수형 한국인들에게 해주고 싶은 말이 있나?

플로로바 그동안의 지원에 정말 감사드린다. 우리는 이번 전쟁에서도 이겨야 하지만, 국가를 재건하는 데도 도움이 많이 필요하다. 엄청난 피해를 입었다. 우리는 재건 사업에 참여하려는 국가의 도움이 필요하다. 우리는 신뢰할 수 있는 사람들이다. 그리고 늘 주변을 둘러보고 싸울 준비가 돼 있어야 한다는 교훈을 한국인들이 얻었으면 좋겠다.

인류는 이 위기를 어떻게 극복할 것인가

푸틴의 기이한 전쟁 도발을 보면서, 코로나19가 그의 사고 체계를 바꿔놓지 않았을까 의심했다. 측근들의 보고도 수십 미터 떨어진 채로 받다

보니, 자신만의 사고 체계에 갇혀서 이미 돌아올 수 없는 다리를 건넌 느낌도 든다. 상호작용이 사라지니, 자기 생각이 맞다는 더욱 극단적인 논리에 갇힌 게 아닐까 하는 걱정도 들었다. 그는 어쩌면 러시아제국의 영광을 재현해야 한다는 사명감으로, 어떠한 살육전도 정당화할 수 있다는 극단적인 논리에 사로잡혔을 수도 있다.

플로로바 전 차관은 푸틴의 핵 도발 가능성을 실존하는 위협으로 인식하고 있었다. 그가 핵 도발을 한다면 인류는 이제 완전히 새로운 세상을 맞게 될 것이다. 국제 규범과 가치는 종잇조각으로 전락하고, 다른 나라들도 핵을 실제로 사용할 수 있는 무기로 인식할 수 있다. 그에 따라 발생할 수많은 민간인 학살은 인류 역사의 방향 자체를 바꿔놓을 게 분명하다. 만약 그런 무서운 일이 일어난다면 인류는 원하지 않는 세계대전을 다시 치러야 할 수도 있다. 인류가 엄청나게 큰 전쟁의 소용돌이에 빨려 들어갈 수도 있는 무서운 순간에 서 있다.

수렁에 빠진 푸틴의 '핵 협박'
커트 볼커 전 나토 미국 대사 인터뷰

2022. 3. 9.

푸틴의 전쟁은 그의 의도와는 정반대로 흘러가고 있다. 개전 초기 전력을 모두 투입해 항복을 받겠다는 전략이었지만 그 시나리오는 완전히 망가졌다. 시간이 지날수록 러시아군의 비열한 공격이 더 심각해지고 있다. 민간인을 대상으로 한 무차별 살상은 물론 원자력발전소 공격은 이성을 상실했다고 볼 수밖에 없는 행동이다.

　앞으로 이 전쟁이 어떻게 펼쳐질지 가늠해 보기 위해 미 국무부 우크라이나 특별대표를 역임한 커트 볼커Kurt Volker 전 나토 대사를 직접 인터뷰했다. 그는 우크라이나는 물론 러시아와도 밀접하게 일해 본 인물이어서 관련 현안에 명쾌한 답을 들을 수 있었다. 한 달 동안 그에게 우크라이나에 대한 여러 가지 분위기를 전해 들을 수 있었다. 그는 전쟁 직전에도 키이우에서 미국 대학교를 설립하기 위해 우크라이나 고위 인사를 두루 만나고 돌아와 현장 분위기를 잘 알고 있었다.

특히 그는 오래전 국제회의에서 푸틴이 러시아제국 설립의 야망을
실제로 입 밖으로 표현한 걸 목격한 바 있다. 당시 푸틴의 발언은 너무
강렬해서 같은 자리에 있던 당시 앙겔라 메르켈Angela Merkel 독일 총리,
로버트 게이츠Robert Gates 미국 국방부 장관 등도 모두 충격을 받았다고
말했다. 이런 수십 년 전 뒷얘기도 재미있었다.

거절당한 우크라이나의 두 가지 요구

거인 러시아를 상대로 홀로 난투극을 벌이고 있는 우크라이나가 미국과
유럽에 요구하는 것은 비교적 명확하다. 요구사항 1순위는 비행금지구
역* 설정이고, 2순위는 우크라이나 조종사들이 쓸 수 있는 미그기를 달
라는 것이다. 지상전에서 교착 상태에 빠진 러시아군이 야비한 폭격과
포격으로 응수하면서 민간인 피해가 천문학적으로 늘어나자 우크라이
나는 실질적인 도움을 요청하고 있다. 백악관 앞에서 열린 우크라이나
계 인사들의 반전 집회를 취재 갔을 때도 비행금지구역 설정은 최우선
순위 요구 사항이었고, 사람들은 모두 "바이든은 결단하라"를 외치고 있
었다. 지금까지 인터뷰했던 우크라이나 바실렌코 의원은 물론 플로로바
전 국방부 차관도 비행금지구역 설정이 시급하다고 목소리를 높였던 기
억이 선명하다.

---

* 　비행금지구역은 특정 지역 상공에 적국의 비행기가 진입하지 못하도록 하는 일종의 군사
통제구역이다. 분쟁 상황에서 이 구역에 진입하는 모든 비행기는 격추 대상이 된다. 우크라이나
는 나토가 우크라이나 영공의 상당한 지역에 비행금지구역을 설정해야 군수물자를 실은 러시아
전투기가 침범할 수 없고, 미사일 공격도 막을 수 있다고 주장해왔다.

하지만 미국은 비행금지구역 설정에 대해 처음부터 부정적인 입장이었다. 러시아를 자극해서 더 큰 전쟁이 벌어질 수 있다는 것이다. 사실 바이든은 누가 먼저 묻지 않았는데도, 러시아와 미국이 맞붙으면 '세계대전'이 일어난다고 여러 차례 반복해 사람들의 머릿속에 각인시켰다. 비행금지구역은 1991년 이라크가 쿠웨이트를 침공했을 때 처음 설정했던 것으로, 그 이후 1993년 보스니아전쟁에서도 유엔의 동의를 받아 나토가 비행금지구역을 설정한 바 있다. 그 이후에도 분쟁이 극단화하는 걸 막는 용도로 종종 도입됐었다. 하지만 애들 싸움에서는 넘으면 안 되는 선을 쉽게 그었지만, 러시아같이 악명 높은 강대국이 싸움을 벌이니 미국과 나토조차 우물쭈물하는 모습이다.

폴란드가 미그기를 미국에 제공하겠다는 제안을 미국이 즉각 거부한 것은 '약한 미국' 이미지를 만들기에 충분했다. 난민이 엄청나게 밀려오는 당사국인 폴란드는 우크라이나의 다음 차례는 자기라는 공포를 느끼고 있어 우크라이나가 쓰러지지 않기를 바라고 있다. 하지만 러시아 눈치가 보이니 미그기를 직접 미국으로 보내 미국이 지원하는 방식을 취하려고 했던 것이다. 우크라이나의 두 가지 요구사항이 거절당한 건 모두 러시아가 '딴 놈들이 거들고 나오면 너희들도 한통속으로 간주하고 전쟁한다'고 협박한 게 먹힌 것이다. 난동을 부리는 사람도 자기 협박이 먹힌다고 생각하면 더 난폭해지는 법이다.

러시아에 남은 건 핵 공격?

러시아의 싸움도 엉망진창이 됐다. 전 세계에서 싸움을 가장 잘하는 나라인 줄 알았는데, 그 실력이 만천하에 드러났다. 푸틴은 우크라이나를 너무 우습게 알았고, 충격과 공포를 줘서 초단기전으로 승리할 수 있다고 오판했다. 적당한 선에서 타협해야 하는데, '스트롱맨' 이미지에 빠져 있는 푸틴은 어떻게든 상대를 무릎 꿇리고 싶어 한다. 속된 말로 푸틴은 지금 눈이 뒤집힌 상태다. 가장 충격적인 장면은 핵발전소를 포격했던 것이다. 이게 만약 폭발했으면 전 세계적인 재앙이 됐을 수 있다.

최근 우크라이나 사태에 대해 커트 볼커 전 나토 대사와 나눈 인터뷰는 사안을 정리하는 데 큰 도움이 됐다. 그와 인터뷰 했던 주요 내용을 문답식으로 정리했다.

김수형 최근 러시아군이 우크라이나 원자력발전소를 공격했다. 이 공격을 어떻게 봤나?

볼커 엄청나게 위험한 행동이었다. 자포리자 원자력발전소는 전 세계적으로 가장 큰 원전 중 하나다. 엄청난 폭발과 방사능 유출이 있었을 수 있다. 체르노빌 사태의 10배쯤 되는 일이 벌어졌을 수 있다. 우크라이나뿐만 아니라 유럽 전체가 엄청난 위험에 빠질 수 있었다. 푸틴이 이런 일을 더 이상 하지 못하도록 강제하는 것이 정말 시급하다는 것을 깨달아야 한다. 러시아군이 원전을 장악하고 있고, 우크라이나인들에게 총구를 겨눈 상태에서도 그들은 계속 원전이 안전하게 가동되도록 그곳에서 일하고 있다. 굉장히 경악할 일이다. 게다가 우크라이나에는 원전이 더 있다. 러시아가 우크라이나 전체를 장악하려고 시도하면서, 그런 공격이 얼마든지 다시 일어날 수 있다.

김수형 러시아가 핵 공격 대신 원전을 공격할 가능성도 있는 건가?

볼커 어떤 가능성도 배제할 수 없다. 푸틴은 돌이킬 수 없는 전쟁의 길로 들어섰다. 그런데 러시아군은 잘 싸우고 있지 않다. 이미 9,000명 넘게 죽었고, 200대 넘는 탱크가 파괴됐다. 우크라이나는 조국을 지키겠다는 의지가 결연하고 실제로 잘 해내고 있다. 푸틴은 자신의 군대가 이기지 못하는 것을 볼수록, 더 필사적으로 될 것이다. 그래서 그가 민간인에게 무차별적인 폭격을 하고, 주요 도시 시장들에 대한 암살 작전까지 하는 것이다. 푸틴이 핵시설을 공격해서 (방사능 물질과 폭탄을 결합한) '더러운 폭탄(dirty bomb)'을 만들려고 하거나, 실제로 전술핵무기를 사용할 수도 있다. 모든 것을 고려해야 한다. 푸틴은 위험한 인물이다. 그를 막아야만 한다.

김수형 실제로 핵무기 공격을 할 거라고 본다는 의미인가?

볼커 그렇다. 재래식 군사행동에서 실패하고 있다. 우크라이나가 실제로 러시아 군대를 격퇴할 수도 있다. 그렇게 되면 푸틴은 실제로 핵무기를 사용할 수 있다고 생각한다. 다시 말하지만, 이건 우리가 막아야 하는 일이다. 우리가 핵무기 사용을 절대로 용납하지 않겠다고 커뮤니케이션할 필요가 있다.

푸틴의 계산 실수는 무엇인가

김수형 많은 사람이 이런 전면전을 예상하지 못했다. 이런 부주의한 전쟁을 왜 시작한 것인가?

볼커 나도 이런 전면전까지는 예상하지 않았다. 나는 러시아가 우크라

2022년 3월 7일 커트 볼커 전 나토 미국 대사와 인터뷰하는 모습.

이나의 영토 일부를 장악하는 선까지 도발할 것이라고 생각했다. 크름반도에서 우크라이나의 동쪽 영역까지 말이다. 그런데 키이우까지 진격하는 건 너무 어렵고 파괴적인 일이다. 왜 이런 일을 저질렀는지 두 가지로 생각해 볼 수 있다. 첫째, 계산 실수를 했다. 그들은 이 전쟁이 쉽다고 생각했다. 군인들에게 2, 3일 치 식량과 연료만 주고는 전쟁터에 내보냈다. 그래서 수많은 군 장비가 길에 버려졌다. 병사들이 달아나 민가를 습격하고 상점을 약탈하고 있다. 식량이 필요하기 때문이다. 그래서 지금 교착 국면에 접어든 것이다. 러시아군은 재보급을 위해 아우성치고 있다. 두 번째는 푸틴이 러시아제국을 건설하겠다는 확고한 목표가 있기 때문이다. 이것은 우크라이나가 나토에 가입함으로써 생기는 나토의 확장이나 군사적인 위협과 관련한 염려가 아니다. 이건 그냥 푸틴의 이상과 관련된 것이다. 우크라이나는 독립국이 아니다. 그곳은 러시아의 지배를 받는 속국에 불과하다. 그게 이 전쟁을 만들어 낸 것이다.

김수형 러시아가 제네바조약으로 금지된 무기를 사용하고 있다. 왜 이런 불법 무기까지 사용하는 것인가?

볼커 그는 어떤 희생을 치르더라도 승리를 원한다. 이건 러시아 국민이 원하거나, 러시아 정부가 원하는 것을 반영한 게 아니라고 본다. 지금 러시아 정보기관이나 심지어 정부 소유 기업에서도 이게 미친 짓이라고 보는 사람들이 있다. 그는 우크라이나를 파괴하고 있지만, 그 과정에서 러시아도 파괴하고 있다. 푸틴은 이미 이 길로 들어섰기 때문에 돌아가는 게 안 된다. 유일하게 그를 멈출 수 있는 건 러시아 사람들이 그를 압박하는 것이다.

김수형 우크라이나인들이 이렇게 강력하게 저항하리라고 생각했나?

볼커 물론이다. 나는 우크라이나를 오랫동안 알았다. 수없이 그곳에 갔고, 사람들을 직접 만나서 이 문제를 얘기했었다. 우크라이나인들이 이렇게까지 저항할 것이라는 데에는 의문의 여지가 없었다. 그들은 2014년보다 더 강력한 군사력을 가지고 있었고, 국가적인 정체성이 강해졌다. 크름반도가 러시아에 병합되면서 우크라이나가 다음에는 싸울 것임이 분명해졌다. 우크라이나에 가서 우크라이나인들과 얘기해 봐라. 모두가 굉장히 결연하다.

우크라이나 전쟁의 세 가지 시나리오

김수형 이 전쟁이 어떻게 진행되리라고 예상하나? 우크라이나가 끝까지 견딜 수 있을 것으로 예상하나?

볼커 세 가지 시나리오가 예상 가능하다. 첫 번째는 푸틴이 우크라이나

군을 파괴하는 데 성공하고 주요 도시들을 점령한 뒤 괴뢰정부를 만드는 것이다. 하지만 이 시나리오는 가장 현실 가능성이 떨어진다. 우크라이나인들이 계속 저항하기 때문이다. 두 번째 시나리오는 러시아가 우크라이나를 점령하는 과정에서 내부 봉기를 만나는 것이다. 이 경우 러시아는 많은 시간과 돈, 노력이 필요할 것이다. 우크라이나도 비용이 많이 들 것이다. 하지만 이것이 가장 실현 가능성이 높은 시나리오다. 몇 달 동안 이런 상태가 이어지면서 모든 사람에게 끔찍한 일이 될 것이다. 세 번째 시나리오는 러시아에 대한 국제 제재 때문에 결국 푸틴이 권좌에서 제거되는 것이다. 하지만 실현 가능성이 크지 않다. 아마도 20퍼센트정도 되지 않을까? 80퍼센트는 두 번째 시나리오 대로 계속 전쟁이 이어지는 상태가 될 것이다.

김수형 우크라이나군은 어떻게 러시아군을 막아낼 수 있었던 것인가?

볼커 첫째는 사기가 높다는 것이다. 러시아군은 어디에 가는지도 모르고 전쟁에 참여했다. 전쟁에 대한 의욕이 거의 없다. 그리고 지원도 거의 없다. 그러니 바로 항복하는 일이 벌어지는 것이다. 두 번째는 이게 우크라이나 영토에서 벌어지는 일이라는 것이다. 우크라이나인들은 지역을 알고 길을 안다. 그러니 그곳에서 어떻게 싸우는지 안다. 세 번째는 8년 동안 훈련받고 장비를 마련했다는 것이다. 특히 대전차미사일과 지대공미사일은 굉장히 효과적이다. 러시아는 이런 장비의 성능과 우크라이나 군인들을 과소평가했다.

김수형 러시아와 우크라이나의 협상은 어떻게 보나?

볼커 러시아가 졌다고 생각하고 타협해야겠다고 느끼지 않는 한, 협상에서는 아무것도 나오지 않을 것이다. 물론 푸틴이 있는 한 그런 일은 없다. 새로운 지도자가 나온다면 가능할 것이다. 기본적으로 러시아는 협상을 우크라이나에 항복을 요구하기 위한 것으로 사용하고 있다. 하지만 우크라이나는 그렇게 하지 않을 것이다. 지금 대화는 여성들과 아이들은 빠져나갈 수 있는 인도주의적인 통로로 옮겨가고 있다. 하지만 충돌 그 자체를 해결하려고 하지는 않고 있다. 이 충돌은 푸틴이 멈추거나, 푸틴이 우크라이나를 점령하거나 두 가지 가운데 하나가 돼야 끝난다.

김수형 나토는 비행금지구역 설정을 거부했다. 왜 이렇게 한 건가?

볼커 이유가 있다. 비행금지구역을 설정하면 미국과 나토가 러시아 항공기나 러시아군과 직접 충돌할 수 있다는 염려 때문이다. 그것은 군사적인 긴장 상승으로 이어지고 핵 충돌 가능성도 있다는 것이다. 그래서 그 방안이 거부됐다. 하지만 나는 동의하지 않는다. 러시아군과 직접 충돌하지 않고도 비행금지구역을 설정하는 방법이 있다. 키이우 지역에 제한적으로 설정하는 방법이다. 그리고 개입 규칙을 매우 명확하게 알려주면 된다. 비행금지구역을 설정한다고 해서 러시아군을 전부 타격하는 건 아니다.

김수형 바이든은 이번 사태를 어떻게 하려는 것인가?

볼커 바이든은 러시아와 직접적인 충돌을 피하려고 한다. 러시아의 행동이 바뀌기를 기대하면서 경제적인 압박만 하겠다는 것이다. 나는 그게 충분하다고 생각하지 않는다. 우리는 더 해야만 한다. 푸틴은 군사적인 논리로 대응하고 있다. 경제적인 논리로 행동하는 것이 아니다. 우리도 그의 군사적인 논리가 실패하고 있다는 것을 입증해야만 한다. 미국은 아직 충분히 노력하지 않았다.

푸틴의 다음 목표는 무엇인가

김수형 2007년 뮌헨 안보 정상회담에서 푸틴이 러시아제국 건설 야심을
발표했다는 당신의《폴리티코》기고문을 봤다. 그때부터 야심을 가
지고 있었던 것인가?

볼커 굉장히 충격적이었다. 누구도 푸틴이 그런 얘기를 하리라고 생각
하지 않았다. 우리는 수십 년 동안 러시아와 협력해서 유럽 안보를
강화하는 일을 하고 있었다. 우리는 나토-러시아 협의체까지 가지
고 있었다. 평화 유지 활동과 구조 활동 등을 논의하고 있었다. 그런
데 느닷없이 그 발언이 나온 것이다. 푸틴의 언어는 매우 호전적이
었다. 그래서 반응도 굉장히 발작적이었다. 사람들은 푸틴이 언어
적인 수사와는 다르게 실제로는 새로운 냉전을 시작하지 않으리라
고 봤다. 하지만 그는 실제로 그렇게 했다. 그는 2008년에 조지아를
침공했다. 우크라이나를 2014년에 또 침공했다. 영국에서는 반정부
인사를 암살하려고 했다. 워싱턴 듀폰호텔에서도 그런 일이 일어났
다. 이런 것을 종합해서 그가 했던 행동을 이해했어야 했다. 지금 결
과를 보면 명백하다. 그의 야심은 러시아제국의 건설이다.

김수형 러시아가 다른 나라를 침공할 가능성도 있을까?

볼커 그럴 가능성이 매우 크다. 우크라이나를 합병 정리하게 되면, 그는
재빠르게 몰도바로 방향을 틀 것이다. 그리고 유럽이 되기를 원하
는 조지아와 다른 소비에트 국가였던 곳을 원할 것이다. 특히 몰도

바는 아주 쉬운 상대다. 이미 일정 부분은 군사적으로 점령하고 있다. 그들에게 핀란드 모델*을 강요할 것이다. 군사력을 포기하게 할 것이고 러시아와 협력하도록 하는 협정을 맺을 것이다. 나는 다음 단계는 몰도바에 대한 군사력 사용이 될 것임을 우려하고 있다.

김수형 러시아에서 반전 시위가 뜨겁다. 하지만 TV, 인터넷을 전부 통제하고 있는데 푸틴이 앞으로 어떤 결정을 할 것으로 예상하나?

볼커 푸틴은 아주 과격하게 정보의 유통을 차단하고 있다. 그게 얼마나 러시아에서 폭발력이 있는지 푸틴은 안다. 그러나 푸틴이 애를 쓰고는 있지만, 정보가 유통되는 건 막을 수 없다. 인터넷을 끊고 계엄을 선포해도 마찬가지다. 러시아 사람들은 의사소통 수단이 많이 있다. 우크라이나에 갔던 병사들이 러시아로 돌아가게 될 것이다. 푸틴에게는 대단히 휘발성이 큰 사안이 될 것이다.

김수형 많은 사람이 푸틴의 정신 상태를 걱정한다. 그는 정상인가?

볼커 아니다. 그는 격리를 너무 많이 했다. 그러면서 좋은 조언을 받지 못했다. 코로나19가 그를 편집증적으로 만들었다. 그러다 일을 저질렀고, 러시아가 망가지고 있다. 러시아에 대한 제재는 대단히 심한 것이다. 러시아 중앙은행이 거래를 못 한다. 러시아 경제는 엄청나게 추락할 것이다. 러시아는 국제적인 왕따가 될 것이다. 그리고 우크라이나에서 전쟁을 벌이면서 러시아군도 파괴하고 있다. 이 모든 것이 비이성적이다. 지금까지 한 이런 행동은 미치광이의 행동

---

* 핀란드 모델은 냉전 시기에 등장한 모델로, 약소국이 자국의 주권을 보장받는 대신 인접한 강대국의 외교정책에 반대하지 않는 외교 안보 노선을 가리킨다. 러시아와 국경을 맞대고 있는 핀란드는 1948년 나토에 가입하지 않겠다고 선언하고 중립을 표방했다.

이다.

김수형 러시아는 핵을 보유한 군사 대국인데, 왜 이렇게 안보 불안을 가지고 있는 것인가?

볼커 누군가가 러시아를 공격하거나 협박한다는 구체적인 근거가 없다. 나토의 무장 수준도 계속 내려갔다. 누구도 러시아에 위협이 되지 않는다. 내가 보기에 우크라이나에 민주주의가 정착하면서 그게 러시아 독재의 실패로 보일까 봐 두려워하는 것이다. 그는 우크라이나의 성공을 원하지 않는다. 나토 확장을 내세운 것은 핑계일 뿐이다. 그는 우크라이나의 민주주의를 밟아 뭉개고 싶은 것이다.

김수형 푸틴은 '네오나치' 척결을 내세웠다. 젤렌스키는 유대계인데 그가 왜 나치인가?

볼커 러시아의 거짓 이야기일 뿐이다. '우크라이나가 러시아를 위협하는 파시스트가 지배하고 있다.' 이건 완전히 새빨간 거짓말이다. 나치들이 러시아 언어를 구사하는 사람들을 학살하고 있다고 이야기하는데, 완벽한 거짓이다. 지금 우크라이나군 대다수가 러시아어를 구사한다. 그들이 러시아와 싸우고 있지 않냐. 푸틴은 그냥 침공을 정당화하려고 아무 말이나 지어낸 것이다.

김수형 젤렌스키가 나토에 가입하면서 러시아를 자극해 침공했다는 주장에 대해서는 어떻게 생각하나?

볼커 전혀 사실이 아니다. 그것도 러시아가 지어낸 이야기다. 침략을 정당화하고자 만들어 낸 말이다. 진짜 이유는 민주주의 독립국인 우크라이나를 소멸시키겠다는 푸틴 스스로의 충동이다.

나토 확장 금지 약속, 진실은 무엇인가

김수형 독일 통일 과정에서 나토가 동쪽으로는 회원국을 더 이상 받지 않겠다고 밝힌 것이 사실인가? 그럼 미국의 책임론도 있는 것인가?

볼커 사실이 아니다. 과거 미하일 고르바초프Mikhail Gorbachev 소련 서기장과 제임스 베이커James Baker 국무부 장관이 했던 인터뷰가 있다. 두 사람 다 그런 합의는 없었다고 말한다. 하지만 나토의 군사시설을 예전 동독 영토를 넘어 확장하지 않는다는 합의는 있었다. 그건 사실이다. 하지만 다른 나라의 결정에 대한 것은 없었다. 동유럽 국가들은 나토 가입 여부를 스스로 결정할 수 있다. 나머지는 러시아가 자신들의 행동을 정당화하기 위해 만들어 낸 얘기다.

김수형 지금이라도 우크라이나를 나토가 받아주면 안 되나?

볼커 지금 우크라이나는 생존을 위해 싸우고 있다. 나토 국가는 우크라이나의 생존에 관심 있고 도우려 한다. 만약에 우크라이나가 살아남는다면, 그래서 러시아군이 패배하고 우크라이나에서 물러간다면 나토 가입에 대한 태도는 100퍼센트 바뀌게 될 것이다. 아마 다른 나라들이 재빠르게 우크라이나를 나토에 가입시켜 이런 일이 다시는 일어나지 않도록 할 것이다.

김수형 당신은 젤렌스키 대통령과 직접 일해 봤다. 그는 어떤 사람인가?

볼커 그는 리더로서 일을 훌륭히 해냈다. 카리스마가 넘치고 포인트를 재빨리 잡는다. 그리고 탁월한 의사소통가다. 러시아 암살팀의 직접적인 대상이 됐지만, 국가를 이끌고 있다. 놀라운 리더다.

김수형 북한도 이 와중에 탄도미사일을 쐈다. 북한에는 어떤 영향을 미칠 것으로 예상하나?

볼커 흥미로운 질문이다. 김정은 위원장은 다른 위기가 더 주목받는 걸 대단히 싫어하는 것으로 보인다. 그는 주목받고 싶어 한다. 자꾸 미사일을 발사해서 지금 세상에 다른 위기가 있다는 것을 보여주고 싶어 한다. 아마도 미사일을 쏘는 것을 계속 보게 될 것이다. 그런 행동을 해서 지금 북한에서도 위기가 진행되고 있다는 걸 보여줄 것이다.

김수형 앞으로 국제 정세는 어떻게 변화하리라고 보나?

볼커 푸틴의 리더십하에 있는 러시아를 대하는 태도에 근본적인 변화가 있을 것이다. 러시아는 더 이상 용인할 수 있는 파트너가 아니다. 러시아에 대한 제재가 진행되면 자원이 부족해져 군사력도 약해질 수밖에 없다. 그리고 이와는 별개로 앞으로 나토의 엄청난 군비 증강을 보게 될 것이다. 독일이 스스로를 방어하고 나토를 지원하기 위해 국방비를 2배로 늘렸다. 이것은 '잠자던 나토를 깨우는 알람이다(wake up call)'. 장기적으로 근원적인 변화가 일 것이다.

바이든이 자초한 '약한 대통령' 이미지

2022년 2월 말 하버드 미국정치연구소에서 실시한 조사가 의미심장하다. 미국인의 59퍼센트가 푸틴이 우크라이나를 침공한 것은 '바이든이 약해 보여서'라고 응답했다. 전쟁을 일으키기 전까지 미국이 적극적으로 폭로전을 벌이면서 대응한 것은 사실이지만, 여전히 백악관은 우크라이나 사태를 수세적으로 접근하는 분위기다. 제재를 하면서도 뭔가 예상을 뛰어넘는 강력한 조치를 선제적으로 내리지 못하고 있다. 결국 제재 조치를 내릴 거는 다 내리면서도, 질질 끌려다니면서 마지못해 한다는 인상을 주기 충분하다. 미국인들은 전통적으로 전쟁이 나면 단결하는 성향이 강하다. 대통령 지지율도 보통은 오른다. 하지만 바이든의 지지율은 고만고만한 40퍼센트대를 유지하고 있다.

백악관은 결국 러시아 원유 수입까지 중단하는 최후의 조치를 내렸다. 미국인들의 원성은 더욱 자자해지게 됐다. 바이든은 아마 '물가는 올랐어도 당신들의 자녀를 전쟁터로 보내는 건 아니지 않나'라며 항변할 수도 있다. 그러나 그런 민주당식 세심함을 미국인들이 과연 알까 의심스럽다. 목숨이 경각에 달린 우크라이나의 간절한 요구를 거절하면서 미국은 '나쁜 사마리아인'이라고 비난받을 가능성까지 커졌다. 공화당은 약한 대통령 이미지를 부각하고 있고, 살려달라고 외치는 우크라이나를 동정하는 여론은 더욱 커지고 있다. 오히려 미국 내에서도 바이든보다 젤렌스키의 발언에 미국인들이 더 주목하는 느낌이 들 정도다. 아예 트럼프처럼 우리는 유럽 일에는 신경을 안 쓴다고 선언했다면 모를까, 자유 진영의 가치 복원을 내세웠던 바이든 정부가 이를 외면한다는 비난은 커질 수밖에 없다.

SNS에는 인도주의 통로를 통해 탈출하던 아이들의 처참한 시신이 올라오고 있다. 안전한 곳으로 대피하던 아이들이 몸통이 부서지고, 폭탄에 짓뭉개지는 형언할 수 없이 비참한 일이 벌어지고 있다. 이런 상황에서 미국은 결국 등 떠밀려서 더 적극적인 군사 지원을 할 수밖에 없는 상황이 돼가고 있다. 결국 바이든은 할 일은 다 하게 되면서 욕은 욕대로 먹고, 전시의 대통령이라는 이미지도 얻지 못하는 정치적으로 최악의 선택을 하게 되지 않을까 걱정이 앞선다.

잿더미로 변한 마리우폴
세르게이 오를로프 마리우폴 부시장 인터뷰

2022. 3. 12.

러시아군이 맹공을 퍼붓고 있는 우크라이나 마리우폴에서는 말 그대로 생지옥이 펼쳐지고 있었다. 도시의 기반 시설이 러시아군의 폭격과 포격으로 초토화된 상태였다. 하지만 여전히 마리우폴은 러시아군의 진입을 막고 결사 항전을 벌이는 중이었다. 민간인 사망자가 너무 많아서 상상하기 어려운 참상이 벌어지고 있었다.

    마리우폴의 세르게이 오를로프Sergei Orlov 부시장과 어렵게 연락이 닿았다. 영어를 유창하게 구사하는 오를로프 부시장의 연락처는 그동안 인터뷰를 도와줬던 우크라이나 인사들이 자기 일처럼 나서서 구해줬다. 우크라이나 정부의 공보 담당자들은 서로 연락선이 어떻게든 닿기 때문에 몇 번 소개를 거쳐 그와 연락을 할 수 있었다. 하지만 첫 인터뷰는 순탄하지 않았다. 원래 인터뷰를 약속했던 시간 직전, 오를로프 부시장이 한 시간 반 뒤에 하자고 연락해 왔다. 얘기를 들어보니 한 시간에 한 번씩 러시아군이 마리우폴을 항공 폭격하고 있었다. 그는 자신의 정확한 위치를 밝힐 수 없다고 말했다. 시장과 부시장은 러시아군이 납치하려고 하는 1순위 대상자들이었다.

당시 러시아군은 마리우폴을 에워싸고 열흘 넘게 봉쇄 작전을 펼치고 있었다. 도시 안에 들어가 우크라이나군과 싸우기보다는 폭격과 포격으로 도시를 고사시키는 작전을 펼치고 있었다. 오를로프 부시장은 인도주의 통로로 마리우폴의 민간인들을 빼내려고 시도했었는데, 러시아군이 운송 수단인 버스를 보면 집중 공격해 박살 내고 있다고 설명했다. 일부 시민이 승용차를 타고 마리우폴을 빠져나가려고 러시아 검문소까지 갔었는데, 총기를 난사하면서 포격을 시작했다고 한다. 조준 사격을 한 건 아니었지만, '너희들은 못 나가니 돌아가라'고 경고한 것이다. 도시의 입구와 출구를 막고, 물자 반입까지 막아서 시 전체를 굶겨 죽이려는 작전이었다.

특히 민간인 거주 지역을 향한 러시아군의 포격이 쉬지 않고 계속됐다. 오를로프 부시장은 "러시아군이 목표도 없이 무차별 폭격으로 도시를 완전히 파괴하고 있다"고 절규했다. 그는 생각날 때마다 왓츠앱으로 마리우폴 상황을 알 수 있는 사진과 동영상을 보내줬다. 러시아군은 주거지역의 아파트를 게임하듯이 포격해서 박살 내고 있었다. 러시아군은 군사 강국이라는 얘기를 들을 자격이 없었다. 산적, 해적보다 못한 폭력 집단에 불과했다.

오를로프 부시장도 자신의 아버지, 어머니와 연락이 끊긴 상태였다. 가족의 행방조차 끊어진 상황에서 그는 도시의 여러 상황을 챙기며, 외신 기자들과 인터뷰하고 있었다. 마리우폴은 기사로 접하는 것보다 훨씬 더 상황이 좋지 않았다. 시민들은 나무를 주워서 연료로 사용하고 있었고, 눈을 모아서 식수를 얻을 정도였다. 오를로프 부시장은 넘쳐나는 사망자들을 매장하려면 도시 외곽의 공동묘지에 묻어야 하지만, 러시아군이 이를 허락하지 않아 시내 한복판에 집단 매장소를 열어서 시신을 묻었다고 말했다.

특히 러시아군이 마리우폴의 산부인과 병동을 폭격하고는 피해자들의 모습을 우크라이나군이 사진으로 연출한 것이라고 주장한 것에 분노했다. 오를로프 부시장은 임신한 여성이나, 숨진 어린이가 군인이라는 얘기냐고 반문하면서, 러시아군의 해명은 '가장 잔인한 거짓말'이라고 목소리를 높였다.

오를로프 부시장은 한국의 대러 제재 참여에 감사 인사를 하면서 우리가 우크라이나인이 될 기회를 달라고 호소했다. 강대국 옆에서 국가 정체성을 유지하면서 산다는 것이 얼마나 힘든 일인지 다시 생각하게 만든 인터뷰였다.

2022. 3. 27.

외신으로 들어오는 마리우폴의 상황은 갈수록 처참하게 변해갔다. 러시아군은 도시 파괴 자체를 목표로 하는 것처럼 보였는데, 쑥대밭이라는 표현은 전혀 과장이 아니었다. 송전탑은 모두 쓰러졌고, 아파트는 거의 모두 검댕을 뒤집어쓰고 있었다. 내부는 무너져서 외벽만 남은 건물도 많이 보였다. 오를로프 부시장은 왓츠앱으로 대화가 가능했다. 그는 도시가 갈수록 극한 상황으로 내몰리고 있다고 담담하게 말해줬다. 오를

2022년 4월 14일 세르게이 오를로프 마리우폴 부시장과 인터뷰하는 모습.

로프에게 2차 인터뷰를 요청했는데, 그는 BBC와 인터뷰한 직후 시간을 내 SBS와의 화상 인터뷰에 응했다. 그가 무사한 건지 걱정돼 가끔 안부를 묻고, 그의 분노를 들어주곤 했다. 그와는 직접 만난 적은 없었지만, 친구처럼 가까워진 느낌이 들었다. 오를로프 부시장도 그런 느낌을 갖고 있었는지 고맙게도 '당신과는 인터뷰할 수 있다면 다시 하겠다'는 말을 하곤 했었다.

　오를로프 부시장은 러시아군이 우크라이나에 퍼붓는 폭격의 절반이 마리우폴에 집중되고 있다고 설명했다. 특히 엿새 전부터 시작된 함포 사격은 대단히 고통스럽다고 말했다. 도시의 80, 90퍼센트가 이미 파괴됐다고 설명했다. 그럼에도 시내에서 교전은 계속되고 있다고 말했다. 러시아군은 여전히 도시를 장악하지 못하고 있었지만, 예전보다 시내로 깊숙하게 진입한 것은 사실이었다.

　어린이라는 표식이 그려진 극장을 러시아군이 폭격해 대규모 사상자가 발생한 게 이미 대서특필된 바 있었다. 오를로프 부시장은 그 건물 안에 여전히 300명이 파묻혀 있다고 담담하게 말했다. 이들을 구조하고 싶지만, 그 앞에서 탱크 시가전이 전개되고 있어서 구조 작업은 엄두도 내지 못하는 상황이라고 덧붙였다. 도시 안에는 17만 명이 남아있지만, 러시아군이 여전히 인도주의 통로를 열어주지 않고 있고 물품도 부족한 극한 상황이 이어지고 있다고 설명했다. 도시 안에 있는 민간인 숫자가 줄어들기는 했는데, 오를로프 부시장은 러시아군이 2만 명에서 4만 명 정도를 러시아로 강제 이주시켰다고 주장했다. 스탈린 시대의 강제 이주 정책이 푸틴 시대에도 그대로 재현되고 있다는 설명이었다. 그는 러시아가 생화학 무기나 전술 핵미사일을 사용할 가능성을 가장 우려했다. 마리우폴은 러시아가 정상적인 전투를 해서는 승부를 내기 극히 어려운 상대였다.

2022. 4. 14.

오를로프 부시장과 두 번째 인터뷰를 하고 보름이 넘게 지났지만, 마리우폴은 여전히 저항을 이어가고 있었다. '아조우 연대'를 비롯한 우크라이나군은 아조우스탈 제철소에 들어가 항전을 계속하고 있었다. 오를로프 부시장은 평화롭던 마리우폴의 한 주택가 건물 사진을 보내줬다. 우연히 똑같은 위치에서 전쟁 전후로 촬영한 사진이었는데, 얼마나 처참하게 건물이 망가졌는지 알 수 있었다. 여유롭던 시민들의 미소는 모두 사라지고, 죽음의 그림자가 드리워진 잿더미 앞에 완전무장한 군인들이 지나가고 있는 모습이었다. 위성 사진에서도 마리우폴 상공에 폭격으로 생긴 연기가 포착될 정도였다. 러시아는 마리우폴을 완전히 폐허로 만들어 버리겠다는 생각이었다.

세르게이 오를로프 부시장이 보낸 마리우폴의 한 주택가 건물 사진.

세 번째 인터뷰에서 오를로프 부시장은 여전히 마리우폴에 13만 명의 민간인이 발이 묶인 상태라고 증언했다. 민간인 사망자는 1만 5,000명에서 최대 2만 3,000명으로 추산하고 있었는데, 시신 대다수가 거리에 그대로 방치돼 있다고 오를로프 부시장은 전했다. 그런데 한 가지 이상한 일이 일어나고 있다고 말해줬다. 최근 시신이 사라지기 시작했다는 것이다. 러시아군이 대규모로 시신을 모아 이동용 화장 장비로 이들을 소각하고 있다는 설명이었다. 넷플릭스 드라마 〈지옥〉에 나오는 것처럼 시신을 소각해 잿더미로 만들고 있다는 것이었다. 물론 마리우폴에서는 나중에 집단 매장지가 발견되기도 했다. 하지만 시신 상당수는 전쟁 범죄를 은폐하기 위해 화장 처리했다는 의심이 들었다. 부차 Bucha에서 벌어진 잔혹한 민간인 학살 장면이 공개되면서 전 세계가 그 잔인함에 치를 떨고 있었는데, 오를로프 부시장은 이보다 10배나 많은 잔혹 행위가 마리우폴에서 벌어졌다고 설명했다. 특히 러시아군이 여성에 대한 성폭행을 무기로 삼고 있다며 분노했다.

전쟁은 인간의 가장 추악한 모습을 드러내고 있었다. 푸틴은 핵무기는 물론 생화학 무기 사용까지 거론하며 마리우폴의 항복을 요구하고 있었다. 마리우폴은 결국 러시아에 함락됐지만, 그들은 러시아의 잔인한 공격에 맞서는 우크라이나 저항의 상징이 됐다.

무엇이 푸틴을 괴물로 만들었나

나발니 측근 블라디미르 밀로프
전 러시아 에너지부 차관 인터뷰

2022. 3. 18.

푸틴이 우크라이나를 침공한 이후 러시아는 철의 장막을 굳게 쳤다. 주요 SNS 사용이 중단되고 국영방송으로만 푸틴이 원하는 내용을 전하면서 러시아 국민은 무엇이 진실인지 알기 어려운 상황이 됐다. 가짜 뉴스로 낙인찍히면 최대 징역 15년형으로 처벌할 수 있는 법까지 시행된 상태였다. 하지만 완벽한 정보 통제는 불가능할 거라는 건 충분히 짐작할 수 있다. 러시아 국민은 북한식 통제를 받은 경험이 이번이 처음이기 때문이다. 국영방송 직원이 생방송 도중 자신들의 방송이 선전 선동으로만 가득 찬 가짜 뉴스라며 믿지 말라는 피켓을 적어 시위에 나서기도 했다. 푸틴은 러시아 내부를 강력히 통제하기를 원하겠지만, 분명 내부 저항으로 균열이 있을 거라고 생각했다. 그 내용을 직접 확인하기 위해 러시아 내부 인사를 접촉해 보기로 했다.

가장 눈에 띄는 인물은 푸틴의 정적인 알렉세이 나발니Alexey Navalny였다. 하지만 그는 교도소에 갇혀 있는 상태였다. 러시아는 수감 중에도 변호인 등을 통해 SNS로 정치적인 의견 표시가 가능했다. 하지만 나발니와 인터뷰를 하는 데는 물리적인 한계가 있었다. 다른 인물을 찾아보다가 푸틴이 독살을 시도했던 또 다른 야당 정치인 블라디미르 카라-무르자Vladimir Kara-Murza가 눈에 들어왔다. 그는 영어를 유창하게 구사했고, 러시아 내부에서 반전 운동을 이끌고 있었다. 하지만 그와도 연락이 쉽지는 않았다. 워낙 정보 통제가 심해져서 러시아 야당 정치인들은 외신과도 접촉이 어려운 상태였다. 워싱턴 D.C.에서 러시아 인권 운동을 하는 시민단체가 있었는데, 그들에게 도움을 요청했다. 그들도 카라-무르자의 인터뷰가 어려울 거라는 회신을 대신 전해줬다. 대신 블라디미르 밀로프라는 또 다른 야당 정치인을 소개해 줬다. 그는 러시아 정부에서 에너지부 차관까지 지냈던 인사다. 그는 대러 제재와 관련해서 한국의 역할이 갖는 의미도 정확히 알고 있는 인사라고 소개받았다. 게다가 밀로프 전 차관은 나발니의 경제 고문을 맡고 있는 핵심 측근이기도 했다.

러시아의 정보 통제와 대러 제재

연락이 닿은 밀로프 전 차관은 2021년 리투아니아로 피신한 상태였다. 그에 대한 범죄 수사가 진행되고 있었고, 그는 수사 당국이 체포하기 직전 국경을 넘을 수밖에 없었다고 말했다. 그가 피신하기 전 나발니와도 상의했었는데, 나발니는 밀로프가 국외에서 계속 반反푸틴 운동을 전개해 주기를 원했다고 전했다. 밀로프 전 차관은 전쟁에 대해 정보 통제가

2022년 3월 18일 블라디미르 밀로프 전 러시아 에너지부 차관과 인터뷰하는 모습.

심하게 진행되면서 러시아 시민들이 키이우에 대한 폭격 사실조차 알지 못한다고 전했다. 다만 이런 정보 통제를 우회하기 위해 인터넷 접속 차단을 우회하게 하는 VPN을 통해 진짜 전쟁 뉴스를 접하는 시민들이 많이 있다고 설명했다. 다만 밀로프 전 차관의 설명 중에 러시아가 불량 국가가 되고 있다는 실망감 때문에 망명을 선택하는 사람들이 늘고 있다는 건 우려스러운 부분이었다. 인터뷰 당시 20만 명 넘게 망명한 것으로 추산됐는데, 이렇게 반푸틴 세력이 러시아를 등지면서 러시아 내부에는 오히려 푸틴 지지층만 남게 되는 상황이 됐다.

러시아 법원은 나발니에 대해 반부패 재단 기금 횡령 혐의로 추가 기소해 징역 9년형을 선고했다. 밀로프 전 차관은 반전 운동이 확산하는 상황에서 자칫 저항 운동의 구심점이 될지도 모르는 유력 야당 정치인 나발니를 자유롭게 풀어줄 수 없다는 정치적인 메시지라고 설명했다. 러시아에 대한 국제 결제망 퇴출이 시행되면서 강도 높은 대러 제재가 시작됐는데, 밀로프 전 차관은 러시아 경제는 시간이 지나면서 많은 기업이 문 닫고, 특정 산업 분야가 붕괴하게 될 거라고 전망했다. 실업자가 폭증하고, 소비자 구매력이 곤두박질칠 거라고 말했다. 이런 혼란상은 1980년대 말 소련 붕괴 때보다 심각하다고 분석했다. 다만 그때는 러시아가 올바른 방향으로 나가면서 생긴 혼란이었지만, 지금은 문을 걸어 잠그고, 개혁 조치를 돌려놓는 방향이어서 더 암담하다고 강조했다.

러시아 경제에 에너지 제재가 가장 큰 타격이 될 것으로 전망했다. 에너지는 러시아 경제의 핵심이자 서방에 대한 의존도가 워낙 크다. 따라서 에너지 제재가 현실화한다면 러시아는 전쟁을 지속할 혈액을 공급받지 못하는 것과 마찬가지 상황이 될 거라고 말했다. 특히 그는 대러 국제 제재에서 한국의 역할이 굉장히 중요하다고 강조했다. 북극해 부근에서 유럽으로 파이프라인으로 공급하는 러시아의 천연가스 공급이 중단되면, 여유분을 다른 나라에 판매하기 위해서는 쇄빙 LNG선이 꼭 필요했다. 이 선박은 한국 말고는 사실상 건조하는 게 불가능하다. 러시아가 이점을 명확히 알고 있으므로 한국이 대러 제재에 참여하는 것에 대해 더욱 예민하게 생각하는 것이라고 말했다.

괴물이 된 푸틴

인터뷰하는 내내 푸틴이 왜 이렇게 괴물처럼 변했는지 궁금해서 여러 차례 질문했다. 푸틴이 독재자이기는 했지만, 막무가내 철권통치를 휘두르던 다른 권위주의 국가 지도자들과는 달랐다고 생각했기 때문이다. 2000년대만 해도 푸틴은 부시 전 미국 대통령과 우호적인 관계를 과시하던 사이였다. 서로의 별장에 초대하기도 했고, 푸틴과 부시는 공개 장소에서 포옹까지 하면서 브로맨스를 과시했다. 부시와 함께 냉전 종식을 선언했던 사람은 푸틴 본인이었다. 밀로프 전 차관은 푸틴이 사이코패스라고 사람들이 생각하는데 중요한 건 그게 아니라고 말했다. 견제와 균형의 원리가 작동하지 않는 러시아 시스템에서 오랫동안 길들여지면 사람이 그렇게 된다는 것이었다.

서방의 지도자들은 계속 바뀌지만, 푸틴 본인은 계속 권력을 유지하면서 자신의 절대 권력을 실감하게 됐다. '올리가르히Oligarch'라고 불리는 러시아 재벌들도 입맛대로 갈아치울 수 있을 정도로 막강한 권력을 쥐게 되고, 시리아나 아프리카 등 소규모 전쟁에서 승리하면서 푸틴이 절대 권력에 취해갔다고 설명했다. 그러다 보니 푸틴에게 제대로 된 정보를 보고하는 사람도, 쓴소리를 하는 사람도 없어졌다는 것이다. 이런 시스템에 길들여지면서 푸틴은 결국 괴물이 됐다. 밀로프 전 차관은 권력층이 푸틴의 충성파로 채워진 지 오래여서 내부 쿠데타로 푸틴이 권력을 내놓게 될 가능성은 크지 않다고 전망했다.

밀로프 전 차관과 인터뷰한 내용이 〈SBS 8 뉴스〉로 나간 이후 재미있는 경험을 했다. 우크라이나 관련 뉴스는 관심도가 높아서 보도한 뉴스가 유튜브에서 조회 수 100만 뷰가 넘는 것들이 여러 개 나왔는데, 이번에 업로드된 밀로프 전 차관의 인터뷰도 90만 뷰를 훌쩍 넘겼다. 러시아어로 된 유튜브 댓글도 상당수 달렸다. 이 뉴스가 러시아어를 쓰는 사람들에게도 특정 채널을 통해 소개된 것으로 추정됐는데, '러시아 사람들이 푸틴을 지지하지 않는다는 걸 한국인들이 이해하게 돼서 좋다'는 취지의 내용이 많았다. 불량 국가처럼 변해가는 러시아를 참담한 심정으로 지켜보는 러시아 사람도 상당수라는 걸 이번 뉴스를 통해서 느낄 수 있었다.

쇳조각 들고 나온
전설의 복싱 챔피언
비탈리 클리츠코 키이우 시장 인터뷰

2022. 3. 24.

코미디언 출신 우크라이나 대통령 젤렌스키와 함께 자주 거론되는 인물은 키이우 시장 비탈리 클리츠코다. 역대 최강의 복서를 꼽을 때 항상 언급되는 비탈리 클리츠코는 WBC 헤비급 챔피언 자리를 10년 넘게 지켰다. 동생 블라디미르 클리츠코와 형제 헤비급 챔피언으로 복싱계를 양분했던 인물이었다. 클리츠코 시장은 키이우의 연임 시장으로 우크라이나 내부에서 정치적인 중량감이 상당했다. 그는 러시아가 우크라이나를 침공하기 전부터 자신은 키이우를 절대로 떠나지 않을 것이며 최전선에서 앞장설 것이라고 여러 차례 공언해왔다.

키이우를 단단히 결집한 리더

클리츠코 시장은 전쟁 전 독일 언론과의 인터뷰에서 독일이 지원하기로 약속한 헬멧 5,000개에 대해 '농담하냐'고 대응해 큰 화제가 됐었다. 러시아에 유독 미온적인 대응을 했던 독일을 직설적으로 비판하고 더 많은 지원을 유도하기 위한 강경 발언이었다. 전쟁이 벌어지기 꽤 오래전 이 영상을 보고 클리츠코라는 인물에게 관심이 생겼다. 키이우시 대표 이메일로 섭외를 요청하는 내용을 보내놨는데 한동안 아무런 반응이 없었다. 며칠 기다리다가 공보실에 직접 전화를 걸었다. 다행히 영어가 가능한 직원이 받아 일단 이메일이 도착했다는 것을 확인해 줬다. 그는 공보실장에게 전달하겠다고 말했는데, 그러고는 며칠 더 시간이 지났다. 다시 전화를 걸자 이번에는 여성 공보실장이 직접 받고는 자신의 휴대전화 번호를 주면서 왓츠앱으로 연락하라고 답했다. 그렇게 연락을 주고받은 직후 러시아의 침공이 시작됐다. 한동안 연락을 주고받던 우크라이나 내부에 있는 모든 사람과 연락이 끊어졌다. 키이우시 공보실장의 안전이 걱정돼 왓츠앱 메시지를 보냈는데, 전쟁이 터지고 며칠 지나 그녀는 폭격을 피해 다니고 있다는 답을 보내왔다. 시장실 직원들도 뿔뿔이 흩어져 개전 초기 혼란 상황을 버티는 수밖에 없었다고 설명했다.

키이우 시장실 공보실장은 러시아의 우크라이나 침공 이후 국제적인 비난 여론이 치솟으면서 한국에서도 우크라이나를 응원하는 여론이 일고 있다는 것에 대단히 고마워했다. 인터뷰를 섭외해 미국, 우크라이나, 러시아까지 그동안 주요 인사들을 인터뷰한 걸 뉴스로 만들어지는 대로 유튜브 링크로 보내줬는데, 공보실장은 보도에 진심이 담겨 있다며 고마워했다. 한국에서 우크라이나 사태에 관심을 가지고 보도하는 것이 자신들에게도 꼭 필요하다고 여러 차례 언급했는데, 이들은 국제사회의 관심을 간절히 원하고 있었다.

2022년 3월 24일 비탈리 클리츠코 키이우 시장과 인터뷰하는 모습.

    클리츠코 시장은 키이우 곳곳을 부지런히 돌아다니면서 러시아의 공격으로 파괴된 도시를 복구하는 작업을 진두지휘했다. 방탄조끼를 입고 참호까지 점검하며 지역 방어를 맡은 병사들을 격려했다. 그는 이런 장면들을 트위터, 텔레그램, 페이스북 등 다양한 SNS 채널을 통해 시민들과 공유했다. 젤렌스키 대통령도 그렇지만, 클리츠코 시장도 SNS를 통한 여론전에 대단히 능숙했다. 특히 전쟁이라는 극한 상황에서 시민들은 지도자의 리더십에 크게 의존할 수밖에 없다. 그가 방공호로 쓰이던 지하철에서 시민들을 만날 때 한 중년 여성은 그의 품에 안겨 울기도 했다. 그런 메시지는 고스란히 SNS를 통해 전파됐고, 키이우를 단단히 결집하는 역할을 했다.

    키이우가 개전 초기 러시아의 격렬한 공격에서 다소 벗어나자 그는 다른 나라 언론들과도 인터뷰를 시작했다. 가장 먼저 CNN과 라이브 인터뷰를 하는 걸 봤는데, 워낙 상황이 좋지 않아서 인터뷰하는 것 자체가 너무 힘들었다고 현장 분위기를 전해줬다. 클리츠코 시장은 미국, 영국, 독일의 주요 매체하고만 아주 제한적으로 키이우 상황을 설명했다. 이 매체들은 키이우에 소속 기자가 들어가 있는 곳이었고, 현지에서 인터뷰하기 훨씬 유리한 위치에 있는 게 사실이었다. 사실 한국 매체는 정부의 허가를 받아야 하기 때문에, SBS도 키이우까지 들어갈 수는 없었다. 현지에도 이미 다양한 국가에서 많은 매체가 들어가 있었고, 이들의 인터뷰 요청이 쇄도하고 있었기 때문에 그 일정을 조율하는 게 굉장히 힘들다고 했다. 그럼에도 키이우 사람들은 한국에도 자신들의 메시지를 전하는 것이 필요하다고 판단했다. 그동안 미국에서 화상으로 다양한 인물들을 인터뷰했다는 걸 알고 있었던 키이우 공보실장은 CNN과 인터뷰하는 날 클리츠코 시장을 설득해 SBS에도 인터뷰 시간을 잡아줬다. 마침 우크라이나가 수도 키이우 주변 지역에서 러시아군 일부를 몰아냈다는 발표가 나온 직후였다. 전쟁의 최전선에 서 있던 클리츠코 시장과의 인터뷰는 그렇게 성사됐다.

그는 화상 인터뷰를 시작하면서 작은 쇳조각을 꺼내 보여줬다. 정육면체 모양의 쇳조각은 러시아군이 떨어뜨린 폭탄에서 사방으로 흩어진 파편이었다. 클리츠코 시장은 러시아군이 도심 한복판, 주거지역에 폭탄을 떨어뜨리고 있는데, 쇳조각이 주변 500미터를 초토화하고 있다고 설명했다. 최대한 많은 민간인 살상을 계획해 실행하고 있는 러시아군의 만행을 고발하기 위해 그가 직접 들고 나온 물건이었다. 클리츠코 시장은 자신이 도심을 부지런히 누비는 것에 대해, 시민의 안전을 책임지는 시장으로서 시민들에게 안전하다는 생각이 들게 해야 한다고 강조했다. 아직 폭격이 이어지고 있었지만, 현장 점검을 나가면서 도시 기반

시설이 무너지지 않게 그는 혼신의 힘을 다하고 있었다. 인터뷰 당시 키이우에서 파괴된 아파트만 80여 개 동에 달한다고 설명했다. 그는 그곳을 누비며 시민들을 안심시키고 있었다.

클리츠코 시장은 인터뷰 중간 중간 터져 나오는 목소리를 꾹꾹 눌러 담고 있었다. 키이우의 파괴된 현장을 돌아다니면서 여성들과 아이들의 시신을 보는 것은 말로 표현하기 어려운 비극이라고 말했다. 그런데도 민간인을 공격하지 않았다는 러시아의 발표에 극도로 분노했다. 그는 러시아 미디어에서 나오는 모든 말은 거짓말이라면서 푸틴은 제대로 된 결정을 할 수 있을 정도로 건강하지 않다고 잘라 말했다. 그러면서 그는 우크라이나군의 목숨을 건 투지에 전세가 역전되고 있다고 강조했다. 러시아군은 돈을 위해서 싸우지만 우크라이나군은 특별한 투지가 있다면서, 모든 사람이 아이들과 가족을 위해 목숨 바칠 준비가 돼 있다고 말했다. 그는 시장이기도 했지만, 최전방에 선 전사이기도 했다.

클리츠코 시장은 러시아의 생화학 무기 사용을 가장 우려했다. 군사적으로 처참한 실패를 경험하고 있는 러시아가 전세를 뒤집기 위해 이런 생화학 무기를 사용한다면, 민간인 피해가 기하급수적으로 늘어날 수밖에 없다. 그는 솔직하게 자신들은 생화학전에 준비돼 있지 않다고 털어놓았다. 과거 시리아에서 러시아가 이미 화학전을 벌인 전례가 있기 때문에 이번에도 그런 공격이 가능하다고 걱정했다. 그러면서 러시아의 화학 무기 공격에 대응하기 위해 한국의 마스크와 방독면 지원이 꼭 필요하다고 말했다. 공격 무기 지원이 최우선이지만, 그게 안 될 경우 한국이 지원할 수 있는 가장 현실적인 대안을 제시했던 것이다. 클리츠코 시장은 현란한 언어를 구사하지는 않았지만, 행동으로 도시를 지키겠다는 의지를 보여줬다. 탈레반이 밀어닥쳤을 때 가장 먼저 카불을 탈출했던 가니 아프간 대통령과는 정반대의 행동을 보여줬다. 우직하지만 행동으로 끝까지 싸우겠다는 의지를 보여준 클리츠코 시장은 키이우 시민들의 마음을 움직였다. 한때 권투로 세계를 평정했던 챔피언은 그렇게 훌륭한 정치인으로 변신해 있었다.

3부

코로나19 사태가 드러낸
미국 사회의 취약점

미국의 코로나19 방역 성적은 처참하기 짝이 없었다. 감염자는 9,400만 명을, 사망자는 100만 명을 넘어섰다(2022년 10월 기준). 코로나19 팬데믹이 시작되면서 학생들은 물론 직장인들도 한동안 온전히 학교나 일터로 돌아갈 수가 없었다. 장례도 치르지 못한 시신을 냉동차에 임시 보관했던 게 세계 최강대국 미국의 실제 모습이었다. 미국은 전염병에 대해서 가장 영향력 있는 연구자들이 몰려 있고, 코로나19 백신도 가장 먼저 개발해 보급한 국가다. 하지만 이렇게 처참한 상황이 벌어졌던 것은, 그만큼 미국 사회가 사람의 생명을 지키기 어려운 시스템적인 문제가 있었기 때문이다. 가장 쉽고 간단한 방역 정책인 마스크 쓰기가 미국에서는 정치적인 의사 표시가 돼버렸다. 방역은 정치의 하부 영역이 돼버렸기 때문에 세계 최고 수준이라는 전문가들의 조언이 먹힐 여지가 없었다.

처음부터 미국의 코로나19 팬데믹을 현장에서 지켜보면서 결국 미국 사회의 가장 큰 취약점은 정치 시스템에 있다고 생각하게 됐다. 근거 없는 음모론이 유포되고, 이를 둘러싸고 사회가 극단적으로 분열되는 최악의 상황이 코로나19 팬데믹 기간 미국에서 벌어졌다. 우리가 알던 선진국 미국의 이미지는 이 기간에 처참하게 무너졌다. 최악의 순간, 미국이 드러낸 민낯은 평소 접할 수 없는 모습이기도 했다. 나쁜 정치가 어떻게 사람의 목숨을 빼앗을 수 있는지를 가장 극명하게 보여준 것이다.

결국 트럼프 전 대통령은 코로나19 때문에 지기 어려운 대선에서 패배하고 말았다. 팬데믹을 최대한 무시하는 게 재선에 도움이 된다고 판단했지만, 팬데믹을 외면한 게 결국 트럼프의 발목을 잡았다. 하지만 미국은 위기를 극복하기 위해 내부적으로 여러 대안을 제시하고 국가적인 에너지를 모으는 모습을 보여주기도 했다.

3부에서는 미국의 가장 처참했던 순간에 대한 취재 기록을 담았다. 사회 전체가 록다운 돼 정지된 모습은 세계대전에 준하는 극도의 혼란상이었다. 역사는 이 시기를 수백 년에 한 번 찾아오는 극도의 위기로 기록할 것이다. 그 당시 현장을 취재하면서 위기의 순간 미국 사회가 어떤 문제를 가지고 있는지 들여다볼 수 있었다. 코로나19의 공포가 퍼져 있던 당시, 모든 사회의 기능이 정지된 상황에서 마스크 두 개와 페이스 실드까지 쓰고 현장을 누볐던 기억이 아직도 생생하다.

　미국이 이렇게 코로나19로 휘청거릴 때 가장 주목받은 나라는 대한민국이었다. 코로나19 첫 번째 감염자가 같은 날 확인됐던 한국과 미국은 그 뒤 어떻게 다른 길을 걷게 됐는지 비교하기 가장 쉬운 대상이기도 했다. 한국에 대한 방역 찬사는 외신에서 단편적으로 소개되는 수준을 넘어서, 미국이 한국 사회의 방역 시스템 전반에 관심을 가지고 들여다보게 만든 계기가 됐다. 이제 대한민국은 미국의 동북아시아 파트너로서 예전보다 달라진 위상을 갖게 됐다. 당시 취재 기록을 통해 한국을 둘러싸고 미국에서 어떤 논의가 있었는지도 확인할 수 있을 것이다.

'코로나19 지옥' 미국,
왜 100만 명 넘게 숨졌나

코로나19 퍼펙트 스톰에 처참하게 무너진 미국

2020. 3. 19.

코로나19로 상점들이 거의 전부 문을 닫으면서, 워싱턴 D.C.는 대낮에
도 인적이 드문 유령 도시로 변하고 있다. 퇴근 시간에 꽉 차던 도로마저
도 차가 보이지 않아 공포 영화 세트장 같다는 느낌이 들었다. 밤이 되면
인적이 더 뜸해져 걸어 다니는 건 엄두가 안 날 정도가 됐다. 시내에 있
는 백화점부터 영화관, 식당 등 거의 모든 상점이 문을 닫았다. 스타벅스
몇 군데만 테이크아웃을 위해 문을 열고 있었다. 하지만 이곳들도 곧 문
닫을 분위기였다. 행정당국이 다중 이용 시설에 문을 닫으라고 명령했
는데, 일단 미국 사회 전체가 이를 신속하게 따르는 분위기다. 한국 방송
사들이 몰려 있는 내셔널 프레스 빌딩도 평소보다 너무 한산했다. 외국
언론사들도 이미 상당수 재택근무로 전환했다.

시내 취재를 나왔다가 우연히 문 닫는 미용실 주인을 만나 문을 걸
어 잠그는 이유에 대해 물었다. 주인은 "무서워서 장사 못 하겠다. 바이

코로나19 비상사태로 텅 빈 버지니아에 위치한 한 마트의 모습.

러스 감염으로부터 직원과 손님을 지켜야 한다"고 답했다. 택시 기사들은 "온종일 손님을 한두 명도 태울 수 없었다"고 하소연했다. 길가에 차를 세워두는 기사들이 많았다. 거리에 돌아다니는 사람 중에는 약에 취한 건지, 술에 취한 건지 취재 중에 시비를 거는 사람들도 있었다. 워싱턴 시내 분위기는 점점 흉흉해지고 있었다.

　미국 언론의 취재 형태도 변화하고 있다. 사회적 거리두기를 강조하다 보니 긴 스탠드에 마이크를 달아 멀리 떨어져서 인터뷰하는 장면도 쉽게 볼 수 있다. CBS 〈60미닛츠60minutes〉에서 뉴욕 주지사를 인터뷰할 때는 아예 자로 거리를 재는 모습까지 보여줬다. 이 정도 거리두기를 하고 인터뷰했다는 의미였다. 미국 방송기자들도 확진 판정을 받거나, 자가 격리에 들어간 경우도 많아지고 있다. 기자들이 자택에서 스카이프Skype로 연결해 취재하는 걸 설명하는 장면도 자주 나오고 있다.

　분위기가 이렇게 바뀌는 데 일주일도 안 걸렸다는 게 놀라웠다. 미국이 자본주의 국가이기는 하지만 행정기관의 권한과 힘이 막강하다는 것도 실감했다. 오하이오주는 여기보다 훨씬 엄하게 영업 중단을 명령했다는데, 문 열고 손님을 받은 주점에 경찰이 출동해 업소를 봉쇄해 버리기도 했다.

　하지만 아직 젊은 세대는 이 병의 심각성을 인식하지 못하는 분위기였다. 마이애미 해변에는 젊은이가 넘쳐났는데, "우리는 병에 안 걸리니 라이프 스타일을 바꿀 이유가 없다"고 말하는 한 청년의 인터뷰가 화제가 됐다. 데버라 버크스Deborah Birx 백악관 코로나19 TF 조정관이 젊은 사람도 위험에 노출돼 있다며, 그들의 협조가 필요하다고 여러 차례 강조했다. 감염병을 집에 가져와 부모와 조부모에게 옮길 수 있다며 트럼프가 걱정스럽게 경고하는 장면도 볼 수 있었다.

　일 년에 브리핑을 한 번도 안 했던 백악관 기자회견이 코로나19 TF 때문에 매일 열리고 있다. 모든 정책 책임자가 대통령과 함께 나와서 각종 정보를 쏟아내며, 국민을 안심시키기 위해 총력 대응하고 있다. 트럼프 대통령은 스스로 전시 대통령이라고 표현하면서 민간에 의료 장비 생산 명령까지 하겠다고 밝혔는데, 기자회견이 매우 비장했다.

트럼프 대통령의 태도는 매우 진지해졌다. 미국이 이탈리아로 가느냐, 한국으로 가느냐 갈림길에서 최대한 인명 피해를 막아보겠다는 의도로 경제의 혈관까지 다 틀어막으며 집 밖으로 나오지 말라고 호소했다. 지금이라도 이런 조치들이 나왔다는 게 다행스럽기는 하지만, 몇 주만 빨리 대책이 나왔다면 미국이 이렇게 급하게 모든 것을 걸어 잠그는 상황은 아니었을 것이다. 전문가들의 경고를 무시하면 어떤 결과가 나오는지 생생하게 목격하고 있다.

트럼프 대통령이 오늘 기자회견에서 불필요한 진료는 받지 말라고 발표했는데, 이제 모든 국정의 에너지를 코로나19 해결에 집중할 태세였다. 하지만 이번 주부터 환자들이 폭증할 테고, 의료진, 장비, 입원실 모두 턱없이 부족할 거라는 전망이 나오고 있다. 이제 다른 병으로라도 아파서 병원에 가는 건 불가능할 듯하다. 최대한 이 시기를 건강하게 버티는 수밖에 없을 것 같다. '중국 바이러스'라고 콕 집어서 퉁명스럽게 말하는 트럼프 대통령을 보면서 이 상황이 안정화돼도 중국과 큰 갈등이 일어날 것 같았다. 이후 감염병 발생의 책임 소재를 놓고 미국과 중국이 어떤 방식으로든 멱살잡이할 가능성이 커보였다.

시신 운반 냉동 트럭까지 등장
'종말론적 코로나19 급증'

미국에서 코로나19 진단이 본격적으로 시작되면서 감염자 수가 수직 상승했다. 전문가들이 예상한 대로 병원에 환자들이 가득 차 병원 기능은 마비 상태로 접어들었다. 특히 뉴욕주 감염자 수는 미 전역 감염자의 절반 정도 차지해 상황이 심각하다. 《뉴욕 타임스》에서는 뉴욕 엠허스트 병원에서 근무하는 의사가 촬영한 영상을 뉴스 동영상으로 올렸는데, 수많은 사람이 죽어가는 참혹한 상황이 펼쳐지고 있었다. 이 병원에서는 하루에만 13명이 숨졌는데, 시신을 처리하기 위해 대형 냉동 트럭이 들어온 사진은 특히 충격적이었다. 병원 앞에는 코로나19 검사를 받기 위해 환자들이 몇 시간씩 길게 줄 서 있는 상태였다. 의사들도 변변한 장비 없이 위험에 노출된 채 환자를 치료하고 있었다. 《뉴욕 타임스》는 이 뉴스 동영상에 '종말론적(apocalyptic) 코로나19 급증'이라는 제목을 달았다.

그나마 대도시라 의료 시설도 상대적으로 좋은 뉴욕이 초토화됐으니, 미국 전체가 공포에 질려 있는 상황이다. 쿠오모 주지사는 기자 브리핑에서 "뉴욕은 당신들의 미래다"라고 절규하듯 외쳤다. 캘리포니아도 감염이 폭증하고 있지만, 검사를 뉴욕처럼 많이 못 하고 있다고 한다. 겉으로 드러나지 않아서 그렇지 검사를 제대로 한다면 뉴욕 못지않게 확진자가 나올 거라고 미국 언론들은 전망하고 있다.

남쪽 루이지애나에서도 24시간 만에 감염자가 30퍼센트 가까이 폭증했다. 지난달 말 뉴올리언스에서 열렸던 '마르디 그라' 행사에서 사람들이 엄청나게 몰렸는데, 그때 서로 바이러스를 주고받았던 걸로 전문가들은 추정하고 있다. 플로리다 디즈니 월드도 문 닫기 전날 마지막 날이라고 사람이 엄청나게 몰렸던 사진을 본 기억이 있는데, 그 후폭풍이 어떻게 나타날지 걱정된다. 뉴저지에서는 노인들이 태반인 요양 병원에서 집단 감염이 일어나 노인들을 모두 대피시키기도 했다. 버지니아에서도 한인 교회 목회자가 감염됐다는 지역지 보도가 나왔다. 한국에서 벌어졌던 일이 미국에서도 똑같이 전개되고 있다. 다만 피해는 훨씬 큰데 한국처럼 자세하게 정보가 공개되지 않아 답답한 상황이다.

전문가들은 미국의 감염자 그래프가 아직 정점이 아니라고 진단하고 있다. 얼마나 더 가야 정점이 나올지는 알 수 없다. 지금 감염자도 빙산의 일각이라고 보는 전문가들이 많다. 다만 록다운을 확대한 지 거의 일주일 됐으니 그 효과가 시차를 두고 나타나긴 할 것으로 보인다. 한국에서도 경험했지만, 감염자가 폭증한 것 자체를 나쁘다고만 볼 수 없다. 이제야 미국은 코로나19 퍼펙트 스톰에 현실을 직시할 수밖에 없는 진실의 시간을 맞게 됐다.

시간표는 바이러스가 정한다
최악을 경고한 파우치

얼마 전까지 "미국인이 코로나19에 걸릴 위험은 낮다"고 말하던 트럼프 대통령과 펜스 부통령의 발언은 더 허망하게 느껴졌다. 트럼프 대통령은 오늘 기자회견에서도 곧 경제활동을 재개할 것이라는 의지를 꺾지 않았다. 오히려 주지사들에게는 감염 정도에 따라 거리두기 차이를 주자고 제안했다고 한다. 경제활동 재개를 위해 단계를 밟고 있지만, 일단 상황이 급격히 나빠져 당장 발표하지는 않았다.

지금 폭증세를 보면 부활절까지 사람들이 밖에 나와서 돌아다니는 건 불가능할 것이다. 어떤 복안으로 그런 시간표를 잡은 건지 설명은 없었다. 이런 상황에서 앤서니 파우치Anthony Fauci 국립알레르기·전염병 연구소 소장의 거침없는 발언은 현실을 객관적으로 가늠할 수 있게 해줬다. 어제 CNN에 나와서 "시간표는 당신이 정하는 게 아니라, 바이러스가 정하는 거다"라고 직설적으로 쏟아냈는데, 트럼프 들으라고 한 소리 같았다. 나이와 경험, 실력과 용기 어느 것 하나 빠지지 않는 이런 전문가가 워낙 드물기 때문에 파우치는 미국인들의 사랑을 한 몸에 받고 있다.

오늘 NBC 아침 뉴스에 제롬 파월Jerome Powell 연방준비제도이사회(연준) 의장이 나왔는데(연준 의장의 방송 출연은 전례가 없는 일인데, 그만큼 미국 경제는 비상 상황이다), 무제한으로 돈을 풀겠다는 얘기를 하면서도 "파우치가 말한 대로 바이러스가 시간표를 정한다고 본다"고 언급했다. 경제 전문가들도 파우치의 발언에 촉각을 곤두세우고 있다. 이날 파우치 박사는 백악관 브리핑에서 백신과 치료제의 중요성을 다시 한번 강조했다. 대중과 언론이 현상에만 매몰돼 있는 동안, 그는 몇 수를 내다보는 바둑 고수처럼 무엇을 준비해야 하는지 조목조목 지적했다.

그는 일단 코로나19 확산세가 꺾이는 듯 보여도, 다시 튀어 오르는 리바운드가 있을 수 있고, 아예 다음 계절에 다시 유행할 수도 있다고 경고했다. 그런 점에서 백신 개발이 중요하다고 강조했다. 지금까지는 임상 시험 1, 2, 3단계를 거치고도 6개월 정도 더 걸리는 백신 생산 단계에서 발생하는 비용을 부담할 수 없었기 때문에 지카나 메르스에 대응하는 제대로 된 백신이 없었다고 설명했다. 지카바이러스나 메르스는 막상 백신 생산단계에서 유행이 끝나 버렸는데, 코로나19는 우리 곁에 계속 있을 것이기 때문에 백신 준비를 꼭 해야 한다는 취지였다. 파우치 박사는 부분적으로라도 효과가 있거나, 예방 효과가 있는 치료제를 찾을 수 있다는 확신이 있다고 말했다. 그나마 위안이 되는 부분이었다. 하지만 이 얘기를 하면서도 트럼프 대통령이 '게임 체인저'라고 했던 말라리아 약은 전혀 언급하지 않았다.

나쁜 정치는 어떻게 국민의 목숨을 위험에 빠뜨렸나

참을 수 없이 가벼운 트럼프의 말, 말, 말

<u>2020. 4. 13.</u>

코로나19 팬데믹 국면에서 트럼프가 비판받아 마땅한 일을 많이 한 건 분명하다. 하지만 일부 미국 언론도 비판만을 위해 트럼프를 일부러 지나치게 자극한 것도 사실이다. 기자회견에서 트럼프가 이미 매우 짜증 냈던 질문을 반복하는 경우가 그런 예다. 물론 필요한 질문이기는 했지만 너무 자주, 특정 기자가 반복해서 하는 경향이 있다. 트럼프는 이런 질문을 잘 넘어가지 못하고 항상 격하게 반응하기 때문에 특정 반응을 원하는 기자들이 작정하고 덤벼든다.

한국의 코로나19 진단 성공 사례는 미국의 처참한 실패와 대비되면서 자주 거론된다. 하지만 가끔 목적을 가지고 일부러 한국을 자주 거론하는 경우도 있어 지켜보기 불편할 때가 있다. 트럼프 대통령은 인구 대비 진단 검사 숫자보다는 총량에서 세계 최고라는 걸 늘 자랑삼아 말하는데, 그 허세와 자부심을 무너뜨리고자 기자들이 한국 사례를 자주 인용한다. 물론 한국 사례를 보면서 미국이 보완해야 할 점이 있는 게 분명하지만, 이게 의도치 않은 부작용을 낳지 않을까 걱정이다.

얼마 전 백악관 기자회견에서도 한국과 인구 대비 진단 건 수에 대한 문답을 하다가 기분이 상한 트럼프가 한참 하던 기자회견을 정리하고 들어가 버렸다. 오늘 파우치 박사가 CNN에 나와서 한 발언도 걱정스러웠다. CNN의 제이크 태퍼Jake Tapper가 첫 번째 감염자가 한국이랑 똑같은 날 나왔는데, 왜 미국의 사망자는 100배나 더 많냐고 질문했다. 파우치는 한국과 미국은 사이즈가 다르고 성격이 다른데 그렇게 동일선상에서 비교하는 건 '공정하지 못하다'고 표현했다. 그러면서 대구를 언급했는데, 미국은 한국이 대구를 완전히 차단한 것처럼은 못 할 거라고 답변했다. 물론 한국이 대구를 봉쇄하지 않았기 때문에 파우치의 발언은 사실관계가 틀린 답변이었다. 하지만 한국과 미국을 비교해 기분이 상한 트럼프를 백악관에서 파우치가 '대구' 사례를 끄집어내 달래지 않았을까 짐작했다. 파우치는 백악관 TF에 소속된 참모로서 트럼프가 엇나가지 않도록 신경 써야 했을 것이다.

코로나19 사태와 연동돼 가장 우려되는 게 방위비 분담금 문제였다. 《로이터Reuters》가 한국이 제시한 최소 13퍼센트 인상안을 트럼프가 거부했다고 보도했는데, 트럼프의 불편한 심기가 반영된 게 아닐까 생각했다. 물론 트럼프는 한국이 미국을 이용만 해 먹는 잘 사는 나라라는 선입견이 있는 것도 사실이다. 이 복잡한 시국에 분담금 문제는 큰 잡음 없이 해결할 수 있는 기회인데 굳이 안 된다고 한 것도 '부러운 한국'에 심기가 틀어져서 그런 게 아닐까 생각했다.

트럼프는 잘사는 한국이 이제 방역도 잘해 경제가 돌아가니 완전

'셧다운'된 미국에 돈을 더 내라는 아주 단순한 요구를 할 가능성도 충분하다. 즉흥적인 트럼프는 그런 이해하기 어려운 행동을 자주 하기 때문이다. 트럼프는 특유의 허영심과 자부심을 충족하지 못한 상태에서 상대가 너무 잘한다는 얘기를 들으면, 굉장히 공격적으로 변하는 걸 여러 차례 본 적 있다.

2020. 4. 27.

참을 수 없이 가벼운 '대통령의 입'

소독제를 인체에 주입하는 게 코로나19 치료에 도움 되지 않겠냐는 트럼프 대통령의 발언은 미국 사회를 큰 충격에 빠뜨렸다. 평소 실언이 많은 편인 트럼프의 발언 중에서도 거의 역대급 망언이었다. SNS에는 세제와 소독제를 먹는 트럼프의 모습을 합성한 수많은 풍자 사진과 영상이 올라오고 있다. 소독제를 만드는 회사까지 나서 절대로 먹거나 주사하지 말라는 경고문을 띄웠을 정도다. 어린아이도 아니고 전 세계에서 가장 영향력이 큰 미국 대통령이 한 발언이라는 사실이 아직도 믿기지 않는다.

더 큰 문제는 소독제를 실제로 사용한 사람들이 나오고 있다는 점이다. 일리노이주 공중보건국장은 독극물 통제 센터에 전년 대비 현저하게 많은 신고 접수가 들어오고 있다며, "절대로 소독제를 먹지 말라"고 경고했다. 실제 들어온 신고 중에서는 "코로나바이러스를 없애겠다며 코 세척용으로 세탁 세제를 사용하거나, 가글액과 소독제를 섞어서 입안을 헹궜다는 사례도 있다"고 소개했다. 말만 들어도 가슴 철렁한 위험한 행동이었다.

미국 언론에는 수많은 의사가 나와 "소독제를 먹으면 죽을 수도 있다"는 점을 설명하고 있다. 모두가 아는 얘기를 수많은 전문가가 시간과 노력을 들여가며 대중에게 설명해야 하는 웃지 못할 일이 일어나고 있다. 대통령이 하는 발언의 힘 때문에 그 말을 그냥 믿어버린 사람들을 다시 설득하는 건 전문가들이 총출동해야 할 정도로 어려운 일이다.

코로나19가 심각해지기 전까지 트럼프 대통령이 백악관 기자실에서 브리핑을 한 건 손에 꼽을 정도였다. 아예 정례 브리핑 자체를 없애버렸기 때문에 외국 정상이 올 때나 기자회견이 열렸다. 기자들도 이 경우에만 겨우 다른 현안 관련 질의응답을 할 수 있었다. 트럼프의 문답은 보통 외부 행사를 나갈 때도 주로 헬기 앞에서 했기 때문에 그의 발언이 헬기 소리가 들리는 어수선한 상황에서 나오는 경우가 많았다.

하지만 코로나19 국면에서 시작된 브리핑은 매일 하는 정례 행사가 됐다. 코로나19가 너무 심해져 외부에 나갈 수도 없었으므로 대통령은 주말마다 치는 골프도 접고 백악관에서 브리핑에만 매달렸다. 미국 지상파들의 저녁 뉴스 시간과 겹쳤지만, 초반에는 방송사들이 뉴스까지 접고 기자회견을 생중계할 정도여서 거의 모든 채널에서 트럼프 대통령이 나왔다. 하지만 시간이 지날수록 브리핑에서 정보가 사라지기 시작했다. 미국 내 감염자와 사망자가 폭증하고 있는데도, 트럼프 대통령은 "미국의 대응이 너무 좋았다"는 자화자찬만 늘어놓을 뿐이었다. 중국발 비행기를 끊지 않았다면, 더 많은 사람이 숨졌을 거라는 발언은 이미 최악의 상황을 겪고 있는 미국에서 할 얘기로는 너무나 부적절해 보였다.

느닷없이 트럼프가 평소 원했던 이민 금지 같은 정책이 발표되기도 했다. 기자회견은 트럼프 정부의 어젠다를 홍보하는 유세장처럼 변해갔다.

더욱 이상한 것은 말라리아약인 클로로퀸과 하이드로 클로로퀸에 대한 찬양이었다. '게임 체인저', '신이 내린 선물'이라는 극찬으로 이 약을 선전하는 것은 도를 넘어도 한참을 넘었다. '손해 볼 게 없지 않냐'며 이 약으로 서둘러서 환자를 치료하라고 부추겼다. 기자회견 현장에서 FDA 책임자에게 긴급 승인하라고 압박할 정도였다. 대통령의 이런 행동은 마치 물건을 파는 홈쇼핑의 한 장면처럼 느껴졌다. 《워싱턴 포스트》가 집계해 봤더니 트럼프 대통령이 브리핑에서만 이 약의 효능을 8차례나 선전했다고 한다. 백악관 코로나19 TF에서 '과학의 소리'라고 평가받는 앤서니 파우치 미국 국립알레르기·전염병연구소장도 보다 못해 트럼프 앞에서 "근거가 없는 얘기"라고 직설적으로 위험성을 경고하기도 했다.

결국 FDA가 말라리아약을 잘못 쓰면 심장 질환을 유발할 수 있다는 내용의 경고문을 홈페이지에 올려놨다. 트럼프 대통령의 약 선전을 믿고, 같은 이름을 가진 어항 청소용 약을 잘못 먹고 숨진 미국인도 있었다. 실제로 대통령의 선전 때문에 미국에서 말라리아약 처방이 46배나 늘었다는 통계가 확인되기도 했다.

재난 상황에서 나온 트럼프 대통령의 황당한 발언은 사실 이번이 처음이 아니었다. 지난해 여름 허리케인에 대한 대응 논의가 한창일 때, 백악관 NSC에서 관료들에게 "핵폭탄을 떨어뜨려 허리케인을 막으면 어떨까?"라고 제안했다는 게 여러 매체에서 보도됐다. 허리케인이 대서

양으로 이동할 때, 중심부에 핵폭탄을 떨어뜨려 소멸시킬 수 있을 거라는 주장이었다. 설사 효과적인 방법이라고 하더라도 핵탄두를 떨어뜨린 이후에 벌어질 후폭풍과 국제사회의 반발 등을 감안하면, 미국 대통령이 입에 올릴 수 없는 발언임에는 분명했다. 트럼프 대통령 본인은 이런 말을 한 적 없다고 나중에 부인했지만(트럼프 대통령은 영상에 찍힌 발언도 그런 말 한 적이 없다고 자주 부인하곤 한다), 여러 관련 기관에서 반응을 내놨고, 여러 미국 매체에서 취재원을 통해 확인한 것으로 보아 적어도 그런 말을 꺼낸 것은 사실로 보였다.

2019년 허리케인 도리안이 5등급으로 세력이 커져 북상하고 있다는 소식을 듣고는 "5등급 허리케인은 들어본 적 없다"고 말하기도 했다. 하지만 도리안은 이미 미국으로 향하고 있던 4번째 5등급 허리케인이었다. 일단 생각나는 대로 말하고 언론이 문제를 지적하면 가짜 뉴스라고 비난하는 지루한 패턴은 트럼프 대통령 취임 이후 공식처럼 계속되고 있다.

코로나19 비극에 공감하지 못하는 트럼프 대통령

미국의 코로나19 감염자는 이미 너무 심각한 수준이 됐다. 하지만 이들의 고통에 트럼프 대통령은 공감하는 모습을 거의 보여주지 않았다. 하루에 거의 두 시간씩 한 달 넘게 한 브리핑에서 사망자를 애도한 것은 원고에 쓰여 있는 걸 읽은 단 4분에 불과하다고 《워싱턴 포스트》는 집계했다. 의도적인 무시와 외면으로 발병 초기 팬데믹에 대응할 귀중할 시간을 허비했지만, 트럼프 대통령은 "그동안 대응을 아주 잘해왔다"고 말할 뿐이었다. 자신은 이번 사태에 책임이 전혀 없다고 발언하기도 했다. 뉴욕주 쿠오모 주지사가 사망자가 줄고 있다는 긍정적인 소식에도 '사망자 모두 누군가의 가족'이라며 진심으로 애도를 표시하는 것과 극명하게 대비되기까지 했다.

오늘도 트럼프 대통령은 언론에 대한 비난을 트위터에 잔뜩 쏟아내고는 주말 브리핑을 모두 생략했다. 가장 든든한 자신의 우군이었던 FOX NEWS조차 마음에 들지 않는다며 새로운 대안 매체가 필요하다고 주장하기도 했다. 여전히 대통령의 노력과 성과를 가짜 뉴스 때문에 국민이 제대로 알지 못해 섭섭하다는 것이었다. 코로나19와 싸우는 와중에 미국에서 이런 엄청난 희생이 나온 데에는 본인의 가벼운 입과 처신에 작지 않은 책임 있다는 걸, 트럼프 대통령은 끝까지 모를 것 같다.

'코로나19 울화'
인종차별에 폭발하다

조지 플로이드 사건, 인종차별 시위에 불을 지피다

2020. 5. 28.

인종차별이 실재하는 미국 사회에서 백인 경찰의 흑인에 대한 과도한 공권력 행사는 자주 문제가 되는 부분이다. 하지만 그런 걸 고려하더라도 백인 경찰에게 목이 눌려 살해된 조지 플로이드George Floyd 사건은 그 모든 걸 뛰어넘을 정도의 잔혹함을 가지고 있다.

어제 아침 뉴스를 준비하면서 기사를 리뷰하다 보니 이미 《워싱턴 포스트》, 《뉴욕 타임스》를 비롯한 주요 매체에서도 이 사건으로 난리가 났었다. 실제 영상을 찾아보니 소스라치게 놀랄 정도였다. "숨 막혀요. 숨 막혀요. 죽이지 마세요"라는 말을 계속하는데 백인 경찰이 아랑곳하지 않고 그의 목을 무릎으로 숨이 끊어지도록 계속 누르고 있었다. 현장 영상에서 목을 누르는 잔혹함보다 더 놀라웠던 건 그런 가혹 행위를 하는데 주변 경찰 누구도 제지하지 않았다는 것이었다. 망보듯 서 있던 아시아계 경찰은 항의하는 시민들을 오히려 밀쳐내기도 했다. 그들의 가혹 행위를 동료 경찰 누구도 문제 제기하지 않았다는 건 미국 사회에서 두고두고 수치로 남을 것이다.

어제 아침 뉴스를 하고 유튜브에서만 댓글이 4,000개 넘게 달렸는데, 항의하는 시민들이 왜 경찰을 밀쳐내는 물리력을 행사하지 않았냐는 의견도 보였다. 하지만 미국 경찰에게 시민들이 그런 행동을 하는 건 사실상 불가능하다. 경찰의 공무 집행 과정에 끼어들어 물리력을 행사했다가는 정말 총 맞을 각오를 해야 한다. 총기를 휴대한 미국 사회에서는 교통경찰들도 권총에 손을 올리고 여차하면 발포할 준비를 하고 접근한다.

미국 언론들은 가해자건 피해자건 모자이크로 얼굴을 가리는 경우가 거의 없다. 가해 경찰의 얼굴은 이미 적나라하게 공개됐고, 그들의 신상도 인터넷에서 탈탈 털리고 있다. 해고된 4명의 이름과 소속, 직위까지 모두 공개된 상황이었다. 조지 플로이드를 무릎으로 직접 눌렀던 경찰은 데렉 쇼빈Derek Chauvin이라는 사람이었는데, 경찰 배지 번호는 물론 자택 주소까지 인터넷에 공개됐다. 이미 사람들이 그걸 보고 집 앞에 몰려가 시위를 한 사진까지 올라오고 있다.

이번 사건은 미네소타주 미니애폴리스 지역을 벗어나 전국적인 이슈가 됐다. 바이든 전 부통령도 이 사건을 통해 미국 사회의 불평등을 얘기했는데, 별말이 없던 트럼프 대통령도 얼마 전 트위터를 통해 애도 의사를 밝혔다. 인종 이슈에 대해서 은근히 백인 편을 많이 들었던 트럼프 대통령도 사안의 심각성을 느꼈는지, FBI 수사를 자신이 지시했다며 백인 경찰을 외면하는 태세를 보였다.

美 전역으로 확산하는 시위
방아쇠 당긴 인종차별 불만

코로나19로 미국 사회는 경험해 보지 못한 좌절감을 맛보고 있다. 희생자에 대한 애도와 사회가 겪은 상처에 대한 치유도 제대로 못하고, 인종차별이라는 독한 바이러스 앞에서 사회가 폭발 상태로 접어들고 있다.

중국과 WHO라는 외부의 적을 만들어서 상황을 모면하려는 트럼프식 승부수가 최대 위기에 봉착했다. 어제 홍콩 특별 지위 박탈과 WHO와 관계 단절을 선언했던 기자회견도 얼마 못하고 끝내고 말았다. 질의응답도 안 받았는데, 대통령이 원하는 중국 관련 질문보다는 플로이드와 관련한 얘기가 쏟아질 것을 우려한 것으로 보였다.

미니애폴리스는 주 방위군을 투입하고 야간 통금까지 생겼지만, 심야에 약탈이 발생했다. 상황이 워낙 예민해서인지 CNN 흑인 기자도 취재 도중 연행되기도 했다(백인 CNN 기자는 현장에서 문제없이 취재했는데, 흑인 기자만 연행된 것도 논란이 되고 있다). 연행되는 순간까지 라이브를 한 현장 팀의 순발력이 놀라웠다. 연행된 현장 취재 기자는 주니어급으로 보였는데 일약 스타 기자가 됐다.

트럼프의 가장 든든한 우군인 FOX NEWS는 현장 시위의 폭력성을 부각하는 데 최대한 집중했다. SNS 영상을 싹싹 긁어 마트에서 시위대가 금고를 때려 부수는 장면 등을 최대한 부각했다. 영상을 보며 '같은 사안을 보도하는 행태가 언론마다 이렇게 다를 수도 있구나' 하고 놀랐다. FOX NEWS에서는 이번 일이 인종 문제가 아니라 경찰의 공무 집행 도중 생긴 일이라는 걸 부각하는 앵커들이 많았다.

미국 내 시위가 벌어진 도시가 20개가 넘는다. 기사 작성을 위해 각 지역에서 들어온 영상을 찾아보는데, 이렇게 많은 시위 촬영 분량은 그동안 미국에서 보지 못했었다. 뉴욕, 보스턴, LA 등 대도시에서 대부분 시위가 있었는데, 일부는 과격한 양상까지 벌어지고 있었다. 특히 서부 쪽에서는 고속도로를 막고 아무 차량이나 마구 부수는 황당한 일까지 벌어지고 있었다.

애틀랜타에서는 시위대가 CNN 본사 진입을 시도하면서 충돌이 발생했다. CNN 조형물을 훼손하고 경찰차에 불을 지르기도 했다. 이 와중에 트럼프 대통령은 CNN이 이렇게 됐다고 약 올리는 글을 리트윗 하기도 했다. 이런 시위조차도 트럼프는 지극히 정파적으로 대처하는 리더라는 걸 보면서 새삼 절망했다.

인종차별 이슈는 대선에서도 큰 문제가 될 게 분명하다. 트럼프 대통령은 흑인들은 어차피 자기 표가 아니라고 생각하는 듯했다. 버린 표인 만큼 그동안 크게 신경을 안 쓰기는 했지만, 인종차별 이슈는 다른 인종에게도 미치는 파급력이 크다. 코로나19로 쌓인 울화가 결국 인종차별 반대 시위로 발산하는 상황이다. 시위가 격화돼서 여러 사상자가 발생하는 불행한 일이 벌어지지 않았으면 하는 마음이다.

2020. 6. 2.

지난 주말, 백악관 근처 라파예트 공원 근처에서 일어난 격렬한 시위의 흔적은 워싱턴 건물에 낙서로 남아있었다. 재무부 건물 측면 입구에는 누가 돼지 그림을 그려놨고(한 사람이 여러 곳에 그렸는지 워싱턴 정부 부처 건물에도 똑같은 돼지 그림이 많이 보였다), 백악관 근처 공원의 조형물도 낙서로 난장판이 됐다. 워싱턴은 반달리즘Vandalism(문화유산이나 예술품 등을 파괴하거나 훼손하는 행위를 가리키는 말)이 무엇인지 알 수 있는 서글픈 무대가 됐다.

라파예트 공원 창고는 완전히 잿더미가 됐다. 잔디 깎는 기계와 비품 등이 보관돼 있었는데, 완전히 다 타버렸다. 낙서가 많았는데, 대부분 욕이어서 방송에 어디까지 내보내야 하나 고민했다. 대낮에도 흥분한 일부가 불탄 창고 위에서 괴성을 지르고 있었다.

오후 백악관 인근은 소강상태였다. 전투경찰처럼 무장한 비밀경호국 요원들이 많이 깔리기는 했지만, 후방에서 전열을 정비하는 느낌으로 자기들끼리 잡담도 하고 장비도 점검하고 있었다. 바리케이드를 이중으로 치고는 일단 시위대가 넘어오지 못하게 느슨하게 막고 서 있는 상태였다. 투명한 강화 플라스틱으로 된 방패와 곤봉을 들고 있었는데, 정통으로 맞으면 그대로 정신을 잃을 수도 있겠다는 생각이 들었다.

시위대가 모여들기 시작하더니 어느 순간 라파예트 광장 뒤편 H-스트리트가 사람들로 꽉 찼다. 그러자 시위대가 왼쪽으로 돌더니 의사당 방면으로 행진을 시작했다. 시위대 구성은 굉장히 다양했다. 졸업식을 마친 딸을 데리고 온 엄마도 있었고. 친구끼리, 연인끼리 온 사람들도 있었다. 목발을 짚고 나온 사람도 있어서 '시위하다 다치면 어쩌나' 하는 걱정이 들기도 했다. 유모차를 몰고 나온 사람, 자전거 동호회에서 나온 사람들도 있었다. 좀 엉뚱하게도 타이완 국기를 흔들며 참여한 사람도

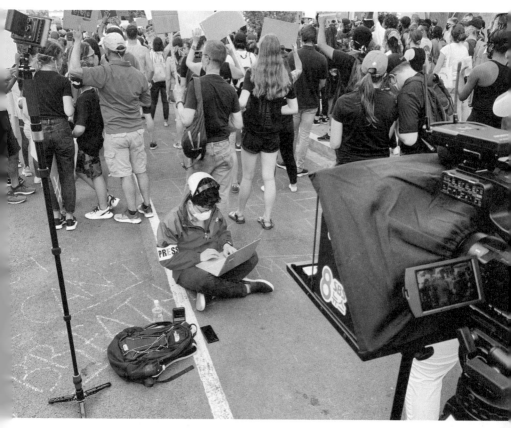

2020년 6월 3일(현지 시각) BLM 시위대 안에서 기사를 쓰는 모습.

보였다.

재미있는 장면은 공짜로 생수를 나눠주는 상인이 있었다는 것이다. 시위대가 탈수되면 시위를 못 하니까 나눠준다고 말했는데, 예전 한국의 시위 현장에서도 이런 분들을 봤던 기억이 났다. 전체적인 인상은 과거에 직접 취재했던 광우병 시위 때 기억이 많이 떠올랐다.

트럼프 대통령이 강경 대응을 밝힌 만큼 워싱턴 분위기는 확 달라졌다. 헬기가 날아다니고 시내에는 경찰차 말고도 주 방위군 험비 차량이 많이 보였다. 어쩌다 험비 옆에서 보초를 서던 꽤 친절한 방위군이랑 얘기를 했는데, 험비 내부도 보여줬다. 20년 전 군대에서 카투사로 근무하면서 험비를 몰고 다녔는데 내부는 크게 바뀐 게 없었다.

야간 통행금지가 저녁 7시부터 발효됐는데, 확실히 사람들이 쫙 빠졌다. 상점들은 코로나19 이후 가까스로 문을 열었는데 이제는 시위 때문에 다시 문을 닫은 상황이었다. 비밀경호국 가운데 방패와 곤봉 든 부대가 외곽까지 나와 백악관 진입 몇 블록 전부터 전부 이동을 차단했다. 이 때문에 백악관 근처에서 충돌은 없었다.

새벽에 취재를 나왔는데 군 병력 이동이 계속 관찰됐다. 가용 가능한 인원을 다 긁어모으는 느낌이었는데, 국경 경비를 단속하는 부대, 마약을 단속하는 마약단속국(DEA) 등도 D.C.로 진입했다. 이들이 차고 있는 소총이 생각보다 위협적이었다. 권총도 여러 자루씩 차고 있는 사람이 많았다. 야밤에 돌아다니면 안전을 보장 못 한다는 내용이 SNS에 계속 보였다.

시위대는 여러 무리로 나뉘어 흩어졌다. 대부분 야간 행진을 더 하다가 돌아갔는데, 약탈을 본업으로 삼는 무리는 이때부터 행동을 시작했다. 상점에 돌을 던지고, 보안이 허술한 상점에 들어가서 닥치는 대로 들고 나오기 시작했다. 물론 약탈이 전체적으로 다 일어나는 건 아니었다. 상점들은 합판을 대고 약탈을 쉽게 하지 못하도록 이미 준비를 많이 해놓은 상태였다. 털린 곳은 일부 상점이었지만, 그런 약탈로 모든 사람이 공포에 질려 있었다.

일부 약탈을 일삼는 사람들은 이성적으로 설명할 수 없는 부류였다. 이들도 억눌린 감정을 갖고 있는 건 맞겠지만, 이런 상황에서 뭔가 한몫을 잡아보겠다며 문제 행동을 보이는 건 이해하기 어려웠다. 내재한 악한 심성이 시위라는 분위기를 타고 터져 나오는 느낌이었다. 게다가 남들도 터니까 나도 턴다는 식으로 따라 털기를 하는 사람들도 많이 보였다. 한 가지 분명했던 건 이런 약탈을 하는 부류는 인종차별 문제에 항의하는 시위대와는 완전히 다른 부류라는 것이다. 시위대가 돌변한다기보다는 이런 약탈을 일삼는 일부가 밤이 돼서 새로 나오는 식이었다. 서로 다른 부류이기는 하지만, 이렇게 약탈로 이어지는 시위 문화 또한 미국의 현실이자 부끄러운 민낯이었다. 시민 의식의 평균을 따질 수 있다면, 우리가 미국보다 훨씬 높다고 단언할 수 있다. 물론 미국은 세계 최고 수준의 훌륭한 인재와 시스템을 가지고 있지만, 이마저도 트럼프 시대에는 빛을 발휘하지 못하고 있다.

특파원으로 발령받으면서 'PRESS'라고 쓰여 있는 완장을 본사에서 만들어 왔는데, 속으로 너무 과하게 준비했나 생각했었다. 혹시나 멕시코 국경 취재 등을 갈까 싶어 제작해 왔는데, 워싱턴 D.C. 한복판에서 착용하고 돌아다니게 될 줄은 몰랐다. 과하게 준비한 완장 덕분에 총기로 무장한 경찰에게 안심하고 질문을 할 수 있었다.

시위인지 축제인지
평화로운 주말 시위 현장

이번 주말 시위를 앞두고 백악관 주변을 쇠 울타리로 두르는 걸 보고 예
전 광우병 반대 집회 때 컨테이너 등으로 시위대의 접근을 막았던 광경
이 떠올랐다. 여기서부터는 절대로 시위대가 넘어오지 말라는 메시지가
명확했다. 백악관 앞 쇠 울타리를 보고 저게 과연 견고할까 생각했었는
데, 실제 올라가 보니 시위대가 넘어뜨리기 매우 어려운 구조였다. 울타
리들끼리 전부 연결된 데다, 뒤를 콘크리트 블록으로 눌러놓아서 뒤로
넘어가기 어려운 구조였다. 물론 수십 명이 동시에 힘을 가한다면 가능
하겠지만, 내부에 경호 인력이 상당히 많이 있기 때문에 그런 시도를 할
때 최루탄이 발사되거나, 최악의 경우에는 총이 발사될 수도 있다.

워싱턴에서 가장 중요한 대로인 컨스티튜션 애비뉴는 대형 덤프트
럭으로 길을 아예 차단해 놨다. 차를 가지고 도로에 접근하지 못하게 원
천 봉쇄했다. 출근하면서도 교통 통제가 심했다. 시내에서도 돌고 돌아
군인들에게 기자 신분증을 보여주고 하소연까지 해서 현장에 겨우 진입
하는 데 성공했다.

이번 주말 시위는 미국 인종차별 반대 집회가 평화 시위의 본 모습
을 찾았다고 평가할 수 있다. 백악관 앞에는 지금까지 가장 많은 사람(경
찰 추산 6,000명)이 모였는데, 움직이는 게 힘들 정도로 인파로 가득 찼다.
하지만 군인, 경찰은 시위 자체를 막거나 진압하려고 하지 않았다. 쇠 울

타리 안에서도 예전처럼 비밀경호국이 스크럼을 짜고 시위대를 노려보는 장면은 없었다. 자의인지 타의인지는 모르겠지만, 이번에는 그냥 시위를 하도록 내버려 두겠다는 생각인 게 명확해 보였다.

이번 시위 과정에서 워싱턴 D.C. 시장 뮤리얼 바우저Muriel Bowser가 백악관 앞 도로를 'Black Lives Matter Plaza'로 이름 붙인 건 최대 히트작이었다. 길바닥에 글씨를 크게 써서 인공위성에서도 보일 정도였는데, 이제 이곳은 미국 시위의 새로운 메카가 됐다. 아침 일찍 〈SBS 8 뉴스〉 현장을 연결하고 나오는데 바우저 시장을 직접 봤다. 키가 크고 당당한 모습이 인상적이었다. 시위대를 때려잡겠다는 트럼프 대통령과 확실히 각을 세워서인지 아침 일찍임에도 주변에 팬들이 많이 몰렸다.

아이들과 함께 시위에 참가한 사람을 비롯해, 시위를 즐기러 나온 사람도 많았다. 곳곳에서 춤추고 노래하는 모습을 볼 수 있었고, 바닥에다 걸개그림을 놓고 색칠하는 사람도 있었다. 코로나19 때문에 그동안 억눌렸던 게 한꺼번에 발산하는 느낌이었다. 이런 사람들이 그동안 자택에서 격리를 했으니, 얼마나 힘들었을까 싶다.

평화 시위 양상은 워싱턴뿐만 아니라 다른 도시도 대동소이했다. 과잉 진압이 워낙 문제가 되고 있어 경찰도 최대한 조심하는 분위기였고, 시위대도 폭력 시위는 안 된다는 생각이 갈수록 강해지고 있다. 약탈은 거의 사라졌고, 폭력적인 양상도 보기 어려웠다. 코로나19만 아니면 더 많은 사람이 모였을 것이다. 여전히 마스크를 안 쓴 사람도 꽤 보이고, 아무래도 구호를 외치는 시위다 보니 자칫 잘못하면 비말 샤워를 할 수도 있다. 파우치 박사도 "이번 시위로 바이러스가 확산할 완벽한 조건을 갖췄다"고 우려했다. 현장에 취재를 나가면 어깨가 서로 닿을 정도로

2020년 6월 7일(현지 시각) 조지 플로이드 살해 사건에 분노한 시민들이 아이들과 함께 시위에 참가한 모습.

가깝게 설 수밖에 없는데, 얼굴을 마주 보고 인터뷰해야 해서 시위 현장에서는 페이스 실드를 쓰기로 작정했다. 보기에는 흉하지만 중무장하고 다가가니 인터뷰하는 사람들도 부담을 덜 느끼는 것 같아 쓰고 다니는 게 낫겠다고 생각했다.

시위대를 적으로 생각하는 트럼프,
재선에 과연 도움이 될까?

트럼프가 세인트존스 교회에 갔을 때, 평화 시위대를 최루탄으로 밀어내고 참모들과 사진을 찍었던 건 후유증이 꽤 컸다. 예스맨이었던 에스퍼 국방부 장관조차 등을 돌렸고, 매티스 전 국방부 장관도 결국은 못 참고 처음으로 트럼프 대통령을 비판했다. 연방군에 시위 진압 명령을 내리는 건 대단히 무리한 일이다. 오죽하면 에스퍼가 못 견디고 항명 기자회견을 했을까. 지금 국방부 장관을 자르면 임기가 5개월 남은 상황이어서 후임자를 구하기는 매우 어려울 듯했다. 트럼프 대통령이 사람에 충성하는 사람을 원하지, 국가나 조직에 충성하는 사람은 가만두지 않는다는 건 여러 차례 증명됐다.

어차피 트럼프는 시위대가 자기 표가 아니라고 생각한다. 집토끼인 백인 보수층에게 법과 질서를 수호하는 대통령이라는 인상을 줘 투표장에 나오게 하려는 전략일 텐데, 이번에는 꽤 큰 실수를 한 것 같다. 현장에 나가보면 백인이 많이 보였다. 그뿐 아니라 다른 인종도 많았다. 일부 폭도의 문제적 행동으로 시위가 일어나는 게 아니라, 미국 사회 전체에 지각변동이 일어나고 있었다.

민주당이 바이든이 아니라 만약 오바마 같은 후보를 가지고 있었다면 선거는 이미 기울지 않았을까. 이런 국면에서 무색무취한 바이든이 아쉽다. 오바마가 트럼프를 비판하면 언론에 기사가 훨씬 더 크게 나는 게 현실이다.

다만 코로나19로 박살 났던 경제 상황이 생각보다 빨리 좋아지는 건 트럼프 대통령에게는 호재다. 사람들이 일터로 돌아오면서 생기는 일종의 착시현상이기는 하지만, 어쨌든 주가가 연일 오르고 트럼프 대통령도 그걸 자랑하느라 정신이 없다. 대선을 앞두고 생각보다 빨리 경제가 회복된다면 트럼프 대통령은 코로나19와 인종 문제를 뒤집을 카드로 활용할 것이 분명해 보였다.

코로나19 방역 놓고
트럼프와 맞서다

유미 호건·래리 호건 메릴랜드 주지사 부부 인터뷰

<u>**2020. 6. 28.**</u>

스스로 '한국 사위'라고 말하는 래리 호건 메릴랜드 주지사에 대해 한국 사람이 각별한 감정을 가지는 건 어찌 보면 자연스럽다. 메릴랜드주는 태권도의 날을 지정했고, 6·25전쟁 참전 용사의 날도 추진하고 있다(원래 2020년에 날짜를 지정하려고 했지만, 코로나19 사태로 연기된 상태였다). 메릴랜드주는 한국과 관련된 일을 대단히 적극적으로 추진하고 있다. 한인 커뮤니티의 역량이기도 하지만, 그 배경에 퍼스트레이디 유미 호건 여사가 있다는 건 부인할 수 없는 사실이다.

가장 인상적이었던 건 2020년 4월 한국에서 들여온 코로나19 진단 키트 50만 개였다. 당시 미 동북부의 피해가 워낙 심했고, 진단 장비가 없어 미국 전역이 애를 먹고 있었는데, 메릴랜드주는 한국에서 진단 키트를 수입하는 발상의 전환으로 어려움을 돌파했다. 나중에 뉴욕 쿠오모 주지사도 딸들한테 '한국에서 왜 그런 진단 장비를 수입할 생각을 못

했어'라고 한 소리 들었다는 건 잘 알려진 얘기다. 호건 주지사는 워낙 진단 장비가 귀해 수입한 한국산 키트를 금괴처럼 비밀 장소에 보관하고 있다고 얘기했었다.

래리 호건 주지사가 진단 장비를 들여오면서 기자회견할 때, 자기 부인 덕분이라고 강조했던 건 인상적이었다. 하지만 당시 유미 호건 여사는 옆에 서 있기만 했지 발언을 하지 않아 어떤 입장일지 궁금했다. 그때부터 인터뷰 섭외 요청을 했는데, 호건 여사는 코로나19 사태가 진정되기 전까지는 언론 인터뷰를 하지 않겠다는 입장이었다. 그 뒤로 생각 날 때마다 섭외 요청을 했었는데, 이번에 6·25전쟁 기념식에 참석하러 워싱턴 D.C.에 방문하는 걸 기회로 인터뷰를 하게 됐다.

한국산 진단 장비를 어떻게 들여오게 된 거냐는 질문에 유미 호건 여사는 "내가 대한민국의 딸인데, 당연히 한국에서 들여와야죠"라고 답변했다. 중국산 진단 키트를 들여온 이탈리아에서 불량 논란이 있었다면서 메릴랜드는 처음부터 한국 장비를 들여올 생각을 했다고 설명했다. 한국산 진단 장비가 들어오면서 진단 검사에 숨통이 트였고, 다른 적극적인 조치가 병행되면서 메릴랜드는 나름 코로나19를 안정적으로 관리할 수 있게 됐다고 설명했다. 4월 15일만 해도 메릴랜드의 코로나19 확진율은 26.91퍼센트였지만, 지금은 4.92퍼센트까지 떨어졌다. 하지만 한국 진단 장비를 우선적으로 시중에 풀지는 않고 있다고 말했다. 백신이 나오는 내년 초까지 계획을 잡아서 수급 조절을 하고 있다는 설명이었다. 지금도 여전히 불안한 상황이고, 코로나19가 상당 기간 더 이어질 것이라는 예측하에 계획을 잡고 있다고 호건 여사는 말했다. 지금 플로리다, 텍사스를 중심으로 코로나19가 다시 폭증하는 상황이어서 메릴랜

유미 호건 여사와 래리 호건 메릴랜드 주지사의 모습. (출처: 메릴랜드 주지사실 제공)

드도 잔뜩 긴장하는 모습이었다.

　인터뷰하면서 유미 호건 여사의 고향인 나주시를 비롯해 전라남도에서도 의료용 장갑을 5만 장, 8만 장씩 보내줬다는 걸 알게 됐다. 미국 교민들도 메릴랜드에 코로나19 극복에 도움이 될 만한 물품을 굉장히 많이 보내줬다고 한다. 호건 여사는 "한국 국민의 마음을 가졌기 때문에 보내주신 것"이라며 "감사한 마음을 표시하고 싶었다"고 답변했다.

　물품 지원 얘기를 듣기 위해 강인규 나주 시장에게 연락했다. 강 시장은 그동안 유미 호건 여사가 나주시에 도움을 준 게 많았다고 설명했다. 2016년 나주 배와 관련한 미국 내 판촉 행사가 있었는데, 호건 여사가 직접 나와서 배를 많이 팔아줬다고 말했다. 주지사 부인이 그렇게 하기 쉽지 않았을 텐데, 고향과 관련한 일에 적극적으로 나서는 게 너무 고마웠다는 설명이었다. 또 나주시는 해마다 중학생 30명을 메릴랜드주로 어학연수를 보내는데, 호건 여사가 매번 학생들을 관저에 불러 음식을 대접하며 격려해 줬다고 말했다. 강 시장은 미국에 다녀온 학생 가운데 호건 여사에게 감사의 손 편지를 쓰는 아이들이 많다고 전했다. 마스크는 해외 반출이 안 돼 못 보냈지만, 제일 어려울 때 보낸 장갑이 도움 됐다고 하니 보람 있었다고 말했다. 호건 여사는 나주시에 친서를 보내 장갑을 보내준 것에 대한 감사를 표시했다. 나주시는 자신들의 도움이 메릴랜드에 큰 힘이 됐다는 보람을 충분히 느꼈을 듯하다.

정치인의 부인이 한국계 표를 의식해서 자기 정체성을 드러내는 게 아니냐고 생각할 수도 있지만, 직접 만나보니 유미 호건 여사는 그 자체로 한국 사람이었다. 남편에게도 한식을 많이 해줘 이제는 그가 김치 맛을 다 안다고 말했다. 미국 주류 사회에 편입되면 자신의 한국 정체성 자체를 지우는 일부 한인도 있지만, 유미 호건 여사는 자신이 한국인이라는 걸 기회가 되면 알리고 싶어 하는 욕구가 있었다. 이런 정치적 영향력을 가진 한국계 미국인이 한국 관련 행사에 계속 참석하면서, 한인 커뮤니티를 꾸준히 지원하는 건 한국에 큰 도움이 될 것이다.

2020. 8. 9.

시종일관 유쾌했던 호건 주지사

사실상 트럼프 당이 된 공화당은 미국 정당이 맞나 싶을 정도로 대통령의 눈치를 보고 있다. 대통령에게 입바른 소리를 했다가는 트위터로 융단 폭격을 맞는 건 기본이고, 각종 막말과 조롱으로 보복당할지 모른다는 생각 때문이다. 게다가 트럼프 지지자들이 워낙 극성이어서 함부로 말을 했다가는 자기 선거에서 큰 불이익을 감수해야 한다. 이런 상황에서 호건 주지사는 공화당 내부에서는 찾아보기 어려운 인물이다. 코로나19 국면에서 쏟아지는 트럼프 대통령의 틀린 말을 틀렸다고 지적하는 공화당 내 거의 유일한 사람이다. 그럴 수 있는 게 자기 지지율이 워낙 탄탄하기 때문이다. 코로나19 2차 파동이 일어나면서 미국 주지사들의 지지율이 전체적으로 하락하고 있지만, 호건 주지사의 지지율은 변함이 없었다. 7월 29일 하버드, 노스웨스턴, 노스이스턴 대학 연구원들이 2주 동안 미국인 19,052명을 대상으로 코로나19 대응에 대한 주지사 지지율 조사를 발표했는데, 호건 주지사가 지지율 76퍼센트로 전체 1위를 했다. 사람들이 호건이 하는 말을 신뢰한다는 의미였다.

한 달 전쯤 유미 호건 여사를 인터뷰하면서 호건 주지사도 인터뷰해 봐야겠다고 마음먹었는데, 이번에 기회가 닿아 인터뷰에 성공했다. 아나폴리스에 있는 호건 주지사 집무실에 초대돼 일대일 인터뷰를 할 수 있었다.

메릴랜드의 중심 도시 아나폴리스는 워싱턴 D.C.와는 상당히 다른 분위기다. 워싱턴 D.C.는 워싱턴 기념탑을 중심으로 백악관을 비롯한 관공서 건물들이 들어선 대도시 느낌의 행정 수도다. 반면 아나폴리스는 초창기 고풍스러운 미국 연방의 모습이 상당히 많이 간직돼 있다. 1783년부터 2년간 미국 수도였다고 하는데, 상당수 관공서가 당시 지어진 것이어서 아주 오래됐다는 느낌이 물씬 나는 곳이다. 예전에 아나폴

메릴랜드주 의회 내부 모습.

리스에 들렀다가 오래된 주 의회 건물을 보면서 '저기가 호건 주지사가 일하는 곳이겠구나' 하고 생각했던 기억이 있다. 미국 주지사의 집무실을 직접 볼 수 있는 좋은 기회였다.

특별한 요구 사항도 없었고, 한국 특파원으로서 묻고 싶은 질문을 전부 물어봐도 좋다는 얘기를 듣고 이것저것 준비해서 갔다. 인터뷰 장소는 주 의회 건물 안에 있는 호건 주지사 집무실 옆 대형 회의실이었는데, 역대 주지사들의 초상화가 걸려 있는 박물관 같은 느낌이었다. 호건 주지사는 담백하게 말하면서도, 기회가 될 때마다 농담을 많이 해 인터뷰는 시종일관 유쾌한 분위기에서 진행됐다.

호건 주지사는 집무실까지 보여주면서 내부를 하나하나 설명해 줬다. 조지 워싱턴George Washington도 이곳을 사용했다는데 정면에 그의 초상화가 걸려 있었다. 미 공화당 실력자답게 역대 대통령들과 찍은 사진 등이 걸려 있어서 보는 재미가 있었다. 집무실은 그리 크지 않았다. 오히려 부속실 직원 공간이 훨씬 더 컸던 게 인상적이었다.

펜스 부통령 몰아세운 유미 호건

2020년 2월, 공화당 주지사 협회 비공개 만찬에서 트럼프 대통령이 "한국인들은 끔찍한 사람", "문재인 대통령을 상대하는 것을 정말로 좋아하지 않는다"고 발언했다는 걸 호건 주지사가 2020년 12월 출간된 자신의 자서전《스틸 스탠딩》을 통해 공개한 바 있다. 《워싱턴 포스트》에서 주요 내용을 처음 공개했을 때 SBS도 관련 리포트를 했을 정도로 한국에서 큰 파문이 일었다. 당시 어떤 맥락에서 나온 건지 질문했는데 상황을 자세히 말해줬다.

김수형 공화당 주지사 만찬에서 트럼프 대통령이 한국과 관련한 혐오 발언을 했을 때 어떻게 생각했나? 다른 주지사들 반응은 어땠나?

호건 정말 놀랐다. 그 발언에 진정 혐오감을 느꼈다. 트럼프 대통령이 상대를 비하하는 발언을 한 게 처음은 아니지만, 당시 발언은 정말 뜬금없고 왜 한 건지도 몰랐다. 나는 그 발언이 틀렸고, 상대를 아프게 하는 말이라고 생각했다. 특히 나랑 같이 앉아 있었던 아내가 걱정됐다. 그 발언은 거의 한국인에 대한 공격이었다. 그 자리에 있던 누구도 그게 좋은 연설이라고 생각하지 않았고, 누구도 그 발언에 동의하지 않았다고 생각한다. 많은 주지사가 시선을 내리깔고 눈만 굴리고 있었다. 그중에서 아내만큼 상처받은 사람은 없었다. 자리를 박차고 나가고 싶어 했다는 것도 알았다. 아내는 눈물이 나오는 걸 참고 있었다.

그런데 다음 날 주미 한국 대사관저에서 주지사들이 전부 모였다. 주지사들과 함께 갔을 때 문재인 대통령이 화상으로 나와서 특별한 한미 관계에 대해서 연설했다. 트럼프 대통령의 발언과 완전히 정반대였다. 공화, 민주 주지사들 전부 한국 대사관에서 베풀어 준 환대에 감사했고, 한미 관계가 특별하다는 데 공감했다.

김수형 트럼프 대통령의 한국 관련 발언 중에 공개하지 않은 얘기도 있나?

호건 이 얘기는 전에 말한 적이 없다. 그다음 날 주지사 만찬이 백악관에서 있었는데 우리 부부가 펜스 부통령 부부와 함께 앉았다. 펜스 부통령 아버님께서 한국전 참전 용사였다. 유미는 한국전 참전 용사와 관련한 행사에 많이 참석한다. 행사에 갈 때마다 한국에서 자유를 위해 싸워준 군인들에게 항상 감사를 표시했고, 아내는 전에도 펜스 부통령에게 아버지에 대해 감사하다고 말했다. 군인들의 용기가 없었다면 자기가 여기 없었을 거라고 설명했다. 그런데 유미가 펜스 부통령에게 그날 트럼프 대통령의 발언이 얼마나 모욕적이고 자신을 아프게 했는지 말했다. 부통령은 뭐라고 말해야 할지 몰라 했다. 아내는 부통령 앞에서 대통령을 직접 거론하면서 그 발언이 끔찍했다고 말했다. 그리고 대통령에게 그렇게 말해서는 안 된다고 전해달라고 했다. 아내가 꽤 거칠다. (웃음)

김수형 공화당 소속 주지사인데, 대통령에게 맞서는 게 부담스럽지 않았나? 트럼프 대통령이 잘못된 메시지를 내면 목소리를 내는 이유가 뭔가?

호건 나는 대통령에 단순히 반대하려는 사람은 아니다. 내가 동의할 수 있는 일을 한다면 나는 기꺼이 대통령을 도울 것이다. 코로나19 대응 과정에서 대통령이 도와준 일에 대해서도 감사 인사를 했었다. 하지만 그가 틀린 말을 했을 때 틀렸다고 말하는 게 두렵지 않다. 공화당에서 이렇게까지 말하지 않는 분위기가 있는 게 사실이다. 나는 일종의 충성심 경쟁 같은 거라고 짐작하고 있다. 하지만 메릴랜드 주민들을 위해서 사실을 말하는 게 중요하다. 나는 트럼프 대통령의 모욕적인 말이나 트위터가 두렵지 않다. 공화당 일부는 자기 선거에서 불리할까 봐 걱정하지만 나는 직설적이고 정직한 게 좋다고 생각한다.

2020년 8월 6일(현지 시각) 래리 호건과의 인터뷰.

한국의 방역 대책을 참고한 메릴랜드주

미국의 코로나19 확산세는 통제 불능이라는 말이 딱 맞는 상황이었다. 남부 지방의 확산세가 워낙 심한 상황이지만, 메릴랜드주는 상대적으로

선방하고 있는 게 사실이었다. 4월 17일 26.92퍼센트였던 코로나19 일
주일 확진율은 8월 6일 3.9퍼센트까지 떨어졌다. 5퍼센트 미만이면 상
황이 관리되고 있다고 볼 수 있는데, 메릴랜드주는 이런 점에서는 코로
나19 모범 주라고 볼 수 있다. 아나폴리스 주민들에게도 호건 주지사에
대한 평가를 물어봤는데 "주지사가 마스크 착용이 중요하다는 사실을
처음부터 알려줘서 메릴랜드는 코로나19 상황을 잘 관리하고 있다"고
답하는 사람이 많았다.

김수형　메릴랜드주의 코로나19 상황은 어떤가?

호건　사태 초기부터 상당히 공격적인 조치를 내렸다. 한국이 바이러스
　　에 대처하는 모습은 우리에게 좋은 모범이었다. 우리는 그것을 잘
　　보고 따랐다. 오늘 코로나19 확진율이 이번 사태 이후 가장 낮아졌
　　다. 하지만 코로나19가 완전히 통제되고 있는 건 아니다. 다른 주에
　　서 숫자가 워낙 폭증하고 있어 걱정이다. 바이러스는 주 경계를 따
　　지지 않는다. 사람들이 여행도 많이 다녀 매일 사태를 면밀하게 관
　　찰하고 있다.

김수형　마스크 쓰는 게 왜 중요하다고 생각하나?

호건　마스크 착용은 가장 간단하고 효과적인 대책이다. 한국이 아주 효
　　과적으로 마스크 착용을 이용했다고 생각한다. 미국은 이걸 두고
　　정치적인 논쟁이 많아 사람들이 마스크 쓰는 걸 원하지 않는 경우
　　도 있다. 거리두기를 하고 손을 잘 씻고 마스크를 써야 경제활동을
　　할 수 있다. 우리는 평범한 삶으로 돌아가고 싶다. 마스크 착용을 해
　　야 록다운을 피할 수 있다.

김수형 한국 진단 장비 도입이 도움이 됐나?

호건 3월 초에 미국 전체에서 코로나19 검사를 2,000건밖에 못 했다. 인구 대비 한국은 미국보다 훨씬 더 많은 검사를 했다. 당시 미국 50개 주지사가 자기 주 진단 장비를 알아서 구하도록 내버려졌다. 전 세계적으로 공급이 부족했고 수요는 엄청났다. 한국에서 진단 장비를 들여온 것이 큰 도움이 됐다. 진심으로 감사하다. 우리가 한국에서 들여온 진단 장비 50만 개는, 당시 미국 상위 4개 주의 검사 능력을 합친 것 이상이었다. 지금은 미국도 검사 능력이 많이 확충됐지만, 당시에는 엄청난 성취였다.

김수형 한국 진단 장비를 추가로 도입할 계획이나 한국 정부와 협력할 계획이 더 있나?

호건 우리가 한국에서 진단 장비를 들여올 때 검사 결과를 내놓는 기계와 기술을 함께 수입했다. 그걸 바탕으로 볼티모어에 있는 메릴랜드대학교에 주 정부 검사소를 세웠다. 거기서 24시간 이내로 검사 결과를 내놓는다. 하지만 일부 연구소에서 수요가 폭증하면서 결과가 나오는 데 시간이 걸리고 있다. 결과가 나오는 데 열흘 정도 시간이 걸린다. 한국 장비와 기계, 기술을 이용하면 정말 빠르게 결과를 받아볼 수 있다. 한국 진단 장비를 전략 비축했는데, 사용하는 속도가 아주 빠르다. 가을까지는 사용할 수 있었으면 한다. 장비가 더 필요할 경우 우리는 분명히 다시 한국을 찾을 것이고, 더 많은 진단 검사를 위해 추가 주문을 할 것이다.

민주당과 공화당을 잇는 다리

메릴랜드는 주지사의 3연임을 금지하고 있다. 호건 주지사의 임기는 2023년 초에 끝나는데, 공화당에서 그를 2024년 대선의 유력 후보로 보는 건 어찌 보면 당연하다. 호건 주지사는 대선 출마에 대한 생각을 숨기지 않았다. 본인도 미국이 이런 방향으로 나가서는 안 된다는 점을 강조했다.

김수형　당신은 2024년 공화당 유력 대선 후보다. 대통령이 된다면 미국을 어떻게 바꾸고 싶은가? 그리고 한미 관계를 굳건하게 하기 위해 어떤 일을 할 생각인가?

호건　나는 미국을 위해서 우리가 더 희망적이고 긍정적인 비전을 가져야 한다고 생각한다. 너무나 많은 싸움과 분열이 있다. 사람들이 문제를 해결하기 위해 노력조차 하지 않는다. 나는 공화당과 민주당을 함께 연결하는 다리가 되고 싶다. 초당적인 해결책을 궁리하고 싶다. 그리고 한국과는 오랫동안 강력한 우방이었고, 특별한 관계를 가지고 있었다. 우리가 들었던 분열적인 언사로 이런 관계를 해치는 것을 보고 싶지 않다. 우리는 오랜 우정과 상호 도움이 되는 관계로 돌아가야 한다.

한국의 사위 래리 호건

호건 주지사의 자서전은 한국 얘기가 상당히 많아서 술술 잘 읽힌다. 자신의 성장 과정부터 유미 호건 여사를 만나 결혼한 과정, 코로나19 팬데믹을 어떻게 극복해 가는지 등을 쉬운 말로 써냈다. 특히 14시간 분량의 오디오북은 본인이 직접 낭독했다. 보통 오디오북은 전문 성우를 쓰는 경우가 많은데, 호건 주지사는 자기가 최대한 친근하게 읽어준다는 생각으로 직접 하게 됐다고 말했다.

호건 주지사는 첫 임기를 시작한 지 5개월 만에 암 발병으로 큰 위기를 맞은 바 있다. 가족이 함께 나와 기자회견을 통해 자기 건강 상태를 공개하고 치료를 받았는데, 지금은 암을 100퍼센트 극복했다고 설명했다. 5년 동안 암이 재발하지 않고 깨끗하면 완치 판정을 받는데, 이번 팬데믹 기간에 5년을 넘겼다고 말했다. 아주 아름다웠던 자기 머리카락을 이제는 찾을 수 없겠지만 아직 자투리는 남아있다고 농담을 했다.

호건 주지사는 유미 여사가 해주는 한국 음식이 너무 좋다고 한참을 칭찬했다. 아내가 어머니, 할머니에게서 배운 음식 솜씨가 좋아서 김치도 잘 담근다고 자랑했다. 점심도 관저에서 아내가 해준 LA갈비를 먹고 왔다고 소개했다. 유미 호건 여사도 지난번 인터뷰에서 남편이 자기보다 매운 걸 더 잘 먹는다고 얘기했었는데 그 말이 괜히 한 소리가 아니었다. 호건 주지사는 기회가 될 때마다 한국인 아내를 자랑하고 한국에 대한 호감을 표시했다. 이번 인터뷰로 그가 한국 사위로 불려도 될 만한 충분한 자격이 있다는 걸 확인할 수 있었다.

백신에 대한 믿음을 잃어버린 미국

코로나19는 인간보다 강했다

2020. 12. 5.

예정된 '코로나19 죽음'을 보도해야 하는 고역

2020년 7월, 의회에서 파우치 소장이 "미국에서 하루 코로나19 감염자가 10만 명을 넘어도 놀라지 않을 것이다"라고 말할 때만 해도 '10만'이라는 숫자가 갖는 상징성 때문에 미국 사회가 굉장히 큰 충격을 받았다 (오미크론 변이 출현 이후 감염자 숫자 10만 명은 큰 의미가 없어졌지만, 당시에는 충격적인 수치였다). 하지만 공교롭게도 대선일인 11월 3일부터 감염자가 10만 명(12만 4,000명)을 넘기더니, 그 뒤로 하루도 빠지지 않고 하루 감염자가 10만 명을 넘겼다. 그것도 모자라 12월부터는 일일 20만 명을 넘어가는 날도 나오고 있다. 일일 확진자 그래프는 비행기가 활주로를 날아오르는 궤적을 그리는 중이다.

트럼프 대통령이 유세 기간 내내 감염자가 많은 건 검사를 많이 해서 보이는 '착시 현상'이라고 강조했다. 하지만 이제 사망자까지 누구도 부인할 수 없을 정도로 폭증해 하루 사망자가 이틀 연속 2,800명을 넘었다. 이 정도라면 매일 9·11 테러 희생자에 육박하는 사망자가 나오고 있다는 의미다. 어제 CBS 저녁 뉴스를 진행하는 노라 오도넬Norah O'Don-nell은 뉴스 오프닝 멘트를 "미국은 코로나19 지옥의 한복판에 있습니다 (America now in the COVID hell)"라고 표현했다. 이 정도 사망자가 나오는 상황이라면 코로나19 지옥에 살고 있다고 표현해도 크게 과장은 아닐 것이다.

상황이 심각해지면서 일부에서는 록다운 조치가 다시 등장했다. 이번에는 지난번처럼 충격적인 전면 봉쇄 조치는 아니지만, 캘리포니아 일부 등에서는 다시 자택 대피 명령이 나오고 있다. 그나마 여력이 있는 워싱턴 인근 주는 음식점 영업시간 정도만 제한하고 있지만, 상황이 더 나빠진다면 조치가 확대될 가능성도 있다. 트럼프 행정부는 물론 바이든 당선인도 전면적인 록다운 조치에 대해서는 부정적인 입장이다. 이미 경제가 너무 큰 충격을 받은 상황이라, 백신 출시를 코앞에 두고 강력한 경제 봉쇄 조치가 나오기는 어려울 듯하다.

'코로나19 지옥' 미국에서 다른 뉴스는 크게 가치가 없었다. 의회에서 오가는 소소한 논의나 싱크 탱크 세미나 등도 정말 중요한 게 아니면 뉴스 리포트에 잘 들어가지도 않는다. 하지만 연일 예정된 죽음을 보도해야 하는 기자 입장에서는 심적인 스트레스도 상당하다. '오늘도 이만큼 죽었다', '앞으로는 얼마나 더 죽을 거다'라고 매일 반복하는 건 고역이다. 중요하기 때문에 보도를 안 할 수는 없지만, 매일 눈덩이처럼 불어나는, 숫자로 표현되는 누군가의 죽음을 계속 반복하는 건 못 할 짓이라는 생각이 하루에도 여러 번 든다.

미국을 사로잡은 백신 음모론

백신에 대한 불신은 대다수가 음모론에 근거하고 있다. 부작용에 대해서 걱정하는 목소리는 당연히 있을 수 있지만, 지금 나오는 얘기는 황당하다. 빌 게이츠가 백신에 칩을 넣어서 인류를 감시하려 한다는 식의 황당한 얘기가 광범위하게 받아들여지고 있다. 여론조사 기업 유고브You-Gov는 여론조사에서 이 주장을 진짜로 믿냐고 물어봤는데, 미국 성인의 28퍼센트가 사실이라고 말해 놀랐다.

코로나19 백신 음모론에서 가장 많이 언급되는 게 〈플랜데믹〉이라는 다큐멘터리다. 다큐멘터리의 형식을 빌려서 그럴싸하게 만든 내용인데, 미국 내에서 거론되는 음모론의 백과사전이라고 해도 될 정도다(트럼프 대통령도 유세 중에 말했던, 의료진이 돈을 받기 위해 코로나19 사망 숫자를 허위로 부풀린다는 내용까지 이미 이 다큐에는 언급돼 있었다). 페이스북, 트위터 등은 모두 관련 영상을 내렸는데, 이미 800만 명이 이 영상을 봤다. 특히 바이러스 전문가로 나와 상당히 긴 인터뷰를 한 주디 미코비츠 박사는 '내가 다 해봐서 아는데 다 거짓말이야'라는 메시지를 강조했다. 그녀는 파우치 박사를 권력의 화신쯤으로 설명하고, 백신이 소용없는 짓이며 거대 제약사들이 돈을 벌기 위해 치밀한 음모를 펼치고 있는 거라는 얘기를 반복했다. 그리고 자신이 진실을 말하고 있어서 핍박받고 있다고 설명했다.

그녀는 백신 반대 집회에서 막강한 영향력을 가지고 있다. 영상을 찾아보니 "백신을 맞으면 자폐, 뇌 질환, 알츠하이머 등을 앓는다"는 얘기를 줄곧 강조했다. 음모론이니 근거를 제시할 필요도 없었다. 자신이 관련 분야에서 일했던 전문가였고, 지금은 양심선언을 하고 있다고 말해서인지, 미국 내 음모론 신봉자들에게 내부 고발자로 폭넓은 지지를 받는 인물이었다. 이런 주장을 확대 재생산하는 글을 SNS에서 많이 찾아볼 수 있다. 실제 이런 주장을 믿는 사람들과 인터뷰해 보면 페이스북에서 음모론을 봤다는 사람들이 많다. 페이스북은 이용자의 생각과 비슷한 의견만 계속 보여줘서인지, 한 번 음모론에 빠지면 헤어 나오지 못하는 듯했다.

백신 반대론자들은 자신들의 주장을 자유주의로 포장하고 있었다. 자기 신체에 무엇을 주입할지 결정할 권리가 있는데, 자꾸 정부가 강요한다며 거부감을 표시했다. 트럼프 지지층이 광범위하게 공유하는 정서와 같았다. 초반에 뭔가를 하려고 하다가 결국에는 손 놓고 집단면역을 방치했던 트럼프 대통령이 유일하게 했던 건 백신을 빨리 내놓으라고 제약사를 쪼는 것이었는데, 정작 트럼프 지지자들은 백신에 대해서도 거부감이 컸다. 유고브가 대통령 여론조사를 하면서 백신 접종 의사에 대해 조사한 걸 보니, 백신을 '맞겠다'고 한 비율은 42퍼센트에 불과했다. '모르겠다'와 '안 맞겠다'를 합치면 58퍼센트나 된다.

공개 접종 선언한 바이든

바이든이 해리스와 CNN에 나와서 "사람들이 백신 효능에 대한 믿음을 잃어버렸다"고 한탄한 부분은 현 상황을 반영하고 있다. 백신 접종 의사를 가진 사람 비율이 충격적으로 낮다며, 결국 자신과 해리스가 공개적으로 맞겠다고 선언했다. 오바마, 부시, 클린턴도 공개 접종을 선언했는데, 공화당 출신 대통령이었던 부시의 행보는 특히 돋보였다. 그는 자신이 특정 정파가 아니라 미국 전체의 이익을 위해서 행동한다는 것을 보여주고 있다. 부시는 퇴임 이후 매력도가 더 올라간 듯했다. 전직 대통령 세 명이 나란히 서서 손을 흔드는 모습을 보며 부럽다는 생각이 들 정도였다.

퇴임을 얼마 안 남기고 급격하게 영향력을 상실하고 있는 트럼프 대통령은 여전히 선거 불복 이슈에만 몰두하고 있다. 그러나 측근들도 하나둘 등을 돌리고 있고, 재판은 참패 수준이다. 대선 불복 대응에 쓴다고 모금한 돈은 정작 대선 빚을 갚는 데 쓰고 있다는 사실도 드러나고 있다. 백악관에서는 크리스마스 파티를 했는데, 마스크를 쓴 사람은 여전히 별로 없었다. 아직도 백악관에서 노 마스크로 행사를 벌이는 게 뉴스로 나온다는 사실 자체가 개탄스러웠다.

바이든이 백신 접종을 하겠다고 하면서 "파우치가 맞으라고 한다면 맞겠다"고 한 것도 주목할 부분이었다. FDA가 긴급 승인하면 맞겠다는 게 아니라 파우치가 권하면 맞겠다고 한 것이다. 이는 파우치가 코로나19 팬데믹 국면에서 어떤 위치에 있는지를 상징적으로 보여준다. 트럼프와 아슬아슬한 줄타기를 하며 미국 국민에게 필요한 메시지를 던졌던 파우치는, 차기 정부에서 더 큰 권한을 가지고 코로나19 방역의 전면에 서게 될 것으로 보인다.* 바이든은 취임 후 100일 동안은 마스크를 모두

---

* 앤서니 파우치 박사는 바이든 정부 출범 이후 백악관 수석의료보좌관(국립알레르기·전염병연구소장 겸임)으로 임명되었다.

쓰자고 제안한 상황인데, 그전까지 상황이 얼마나 더 나빠질지 가늠하기조차 어려웠다. 미국 코로나19 사망자의 40퍼센트를 차지하는 요양원에 백신이 가장 먼저 풀린다고 하니, 이들의 희생이 곧 최소화됐으면 하는 바람이다.

'백신 담판' 한미 정상회담 막전막후
스테판 방셀 모더나 CEO 인터뷰

2021. 5. 25.

막판까지 가슴 졸이게 만들었던
모더나 CEO의 불참

법조와 정당을 출입할 때 '수사는 생물', '정치는 생물'이라는 말을 참 많이 들었다. 살아 움직이는 생물처럼 의외성이 큰 분야이기 때문에 섣불리 규정해서는 안 된다는 뜻이다. 그런데 이번 한미 정상회담을 워싱턴에서 지켜보면서 '회담은 생물'이라는 말을 추가해야겠다고 생각했다. 청와대 엠바고 규정에 묶여 있는 일정이 촘촘히 있었지만(경호상 이유로 걸린 엠바고는 기자들이 내용을 알아도 기사를 제대로 쓸 수 없다), 예상대로 진행되지 않거나 알게 모르게 바뀌는 경우도 상당수 있었다.

개인적으로 가장 가슴 졸이며 지켜봤던 건 5월 21일 미 상무부 주최로 열렸던 한미 기업인 행사였다. 우리 4대 기업(삼성, 현대차, LG, SK)과 미국의 백신, 반도체, 자동차 회사 들이 참석했다. 이 자리에서 한국 기업들의 미국 투자 의지를 확인하고, 좋은 분위기를 몰아 오후에 정상회담이 개최되는 그림이었다. 그런데 사전 취재했을 때 오기로 했던 미국 기업 중 모더나가 불참했다는 걸 알게 됐다. 이번 우리 백신 외교의 핵심에 미국 mRNA* 백신 회사 모더나가 있었다는 건 이미 널리 알려진 얘기였다. 아시아 백신 허브국으로 발돋움하는 걸 정상회담 주요 의제로 잡고 왔던 한국이었기 때문에 모더나가 없는 그림을 상상하기 어려웠다. 그 중요한 회사가 빠졌으니 혹시 정상회담에 불안한 신호가 켜진 건 아닐까 우려했다. 미국 상무부 장관이 주재하는 행사에 나타나지 않았다는 게, 선뜻 이해되지 않았기 때문이었다.

다음 날 한국 정부 주최로 열리는 백신 파트너십 행사에도 모더나 CEO 스테판 방셀Stéphane Bancel이 오기로 돼 있었는데, 이러다 그가 아예 워싱턴에 안 나타나는 거 아닌가 하는 불길한 생각이 들었다. 개인적으로도 그 행사에 맞춰 방셀 CEO의 인터뷰를 섭외 중이었기 때문에 그것도 무산되는 게 아닌가 우려도 됐다. 인터뷰 약속을 잡기는 했지만, 마지막 성사 단계에서 확인 메일이 안 와서 조마조마했던 상황이었다. 방셀 CEO의 일정 중간에 인터뷰를 넣기로 해서 백신 행사장인 윌러드 호텔과 가장 가까운 호텔인 워싱턴 호텔 콘퍼런스룸을 이미 예약해 둔 상태였다. 나중에 분위기를 들어보니 막판까지 협상이 치열했다고 한다. 상무부 행사에 불참하며 배수의 진을 쳤을 정도로 모더나 CEO는 만만

---

* 기존 백신이 약화된 바이러스나 바이러스의 단백질을 이용하는 것과 달리, mRNA 백신은 바이러스의 유전정보가 담긴 mRNA를 투입해 바이러스를 둘러싼 단백질 스파이크 성분을 체내에 미리 만들도록 해 면역력을 생성하는 방식이다.

한 사람이 아니었다.

한국의 백신 생산 공식 인증한 바이든

그날 오후 정상회담 발표를 보니 다행히 크게 걱정할 필요는 없었다. 바이든 대통령이 질의응답 과정에서 한국의 백신 생산을 공식 선언했기 때문이었다. 바이든 대통령은 문재인 대통령과 미국의 메이저 백신 회사와 한국 회사가 힘을 합쳐 백신 생산을 논의했다고 말했다. 그러면서 "한국의 그 회사는 자신의 힘으로 상당한 양의 백신을 만들 수 있게 될 것(that particular company will be able to make significant numbers of vaccines for themselves)"이라고 발언했다. 회사 이름은 말하지 않았지만, 미국의 메이저 회사는 모더나이고, 한국의 회사는 삼성바이오로직스(이하 삼바)라는 걸 감 잡을 수 있었다. 사실상 바이든 대통령이 백신의 한국 위탁 생산을 공식 발표한 것으로 받아들여졌다. 정부의 발언이 잘 먹힐 수밖에 없는 (개발 초기 상당한 정부 지원금이 투입됐다) 모더나를 상대로 바이든 대통령이 저 정도로 얘기하는 건 이미 모든 문제가 정리됐다는 걸 의미한다고 생각했다.

바이든 대통령은 문재인 대통령이 백신 문제에 대해 자신에게 어떻게 접근해 설득했는지 흔적을 남겼다. 바이든 대통령은 2021년 하반기부터 2022년까지 추가로 수십억 회 분량의 백신을 생산할 수 있을 거라고 발표하면서, 그 이유로 문 대통령과 나눈 대화를 거론했다. 바이든 대통령은 "내가 이래서 이 대통령을 좋아하는데(this is what I like about this president), 그는 한국에 대해서만 말한 게 아니라 인도·태평양과 세계에 대해서 말했다"고 강조했다. 그러면서 "너무나 야심 찬 제안이라는 걸 알지만, 전 세계를 보호하기 위해 능력을 갖춘 우리가 모든 일을 해야 할 의무가 있다"고 밝혔다. 두 대통령이 백신 생산에 의기투합해 전 세계를 구해보자고 뜻을 맞췄다는 의미였다. 백신 물량을 틀어쥐고 있는 미국에 우리 물건을 달라고 하면서도, 더 큰 틀에서 한국도 세계를 돕겠다고 설득했다는 걸 확인할 수 있었다.

미국 사회에 각인된 '한국은 선진국'
지원 명분 찾기 어려운 한국

코로나19를 거치면서 한국이 선진국이라는 인식이 미국 사회에 크게 자리 잡은 게 사실이다. 지난해 한국의 진단 검사 전개는 아직도 미국 방역 전문가들이 얘기할 정도로 미국 사회에 깊게 각인돼 있다. 게다가 BTS는 내는 앨범마다 차트를 휩쓸고, 오스카에서는 지난해 〈기생충〉에 이어 이번에 〈미나리〉까지 상을 받으면서, 지금 한국의 '소프트 파워'는 미국에 괄목상대할 만하다. 코로나19 시즌을 거치며 미국인들은 한국에 대해 '대단하다'고 생각할 계기가 많았다. 단순히 우리끼리만 '국뽕'에 취해서 하는 얘기가 아니라, 미국 주류에서도 한국 경제와 문화에 관심을 가져야겠다고 느낄 정도로 발전한 국가로 각인됐다는 의미다. 이러다 보니 5월 21일 기자회견에서 백악관 출입 기자가 한국같이 경제가 발전한 나라가 백신을 요청하는 것에 대해서 백악관은 어떻게 보냐고 질문했을 정도다(트럼프 전 대통령이 틈만 나면 한국이 잘사는 나라라며 방위비 분담금을 더 내야 한다고 압박한 것도 마찬가지일 수 있다).

미국은 백신 지원을 포스트 코로나19 시대의 세계 질서 재편 차원에서 접근하고 있다. 이미 바이든 대통령은 미국이 백신의 무기고가 될 것이라고 선언했고, 중국, 러시아처럼 이익을 얻기 위해 백신을 활용하지 않겠다고 선언한 상태다. 트럼프 이후 정상적인 미국이 돌아왔다는 것을 알리면서 코로나19로 쑥대밭이 된 세계를 다시 세우는 이른바 '코로나19 마셜플랜Marshall Plan*' 같은 큰 그림으로 접근하고 있다. 물론 트럼프라면 개인의 친분과 얄팍한 이해관계로 특정 국가에 백신을 몰아줬을 수도 있지만, 원칙과 명분을 강조하는 바이든 대통령에게는 이게 쉽지 않은 일이다. 이 원칙이 허물어지면 전 세계에 리더 국가로 복귀하려는 미국의 전략에 차질이 생긴다고 생각했을 것이다.

그런 점에서 우리 군 장병에 대한 백신 지원은 미국이 지원할 명분을 잘 찾아냈다고 생각했다. 문재인 대통령도 귀국길에 페이스북을 통해 우리 군 장병에 대한 백신 지원이 깜짝 선물이었다고 설명했는데, 워싱턴 외교 소식통은 미국에서 막판에 낸 아이디어라고 설명해 주기도 했다. 동맹국의 군인에게 지원하는 방식은 미국에서도 반대하기 어려운 명분을 제공한다. 미군을 보호하기 위해 동맹국의 군인을 지원한다는 논리는 미국인들에게 설득력이 있다. 물론 그 숫자가 적어서 섭섭하다는 생각이 드는 건 어쩔 수 없다. 하지만 미국의 백신 상황이 하루가 다르게 좋아지고 있다는 사실은 우리에게 긍정적인 요소다. 미국의 백신 집착이 사라질수록 화이자, 모더나 같은 개별 기업이 미국에서 생산한 백신을 수출할 여지가 생기고, 한국 정부도 백신 기업을 통해 조금이라

---

* 2차 세계대전 이후 미국의 원조로 이루어진 유럽의 경제 부흥 계획이다.

도 물량을 빨리 들여올 가능성이 커질 것이다.

코로나19가 만든 억만장자
모더나 CEO 스테판 방셀

따라서 현시점에서 모더나 CEO가 하는 말은 한국에 시사하는 바가 매우 크다. 한미 두 정상이 백신 생산에 의기투합했다는 게 정상회담에서 공표된 이후, 다음 날 아침 모더나 CEO는 예정대로 윌러드 호텔에 마련된 백신 파트너십 행사에 참석했다. 모더나가 막판까지 행사 불참 투쟁을 하며 버틴 무엇인가가 해결됐다는 뜻으로 보였다. 행사 당일 잠을 거의 못 자고 워싱턴 시간으로 새벽에 〈SBS 8 뉴스〉 라이브 연결을 하고 사무실에서 기다리고 있었는데, 다행히 행사가 끝나고 인터뷰하겠다는 답이 왔다. 물론 비행기를 타고 서둘러 돌아가야 한다고 인터뷰를 짧게 마쳐달라는 모더나 임원진의 부탁이 있었다. 한국 언론과 처음 하는 인터뷰였지만, 어떤 걸 물어볼지 묻지도 않고, 뭘 물어봐 달라는 얘기도 없이, 시간제한만 지켜달라는 요청이었다.

스테판 방셀 모더나 CEO는 코로나19 이후 미국 제약 분야에서 최고 벼락부자가 된 인물이었다. 모더나는 생긴 지 10년밖에 안 된 신생 제약사로 그동안 신약 승인을 한 개도 못 받았지만, 이번에 코로나19 mRNA 백신으로 한 번에 회사를 글로벌 기업으로 만들었다. 방셀의 평가 재산은 5조 원 정도라고 최근 보도된 바 있었다. 외신에 난 그의 모습은 '속도전의 귀재' 정도로 평가할 수 있을 듯하다. 코로나19 사태 이후 백신을 처음 내놓는 목표를 60일로 잡았는데, 42일 만에 백신을 만들어내고 임상 시험 준비를 마쳤다고 한다. 방셀 CEO는 실제 걸음도 빠르고 말도 빨랐다. 인터뷰로 리포트를 만들고 나니 기사 작성기에 나오는 시간보다 10초 이상 시간이 줄어 있을 정도였다. 그는 백신 접종을 완료했냐고 물어보고는 다 맞았다고 하니, 그럼 마스크를 벗고 시작하자고 말했다. 행사장에 가져갔던 약병과 상자까지 들고 와서 인터뷰했는데, 투자자를 상대로도 이런 식으로 설명하지 않았을까 싶었다. 영업 마인드가 상당한 CEO라는 느낌을 받았다.

기술 이전과 백신 허브 국가

방셀 CEO는 자신들이 겪고 있는 어려움을 상당히 솔직하게 얘기했다. 모더나 팀과 스위스 기업 '론자LONZA'가 백신 원료를 큰 팩에 넣어 생산하는데, 이걸 백신 병에 넣어야 다양한 지역으로 운송할 수 있다고 한다. 그런데 이 부분에 심각한 병목 현상이 발생하고 있다고 설명했다. 모더나는 생산 시설이 없기 때문에 다른 기업의 도움이 절실한데, 세계 최고 회사인 삼바와 손을 잡게 돼서 기쁘다고 말했다.

문재인 대통령이 백신 허브 국가가 되기 위해 지원을 아끼지 않겠다고 했는데, 모더나가 구체적으로 어떤 지원을 원하는 거냐고 물었다. 그러자 모더나는 삼성에 기술을 이전할 것이라며, 다만 정부가 이런 과정을 원활하게 하는 데 큰 역할을 할 수 있다고 답변했다. 또 문재인 대통령과 담당 부서가 그런 일을 할 것이라 확신한다고 덧붙이기도 했다. 이 얘기는 기술 이전은 하겠지만, 그 수위는 정부의 역할에 달려 있다는 우회적인 표현으로 들렸다. 기술 이전 관련 얘기가 나와 최근 인터뷰했던 톰 프리든Tom Frieden 전 CDC 국장의 논리를 그대로 따서 다시 물어 봤다.

앞서 백신 생산을 늘리려면 적절한 수준의 로열티를 받고 생산 기술까지 허브 국가에 이전해야 대량 생산이 가능하다고 프리든이 지적한 바 있는데, 방셸에게 모더나는 한국 기업에 기술을 얼마나 이전할 거냐고 질문했다. 그러자 자신들은 이미 기술 이전을 많이 하고 있다며, 협력사인 스위스 론자, 카탈란트Catalent, 로비Rovi 등 회사 이름을 나열했다. 이 회사들에 이전된 기술 수준은 실제로는 각각 다르지만, 일단은 큰 틀에서 자신들이 기술 이전을 하고 있다는 걸 강조한 듯했다. 그러면서 예외 없이 한국에도 기술 이전을 많이 할 것이라고 말했다. 삼바에 대한 기술 이전이 맞냐고 한 번 더 물어봤는데, "그렇다(correct)"라고 다시 강조했다. 예민한 문제여서 더 그랬겠지만, 기술 이전의 수위와 내용에 대해서 구체적인 언급은 없었다. 방셸 CEO는 위탁 생산을 넘어 한국에 직접 백신 공장을 설립하는 방안을 검토하고 있다고 공개했다.

기술 이전과 관련해서는 미국 내부에서도 코로나19 백신 업체들이 생산 능력이 되는 나라에 기술까지 이전해서 백신 생산을 늘려야 한다는 주장이 강하게 제기되는 상황이다. 진보 성향의 민주당 의원들을 비롯해 시민단체에서도 지속적으로 이런 주장을 하고 있다. 프리든 전 CDC 국장처럼 미국 보건 행정을 누구보다 잘 아는 사람도 '적절한 수준의 로열티'를 전제로 기술 이전을 해야 한다고 모더나를 강하게 압박하는 상황이다. 이들의 목적은 모두 사람을 살리자는 것이어서 미국에서도 충분한 명분을 갖추고 있다. 미국 정부는 이미 지식재산권 면제를 선언한 상황이기 때문에 모더나도 기술 이전에 대한 부담이 있을 수밖에 없다. 하지만 모더나는 가장 핵심인 mRNA 기술 유출에 대해서는 대단히 조심하는 분위기였다. 이 때문에 파트너 기업인 삼바가 백신을 생산하는데 필요한 기술은 이전하겠지만, 장기적으로는 직접 공장을 짓고 백신을 생산해야겠다고 결심한 것 같다.

갑을이 바뀌었지만, 모더나는 삼바에 비해면 아주 작은 기업이다. 방셀이 삼바에 대해 칭찬을 많이 했는데, 빈말은 아닐 듯했다. 모더나도 거대 기업 삼바를 상대하는 것에 부담을 느끼고 있다고 생각했다. 미국에서도 기술 이전이 필요하다는 지적이 높은 만큼, 앞으로 정부는 모더나와 한국 백신 기업들의 이해관계를 조정하면서 서로 도움이 되는 방안을 잘 찾아야 할 것이다.

방셀 CEO는 변이 바이러스 문제를 대단히 심각하게 보고 있었다. 아직 백신을 접종하지 않은 수십억 명의 사람들이 있고, 이 때문에 변이가 무서운 속도로 생겨나 전파되고 있다고 말했다. 코로나바이러스는 지구를 떠나지 않을 것이라며, 코로나19 백신은 독감 주사처럼 해마다 추가 접종을 해야 할 것으로 전망했다. 그러면서 이미 모더나는 변이 바이러스에 대응하기 위한 모더나 2.0을 개발하고 있으며, 이 부스터를 접종하면 브라질, 남아공, 인도 변이에 대해 95퍼센트 예방 효과를 가지게 될 거라고 설명했다.

mRNA 기술을 활용한 미래 분야에 대해서도 전망했다. 방셀 CEO는 지금 독감 백신은 나쁜 경우 예방효과는 25퍼센트에서 40퍼센트, 좋은 경우는 60퍼센트 정도에 불과하다고 설명했다. 하지만 mRNA 기술을 활용하면 예방 효과가 99퍼센트에 달하는 독감 백신을 만들어 낼 수 있다고 말했다. 또한 장애 신생아 출산의 원인이 되는 거대 세포 바이러

2021년 5월 22일(현지 시각) 스테판 방셀 모더나 CEO와 인터뷰하는 모습.

스 감염을 예방해 주는 백신도 이 기술을 활용해서 만들 수 있을 거라고
덧붙였다. 이렇게 인류의 건강을 지켜주는 다양한 백신을 계획하고 있
으므로 전 세계에 걸쳐 백신 생산 시설이 필요한 것이라고 설명했다.

앞으로가 중요한 백신 파트너십

이번 정상회담에서 한미 동맹이 백신 동맹으로 한 단계 업그레이드됐다
는 점은 주목할 부분이다. 해외여행, 출장조차 쉽지 않은 코로나19 팬데

믹은 세계대전에 준하는 글로벌 비상 상황이었다. 이런 지구적인 위기를 극복하고자 문재인 대통령이 아시아 백신 허브 역할을 제안했고, 바이든 대통령이 흔쾌히 그 손을 잡았다는 것은 한미 동맹이 한 단계 확장했다는 것을 의미한다. 미국이 이런 역할을 믿고 맡길 수 있는 건 동맹국밖에 없다. 미국은 이번 일을 계기로 한국을 좀 더 미국 쪽으로 다가오게 했다. 중국 견제가 외교 정책의 최우선에 있는 바이든 정부로서는 이런 움직임이 반가울 수밖에 없다. 세계대전 이후 국제 질서 개편이 있었던 것처럼, 팬데믹 극복을 위해 임무와 역할을 맡게 된 한국은, 이 시기를 잘 넘기면 포스트 코로나19 시대의 발언권이 과거와는 확연히 달라질 것이다.

물론 정상회담 한 번으로 과도한 장밋빛 전망을 하는 것도 경계해야 한다. 제약사들은 기본적으로 이윤 추구 욕구가 있다. 따라서 우리도 그들의 의도와 속성을 경계해가며 협상에 임해야 한다. 하지만 처음부터 핵심 기술을 가져오지 못했다고 과도하게 비난하는 건 도움이 되지 않는다. 우리가 지금은 세계 최고의 반도체 기술을 갖게 됐지만, 시작 단계에는 그렇지 않았다는 건 모두가 알고 있다. 방셀 CEO는 자신들보다 거대 기업인 삼바를 상대하는 데 상당한 부담감을 느끼고 있었다. 우리 백신 기업의 역량은 세계 최고라는 걸 이번 기회에 다시 확인한 만큼, 장기적인 연구·개발(R&D) 전략까지 다시 한번 정비하는 계기로 삼아야 한다.

물론 정부 차원에서 백신 파트너십을 꽃피우기 위한 후속 조치를 단단히 해야 한다. 코로나19가 예상보다 훨씬 더 길어질 가능성까지 대비하고 철저한 준비가 필요하다. 만약 앞으로 기존 백신을 무력화하는 무시무시한 변이가 출연했을 때, 백신 생산 거점이 있는 국가와 아닌 국가는 대응하는 것 자체가 달라질 수 있다. 코로나19 상황을 겪으면서 공중 보건에 대한 투자는 곧 경제활동과 직결되는 일이라는 걸 뼈저리게 느낄 수 있었다.

특정 정권에 대한 호불호를 바탕으로 보건 정책에 대해 무조건 비판하거나 찬양하는 상황이 발생하는 것은 안타까운 일이다. 사람의 목숨이 달린 문제는 칭찬과 비판 모두 최대한 국민의 생명을 보호하는 데 도움 되는 쪽으로 전개해야 한다. 이제 시작인 한미 백신 파트너십이 결실을 맺으려면 지금부터 정부나 기업들 모두 해야 할 일이 많다. 시간이 지나고 이번 한미 정상회담에서 시작한 한미 백신 파트너십*으로 수많은 국민의 목숨을 살렸다는 안도감을 느낄 수 있으면 하는 바람이다.

---

* 2022년 10월 기준 삼성바이오로직스와 SK바이오사이언스가 각각 모더나의 코로나 백신과 노바백스 백신을 위탁 생산 중이다.

백신 돈벌이의 한계는 어디까지인가

톰 프리든 전 질병통제예방센터(CDC) 국장 인터뷰

2021. 4. 25.

**신종 플루부터 지카바이러스까지
오바마 정부의 방역 수장 톰 프리든 전 CDC 국장**

톰 프리든은 2009년부터 8년간 CDC 국장을 지내면서 신종 플루부터 지카바이러스 대응까지 미국 방역의 총사령탑 역할을 했던 인물이다. 오바마 전 대통령은 당시 프리든과 파우치 국립알레르기·전염병연구소장을 투톱으로 삼아 전염병 대응을 했었다. 프리든은 코로나19 팬데믹 상황에서도 미국 언론에 워낙 자주 나와 낯익은 인물이었다. 코로나19 사태 의회 청문회에서 전문가 패널로 등장해 의원들에게 바이러스를 설명하는 과외 교사 역할도 했었고, 마크 저커버그가 코로나19 페이스북 라이브를 했을 때도 전문가로 불러내 이것저것 물어보기도 했었다. 외국인 기자도 알아듣기 쉽게 설명하는 스타일이어서 예전부터 눈여겨봤던 인물이었다.

정부 당국자의 언론 출연이 워낙 많은 미국에서 전직 관료들은 현직 관료들보다 다소 과감한 주장을 정부가 행동으로 옮기기 전 미리 제기하는 역할을 종종 하곤 했다. 아무래도 현직보다 발언이 자유롭고 운신의 폭이 넓어서 가능한 측면도 있을 것이다. 과거 마스크 의무 착용 직전에도 FDA 국장 출신의 스콧 고틀립Scott Gottlieb이 먼저 풍선을 띄우듯이 언론에 먼저 말하고 시행에 들어갔던 걸 본 기억도 있다. 프리든에 대해서는 최근 우연히《폴리티코》에 쓴 기고문을 봤는데, 미국이 미국만 백신을 맞고 다른 나라가 맞지 못하면 변이 때문에 더 위험해질 수 있다는 취지의 내용이었다. 백신을 전 세계적으로 최대한 빨리 생산해 바이러스를 막아야 한다는 주장을 펼쳤는데, 거기에 한국이 중요한 역할을 할 수 있다고 한 줄 걸쳐놨었다. 그게 정확히 어떤 의미인지 알고 싶어서 인터뷰를 요청했다. 인터뷰 일정이 워낙 눈코 뜰 새 없이 잡혀 있던 프리든과 몇 번의 시간 조정을 한 끝에, 어렵게 시간을 내서 화상 인터뷰를 했다.

미국의 안전을 위해 한국이
mRNA 코로나19 백신 생산 허브가 돼야

가장 궁금했던 건 미국이 백신을 언제 다른 나라에 풀겠냐는 것이었다. 프리든 전 국장은 여름쯤 되면 상당한 양의 미국 백신이 다른 나라에 기부되거나 대여되는 형태로 나가게 될 거라고 전망했다. 하지만 그건 그렇게 중요한 게 아니라고 말했다. 지금 전 세계적으로 백신이 엄청나게 부족하고, 미국 백신이 나간다고 해도 문제가 해결될 기미가 보이지 않는다는 것이었다. 어떻게 해서든 최대한 백신을 많이 생산해서 전 세계가 백신을 같이 맞는 게 최선의 방법인데, 그러기 위해서는 이미 상당한 백신 생산 능력을 갖추고 있는 한국을 활용하지 않고는 답이 없다는 것이었다.

프리든은 변이 바이러스 확산에 대해 대단히 우려하고 있었다. 변이 속도가 워낙 빨라서 지금 백신을 우회하는 변이가 나올 우려가 있는데, 그렇게 된다면 지금까지 미국이 백신을 잘 맞았다고 좋아해 봐야 아무 소용이 없다는 것이다. 전 세계가 연결된 상황에서 한 국가만 백신을 맞고 잘살아 봐야 소용이 없다는 의미였다. 지금 이런 식으로 글로벌 백신 기근이 오래 가면 변이 출현 가능성 때문에 미국이 더 위험하다고도 지적했다. 미국의 이익 때문에라도 한국을 활용해야 한다는 논리였는데, 미국 방역이 중요한 전직 관료 입장에서 지적할 수 있는 부분이라고 생각했다.

그러면서 프리든은 "한국은 한국만을 위해 백신을 생산하는 게 아니라 아시아 전체를 위해 mRNA 백신을 생산할 능력이 있는 국가"라는 것을 강조했다. 그러면서 백신 허브 국가의 개념을 얘기했는데, 아예 한국을 허브 국가로 지정하고 미국 전문가들이 직접 한국에 가서 백신 생산 방법 등을 이전해 준 뒤, 하루라도 빨리 백신 생산에 들어가야 한다고 강조했다. 동아시아에서 한국이 그럴 만한 능력을 갖춘 국가이기에 가능하다는 설명이다. 전 인류가 최대한 빨리 백신을 맞고 이 상황을 극복해야 하기 때문에 백신을 생산할 수 있는 국가를 총동원하는 체제를 만들어야 한다는 것이다. 이 얘기는 한국을 전 아시아인들을 위한 구원 투수로 강제 차출해야 한다는 주장과 같은 말이었다.

수요 못 따라가는 백신 공급과
기술 이전 필요성

그의 주장은 그럴듯했지만, 사실 몇 가지 의문이 들었다. 먼저 mRNA 백신을 그렇게 생산할 수 있을 정도로 기술 이전을 간단히 할 수 있는 것인지와, 떼돈을 벌고 있는 백신 업체들은 물론 백신 패권주의 얘기까지 나오는 미국이 과연 이를 허락하겠냐는 것이었다.

mRNA 백신 제조 기술에 대해서 프리든은 이 기술이 기존 백신 제조 방식과 달리 생산 시설을 만드는 데 그리 오랜 시간이 걸리지 않는다고 설명했다. mRNA 방식은 변이 바이러스 대응도 쉽고, 안전하고 효과적이라는 것이 이미 입증됐다고 말했다. 물론 몇 달의 시간이 걸리기는 하겠지만, 한국처럼 백신 생산 기반과 전문 인력이 있는 나라에는 미국 mRNA 업체들이 가서 직접 기술을 이전하고 생산하게 한다면 충분히 가능하다고 설명했다.

자본주의 이윤 추구 동기 때문에라도 이 같은 논리가 실행 가능하다고 말했다. 지금 백신 업체들이 떼돈을 벌고는 있지만, 수요가 워낙 많아 공급이 도저히 따라잡지 못하는 상황이다. 로열티를 적절히 조절해서 기술을 빨리 이전해 백신을 생산하기 시작하면 그게 업체들에 고스란히 돈이 된다는 것이다. 백신 한 병에 1, 2달러라도 돈을 번다면, 만들지도 못하는 것보다는 업체들에 훨씬 좋은 거 아니냐고 설명했다.

프리든은 아예 대놓고 미국 정부가 돈을 댄 모더나가 앞장서야 한다고 말했다. 모더나의 mRNA 기술은 미국 정부가 초고속 작전이라는 이름으로 천문학적인 돈을 대서 탄생시킨 것이다. 상당 부분 미국 정부의 돈으로 만들어진 기술이므로 이런 업체가 기술 이전에 앞장서 하루빨리 백신을 만들어 세계적으로 공급에 나서야 한다는 것이다. 프리든 전 국장은 "우리가 모더나에 이런 일을 하도록 압박하고 있다"고 말해주기도 했다. 프리든은 민주당 방역 정책의 이너서클에 속한 인물이라고 평가할 수 있다. 모더나에 압박을 가하고 있다고 말하는 건 미국 정부 내에서 이런 논리가 먹히고 있다는 의미이기도 하다.

바이든식 미국 우선주의 활용

미국의 백신에 대한 집착은 자신들이 겪은 트라우마와 바이든식 미국 우선주의 양쪽을 다 고려해 살펴봐야 한다. 미국은 코로나바이러스로 2021년4월 기준 56만 명이 사망하는 엄청난 피해를 입었다. 지금도 코로나바이러스 브리핑에서 전시(war time)라는 표현이 자주 등장한다. 지금까지 웬만한 전쟁에서 희생된 미군 숫자를 다 합친 것보다 더 많은 사람이 숨졌다. 따라서 백신에 대한 집착이 이해가 된다. 만일 미국의 백신 공급을 막는 위협적인 일을 다른 나라에서 한다면, 미국은 아마 핵전쟁도 불사할 것 같았다.

 미국 정부가 백신 기술 이전을 허락할 것인지에 대해서 프리든은 "충분히 가능하다고 생각한다"고 답변했다. 프리든은 그래서 허브 국가의 개념이 필요하다고 강조했다. 개별 기업 간에 일대일 기술 이전은 번거롭고 여러 가지 챙길 게 많지만 허브국에 통째로 기술을 이전하는 것

2021년 4월 24일 톰 프리든 전 CDC 국장과 인터뷰하는 모습.

은 국가 단위에서도 관리하기 쉬우므로 결정할 수 있는 일이라고 설명했다. 다만 이렇게 하기 위해서는 여러 국가가 머리를 맞대고 협력해야 하는 것이 필수라고 말했다. 전 세계가 협력해서 창의력을 발휘해 백신 원료 공급망의 문제를 풀어보자고 제안했다.

　이 문제부터는 완전히 정치의 영역이라고 할 수 있다. 먼저 트럼프의 미국 우선주의와 바이든의 미국 우선주의 차이를 면밀하게 분석할 필요가 있다. 트럼프식 미국 우선주의는 내 밥통은 물론 남의 밥통에 있는 밥까지 일단 다 내 거라고 우기는 식의 막무가내라고 할 수 있다. 반면 바이든의 미국 우선주의는 내 밥통의 밥은 아무도 못 건드리게 하겠다는 것과 비슷하다. 내 이익을 확실히 지키겠다는 점에서는 비슷하지만, 다른 나라가 코로나19 위기가 지속되어 변이 바이러스를 미국에 유입해 미국까지 위협받는 상황이 된다면, 바이든은 이를 해결하고자 나설 것이다. 결국 내 밥통의 밥이 상할 수 있다는 걸 이해하게 된다면 행동의 변화를 이끌 수 있다. 민주당 정부는 기후변화 등 지구적인 일에 관심이 많다. 따라서 진짜 지구적인 문제인 바이러스 문제에 대해서도 잘 설득하면 미국의 협조를 이끌어 낼 수 있을 것이다.

프리든 비판에 발끈한 불라 화이자 CEO

코로나19 팬데믹이 장기화하면서 백신 기업들이 돈과 명예, 권력을 한 손에 쥐었다는 데 미국 내에서도 별 이견이 없다. 특히 화이자 CEO 앨 버트 불라Albert Bourla는 거의 대통령급이라고 해도 과언이 아니다. 2021년 4월 일본의 스가 총리가 워싱턴에 왔을 때도 당시 담당 장관이 었던 고노 다로를 만나주지 않아 스가 총리가 직접 전화했다는 건 화제 가 됐다. G7 회담에도 바이든 대통령이 거의 국가원수급으로 예우하며 데리고 다녔기 때문에 그의 위상은 하늘을 찌르는 상황이다. 한국도 얼 마 전 문재인 대통령이 뉴욕에 왔을 때 불라 CEO를 만난 바 있다.

지난주 일요일, 불라 CEO가 ABC 방송의 조지 스테파노풀러스 George Stephanopoulos가 진행하는 〈디스 윅This Week〉에 출연했다. 여기서 화이자에 대한 비판에 발끈한 부분이 눈에 띄었다. 스테파노풀러스는 인터뷰할 때 상대를 격동시키는 '기술'을 잘 넣는 영리한 앵커다. 그는 톰 프리든 전 CDC 국장이 트위터에 올린 화이자, 모더나에 대한 비판을 들이밀며 불라에게 어떻게 생각하냐고 물었다. 프리든이 트위터에 올린 내용은 현재 모더나와 화이자가 만드는 생산량으로는 전 세계 백신 보 급에 3년이 걸리는데, mRNA 기술 이전으로 속도를 높여야 한다는 것 이었다. 그러면서 백신 회사들이 부자 나라에만 백신을 집중해 파는 건 부끄러운 일이라고 직격탄을 날렸다. 불라 CEO는 이 말을 듣고 "그의 발언은 부당하다"고 맹공을 퍼부었다. 불라는 "어떤 회사도 우리가 한 것만큼 인류를 위해 도움 되는 일을 했다고 주장할 수 없다"고 단언했다. 자신들이 원가에 백신을 공급해서 미국 정부가 전 세계에 백신 기부를 하고 있다면서, 이미 500만 회 분량의 백신이 저소득 국가에 분배됐다고 말했다. 그러면서 지식재산권 면제는 좋은 생각이 아니라며, 지식재산권이 있기 때문에 백신이 있고, 부스터샷(추가 접종)도 있는 거라고 설명했다.

백신 제조사들이 기술 이전에 대해 극도의 반감을 가지고 있는 건 이해가는 측면도 있지만, 백신 원가 공급 주장은 선뜻 납득하기 어려웠다. 그건 백신 판매를 좋게 포장한 것에 불과했다. 백신 사업자가 백신을 원가로 주고 있다고 하면 그걸 액면 그대로 믿기는 어렵다. 적정한 이윤도 없이 밑지는 장사를 하고 있다는 말을 누가 믿겠는가.

기술 이전을 주장하는 프리든의 생각은 그동안 두 번이나 장시간 인터뷰하면서 이해할 수 있었다. 하지만 그동안 백신 업체들에 대한 미국 내 논의는 어디까지 진전된 건지 확인하고 싶었다. 따라서 다시 한번 그에게 인터뷰를 요청했다.

발언 수위 높아진 프리든

2021년 4월 처음 진행했던 인터뷰에서 톰 프리든 전 CDC 국장은 한국을 백신 허브로 만들자고 주장했고, 청와대에서 이 이슈를 한미 정상회담의 주요 의제로 잡고 추진하면서 국내에도 많이 알려지게 됐다. 최근 워싱턴에 한국 정치인들과 관료들도 꽤 오는 편인데, 그들이 백신 이슈의 동향을 듣기 위해 뉴욕에 있는 톰 프리든과 일정을 잡아 만나거나, 화상 회의를 했다고 한다. 그는 미국 전직 관료로서 미국의 이해관계를 얘기하면서도, 팬데믹의 종식을 최우선 가치로 놓고 주장을 펼치는 인물이었다.

게다가 보건 분야에 있어서는 한국에 대한 이해도가 매우 높아 질문하기도 편한 인물이었다. 프리든은 현재 '생명을 구하기 위한 결의(Resolve to save lives)'라는 시민단체의 대표를 맡고 있었다. 이 단체는 블룸버그, 저커버그, 빌 게이츠 등이 후원하는 곳이어서, 프리든이 제약사의 이해관계에 반하는 얘기도 용감하게 잘하는 편이다. 프리든을 만났던 한 한국 정치인은 프리든이 "우리 단체는 돈이 많아서 눈치 볼 거 없이 그냥 하고 싶은 얘기 다 한다"고 말했다고 내게 전해줬다.

다섯 달 만에 다시 하는 인터뷰였는데, 프리든은 과거보다 제약사들에 각을 바짝 세우고 있었다. 그는 대단히 정제된 언어를 구사하면서 비판도 고급스러운 어휘로 에둘러서 하는 편이었다. 하지만 이번에는 깜짝 놀랄 정도로 수위가 높아졌다. 트위터에는 제약사들이 '부끄럽다'고 썼지만 직접 만나 속내를 들어보니 그 이상이었다.

먼저 트위터에 전 세계에 백신을 보급하려면 2024년은 돼야 한다고 했는데 이게 얼마나 심각한 건지 물어봤다. 그는 내년쯤 백신 보급이 충분히 될 거라고 생각하는 건 신화에 불과하다고 지적했다. 물론 백신 생산량 자체는 늘어나겠지만, 델타 변이와 다른 변이 출현 가능성까지 감안한다면 지금 같은 생산 속도는 수백만 명의 목숨을 위태롭게 하는 도박이라고 날을 바짝 세워 비판했다. 그는 모더나와 화이자가 백신을 개발한 것에 대해 칭찬을 받아야 하는 것도 사실이지만, 기술 이전을 통해 전 세계 생산량을 늘리는 데 협조하지 않았다는 점에서는 비난받아 마땅하다고 지적했다.

그들은 자신들의 생산 목표도 다 채우지 못했고, 다른 파트너들의 생산 목표도 다 채우지 못했다고 현황을 설명했다. 이렇게 백신을 충분히 만들지 못해서 사람들이 죽어간다면, 기술을 이전해서 다른 제조사들이 백신을 만들 수 있게 해줘야 하는데, 그마저도 하지 않고 있다고 지적했다. 전쟁을 이용해 폭리를 취하는 것과 마찬가지로 모더나와 화이자는 코로나19 팬데믹이라는 끔찍한 비극을 막대한 돈을 버는 데 이용하고 있다고 날선 비판을 이어갔다. 그는 두 회사가 내년까지 1,300억 달러, 우리 돈 154조 원을 벌어들일 예정인데도 저소득 국가에 공급한 백신이 화이자는 생산량의 1퍼센트, 모더나는 전혀 없다고 트위터에 충격적인 현황을 공개했다.

그러면서 프리든은 제약사들이 정부가 실행했던 수많은 리서치를 활용해 백신을 만들었어도, 정부가 소송을 하지 않은 이유가 있지 않겠냐고 반문했다. 정부 특허를 일부 활용했다는 이유로 정부가 제약사를 상대로 소송을 했으면 백신사들은 파산했을 것이다. 하지만 그는 미국 정부가 그렇게 하지 않았다고 설명했다. 오히려 정부는 백신을 사서 배포하면서 의료진과 대중을 교육하기까지 했다는 점을 상기시켰다. 이런 것을 해주는 대신 기업이 책임감 있게 행동해 주기를 기대하는 것이라고 설명했다. 하지만 화이자와 모더나는 그동안 책임감 있게 행동하지 않았다고 깊은 실망감을 표했다.

찬사와 비난을 함께 받는 백신 제약사

코로나19 백신은 인류의 목숨을 구할 수 있는 거의 유일한 대안이다. 따라서 백신에 대한 의존도는 절대적이다. 백신사들이 백신 개발이라는 어려운 성과를 이뤘다는 공로는 충분히 인정해 줘야 한다. 그래서 그동안 천문학적인 돈을 버는 것에 대해 비난하지 못한 것이다. 하지만 자본주의 원칙으로 너무 오랫동안 돈을 짜내려는 태도는 좌시하기 어렵다. 특히 전 세계 인류의 목숨이 사실상 화이자, 모더나의 의사 결정에 따라 바뀐다는 것은 국제 정세까지 위태롭게 한다는 점에서 더 큰 문제다. 선진국들은 내년이면 코로나19에서 어느 정도 벗어나서 정상 생활을 할 수 있다고 화이자와 모더나 CEO는 말했지만, 이 예상이 과연 맞을까. 2024년까지 백신을 구경도 못 하는 저소득 국가가 많을 것이다. 새로운 변이는 이들 국가에서 계속 출현할 가능성이 매우 크다. 그런 일이 벌어져 부스터샷 정도가 아닌, 새롭게 임상 시험을 거친 화이자 2.0, 모더나 2.0을 전 세계인이 또 돈을 주고 맞아야 한다면, 그들의 분노가 임계점에 달하지 않을까.

'변이 부메랑'으로 돌아온 코로나19
매사추세츠 모더나 본사에 가다

<u>**2021. 8. 15.**</u>

한국 대표단의 모더나 항의 방문에
취재를 갔던 이유

모더나 백신 공급 차질 사태로 한국 대표단이 매사추세츠주 케임브리지에 위치한 모더나 본사에 항의 방문한다고 했을 때, 출장까지 가야 하는 문제인지 고민했다. 공급 부족 사태를 해결할 대책이 나오는 건 불가능하다는 게 시작부터 너무나 명확했다. 한국 정부가 화상으로 의사 전달을 충분히 할 수 있는 걸, 직접 온다고 해서 결론이 바뀔 리도 없었다.

그럼에도 일부에서 말하는 대로 이번 방문 자체를 세금 낭비라고 폄하할 수는 없다. 길지 않은 미국살이에서 느낀 건, 미국에서는 적극적으로 자기 권리를 주장하는 사람에게 조금이라도 더 눈길을 준다는 것이었다. 그게 법을 어기는 막무가내 행동이 아니라면 적극적인 권리 요구와 의사 표시는 문제를 해결하는 데 도움이 되는 경우가 많다. 이것저 것 고민하다 모더나에 출장을 가야겠다고 마음먹었던 이유는, 한국 언론이 이번 방문에 큰 관심을 가지고 취재하고 있다는 걸 모더나에 알려주려는 의도도 있었다. 모더나 백신 공급 부족 사태 때문에 접종 일정이 줄줄이 조정되고, 국민이 극도로 스트레스를 받는 일련의 상황이 벌어지고 있지만, 모더나가 이를 자세히 알기는 어려운 상황이었다. 미국 주류 언론은 한국에서 벌어지고 있는 모더나 백신 공급 부족 사태를 거의 보도하지 않았다. 회사에서 출장을 승인받은 뒤, 스테판 방셀 모더나 CEO를 인터뷰하면서 알게 된 모더나 인사들에게 '우리도 이번에 취재하러 간다'는 메시지를 전달했다. 워싱턴에서 보스턴까지 비행기를 타고 출장 간다니 다소 당황하는 눈치였다.

면담 하루 전날 보스턴 공항에 도착해 현장 답사 겸 취재를 하러 모더나 건물에 갔더니, 주변 촬영 규정이 너무나 까다로웠다. 모더나가 입주한 건물은 '알렉산드리아'라는 부동산 회사가 관리하고 있었다. 회사 건물을 일부 촬영하자 보안 요원들이 몰려나와 사유지에서는 촬영이 안 된다며 가로막았다. 보안 요원들은 모더나가 승인을 해줘야 촬영과 라이브 방송이 가능하다고 조언했다. 어쩔 수 없이 밤늦은 시간, 모더나에 건물 앞 방송을 허가해 달라고 요청했다. 다음 날 아침 일찍(〈SBS 8 뉴스〉 방송 시간) 생방송을 해야 했기 때문에 다른 방법이 없었다. 급한 나머지 도와달라고 여기저기 요청했는데, 모더나에서도 사안이 중요하다고 판단했는지 순순히 취재할 수 있게 부동산 회사에 공문까지 발송해 줘서 〈SBS 8 뉴스〉 현장 라이브 방송을 할 수 있었다. 이들이 취재 자체를 꺼리거나 막아야겠다고 생각했다면, 단순히 모르는 척만 했어도 라이브 방송이 불가능했을 것이다. 늦은 밤 요란을 떤 덕분에 모더나도 이 문제가 한국 언론도 주목하는 큰 이슈라는 걸 확실히 알게 되지 않았을까.

면담 당일 현장에 다른 방송사 특파원들도 도착하면서 자연스럽게 '뻗치기'에 돌입했다. 현장을 관리하러 나온 알렉산드리아 부동산 소속 직원들과 대표단을 기다리는 내내 많은 애기를 했는데, "외국 정부 대표단이 모더나에 방문하는 건 처음"이라고 말해줬다. 한국에서 도대체 무슨 일이 있어서 이렇게 고위급 인사들이 줄줄이 오는 거냐고 한참을 물어봐서 설명해 줬다. 한 직원은 설명을 가만히 듣더니 "한국이 이만큼 화가 났다는 걸 보여주러 오는 거군"이라고 한마디로 정리해서 웃었다. 긴박한 일이 별로 벌어질 일이 없는 연구 단지에 한국 대표단이 방문하면서, 언론사들이 진을 치고 동네 사람들도 들여다보는 작은 소동이 벌어졌다.

모더나가 위치한 곳 주변 건물의 땅은 매사추세츠공과대학교(MIT)의 소유였다. 알렉산드리아 부동산 회사는 MIT에 땅값을 내고 건물을 7개나 지어 모더나 같은 수많은 바이오 기업 등을 세입자로 받은 상태였다. 코로나19로 벼락부자가 된 모더나가 자기 건물 하나 사는 건 일도 아니겠지만, 이들은 단순 세입자로 회사를 경영하고 있었다. 알렉산드리아 관계자들은 "모더나는 자기 전문 분야에만 관심이 있지, 부동산에는 전혀 관심이 없다"고 말했다. 코로나19 이후 다른 기업과 마찬가지로 모더나도 상당수 인원이 재택근무 중인 상태였다. 회사에 드나드는 사람들도 대부분 마스크를 쓴 것을 확인할 수 있었다.

구체적인 공급 계획은 없었던 기자회견

한국 협상단은 면담 전 코로나19 검사를 받기 위해 면담 예상 시작 시간이었던 오후 2시보다 30분 넘게 먼저 왔다. 실제 면담 자체도 길어졌다. 형식적인 면담이었다면 사실 30분도 길었다고 볼 수 있었을 텐데, 세 시간이 지나서야 대표단이 건물 밖으로 나왔다. 한국 대표단을 이끌었던 강도태 보건복지부 2차관은 나오자마자 "공급 지연 사태에 대해 정부가 유감을 표시했고, 모더나는 사과 의사를 표시했다"고 답변했다. 그러면서 "한국 정부는 보다 많은 백신 물량이 빨리 공급되기를 요청했고, 모더나는 최선의 노력을 다하기로 했다"고 발언했다. 기자들도 궁금한 걸 이것저것 물어보기는 했지만, 제대로 된 답을 들을 수는 없었다. 공급이 지연된 이유나 면담의 구체적인 결과, 앞으로 공급 계획 등에 관한 질문에는 즉답을 피했다. 강 차관은 "모더나와 협의한 뒤 한국에 돌아가 정리해서 발표하겠다"고 말하는 수준에서 마무리했다. 다만 강 차관은 "진지하고 건설적인 논의가 있었다"는 표현으로 면담 분위기를 설명했다.

이번 면담에 대해 모더나의 입장을 짧게라도 들어보려고 알아봤지만, 반응을 얻는 데는 실패했다. 모더나 측에서 처음에는 "고민해 보겠다" 정도로 반응하더니, "반응을 낼지 모르겠다"고 하다가, 결국 면담에 대해서는 얘기를 더 들을 수 없었다. 이번 사태에 대한 모더나의 공식 반응은 처음 공급 부족 사태가 알려진 7월 27일 SBS에 보내준 짧은 성명서가 전부였다. 당시 모더나는 이번 사태가 "미국 바깥의 파트너 회사에서 발생한 연구실 문제로 생산 지연이 일어나고 있다"고 표현했다. 모더나는 이런 문제가 생길 때마다 대응할 수 있는 재고가 없기 때문에 지연 사태가 벌어진 것이라고 설명했다. 복구에 2주에서 4주 정도 시간이 걸릴 것이라면서, 이런 일을 겪게 된 다른 나라들의 공급 지연 문제를 해결하기 위해 파트너사와 협업하고 있다고 설명했다. 어쨌든 모더나가 공급망에 문제가 생겨 백신을 제때 못 주는 사고를 친 건 분명했다.

모더나 측에서 이번 한국 대표단 방문에 대해 조심스럽게 반응하는 건, 입장 표명 자체가 나중에 모더나에 불리하게 작용할 수도 있다고 생각했기 때문이 아닐까 짐작했다. 대표단의 항의 방문이 효과가 있다고 소문이 나면 모더나 앞에는 다른 나라 대표단의 항의 방문이 줄을 잇는 웃지 못할 일이 벌어질 수도 있다. 이런 일은 팬데믹이 아니면 상상하기조차 어려운 일이다.

델타 변이에 몸값 오르는 모더나

모더나는 보스턴 근처 놀우드 공장과 뉴햄프셔에 협력 업체 생산 시설 등이 있지만, 미국 내 시설에서 만드는 백신은 그동안 미국의 납품 요구를 채우는 것도 버거웠다. 코로나19 백신 개발도 미국 정부 돈으로 시작했고, 상당수 특허도 미국 정부 소유이기 때문에 모더나가 그동안 자체 생산 시설을 확충하는 건 엄두를 내지 못했던 상황이었다(며칠 전 캐나다에 자체 생산 시설을 짓는 MOU를 발표했다). 지난 5월 스테판 방셀 CEO와 직접 인터뷰하면서 그는 자신들의 취약한 생산 시설 문제를 직접 말한 적 있다. 방셀은 "우리는 과학 지식과 기술은 가지고 있지만, 백신 수억 병을 만들어 낼 능력은 없다"고 인정했다. 문제는 모더나의 생산망이 취약해 백신 공급 불안 문제는 언제든 다시 벌어질 수 있다는 것이었다.

미국에서는 국방 물자 생산법으로 모더나 백신 원료를 사실상 정부가 조달해 주고 있는 상황이다. 팬데믹 와중에 제약사가 원료를 전부 조달하는 게 보통 일은 아니지만, 미국 정부가 완장을 차고 원료를 구해다 주고 있기 때문에 백신 생산에 대한 정부 의존도가 매우 큰 편이다. 이 때문에 사실상 미국 정부가 백신에 대한 수출 통제를 하지 않는다고 하더라도 미국의 요구 사항이 최우선적으로 반영될 가능성이 크다. 미국은 독립기념일 즈음만 해도 코로나19 해방을 선언하면서 어느 정도 여유가 보였지만, 지금은 '제 코가 석자'이기 때문에 부스터샷 물량을 더 확보해야 한다고 판단이 서면 국가이익을 위해서 어떤 일이든 마다하지 않을 게 확실하다. 델타 변이 폭증으로 백신 조달을 둘러싼 주변 환경이 좋지 않다는 건 부인할 수 없다.

백신 정책의 첫 단추, 왜 잘못 끼웠나

모더나가 공급과 관련 "노력해 보겠다"고 얘기했다고 하더라도, 이 말을 오롯이 믿을 수는 없다. 모더나가 그런 생각을 하고 있어도 제휴사들이 또 사고를 칠 수도 있고, 미국 정부가 적극적으로 호응해 주지 않을 수도 있다. 그런 점에서 한국 대표단이 정리하겠다고 하는 내용이 '언제까지 백신을 얼마나 들어올 수 있다'고 자신하는 내용이 된다면 정부는 다시 곤란한 상황에 부닥칠 수도 있다. 당장 성난 여론을 잠재우기 위해 모더나가 말하는 백신 공급 일정만을 가지고 말했다가는 또 뒷감당을 해야 하는 상황이 올 수 있다. 오히려 모더나가 왜 제때 백신을 납품하지 못하는지 공개할 수 있는 선에서 상황을 설명하고, 플랜B, 플랜C 등도 함께 고려하고 있다고 국민에게 양해를 구하는 게 장기적으로는 더 도움이 되지 않을까. 사실 큰 그림대로라면 백신을 둘러싼 혼선은 하반기에 들어가면 마무리될 가능성이 크다. 지금 당장 급한 상황을 모면하기 위해, 말의 혼선을 빚으면서 백신에 대한 국민의 신뢰를 상실하는 건 최대한 피해야 할 것이다.

한국 정부도 올해 들어 백신 정책에서 왜 이렇게 힘든 상황을 맞고 있는지 곱씹어 봐야 한다. 그동안 백신을 추가 구매하려고 혼신의 힘을 다했지만, 어려움을 계속 겪고 있는 것은 첫 단추를 잘못 끼워서다. 한국이 백신만 제때 들여왔어도 지금 어느 나라보다 훨씬 더 상황이 나았을 것이다. 코로나19 초기 K-방역이 최고라는 것만 강조하고, 좋은 조건으로 백신 도입을 계약할 수 있었던 기회를 날린 건 시간이 지날수록 아쉬운 일이다. 앞으로도 코로나19는 정부와 한국 국민을 몇 번이나 낙담하게 만들 수 있다. 국제사회가 어떻게 대처하는지를 면밀하게 검토하고, 무엇이 국익에 도움이 되는 선제적 조치인지 진지하게 고민해야 한다. 모더나 건물 앞에서 알렉산드리아 보안 요원들이 "한국은 백신 살 돈이 충분히 있는 나라인데 왜 진작 백신을 못 산 거냐"고 물었을 때 가슴이 쓰렸던 기억이 남아있다.

화이자가 전 세계를 무릎 꿇린 네 가지 방법

퍼블릭시티즌이 공개한 화이자의 코로나19 백신 공급 계약서

2021. 10. 24.

화이자 CEO의 생일 관을 지고 간 의대생들

10월 21일 앨버트 불라 화이자 CEO의 생일, 뉴욕주 스카스데일 자택 앞에는 의대생들과 시민단체 관계자들이 관을 지고 나타나 시위를 벌였다. 관에는 'Global South(남반구의 저개발국가)'라고 쓰여 있었고, 잔디밭에는 각 국가별로 사망자를 표시한 묘비를 만들어 꽂아 놨다. 생일에 불청객들이 집 앞에서 시위를 벌이는 게 당사자로서는 기분 나쁜 일이겠지만, 이를 영상으로 보는 사람들은 뭐가 문제인지 명확히 느낄 수 있었던 기획 시위였다. 흰색 가운을 입은 학생 몇 명이 나와서 발언했는데, 불라 CEO에게 "돈 벌려고 사람들을 죽게 내버려 두는 행동에 대해 부끄러운 줄 알아라"라고 직격했다.

불라 CEO는 미국 정부의 초기 지원금을 거부할 정도로 배짱 있는

화이자가 전 세계 9개국과 맺은 코로나19 백신 공급 계약서. (출처: 퍼블릭시티즌)

인물로, 백신 성공을 위해 불도저처럼 일한 사람이었다. 존경과 찬사도 받았고 국가원수급 영향력까지 얻게 됐지만, 어느 순간부터 미국 내에서 긍정적이었던 여론이 미움과 원망이 더 커지는 쪽으로 바뀌고 있다. 돈 버는 것에 우리보다 훨씬 관대한 미국이지만, 팬데믹이라는 특수한 상황에서 '해도 너무 해 먹는다'는 인식이 점점 커지는 것이다. 저개발 국가까지 백신을 공급하려면 앞으로 3년 이상 걸릴 것으로 예상되는 상황에서, 화이자가 세계대전에 버금가는 비상 상황을 해결하려는 노력을 하지 않는 것으로 보이기 때문이다. 백신 지식재산권 수호를 위해 제약업계 이익을 옹호하는 강력한 목소리를 내면서, 필요하다면 거친 소송도 마다하지 않겠다는 화이자의 태도는, 팬데믹이라는 세계사적인 비극을 돈 버는 기회로 생각하고 웃고 즐기는 거 아니냐는 의심을 사기에 충분하다. 미국 정부가 다른 나라에 백신을 기부하고 있으니, 미국 정부에 백신을 많이 파는 게 할 일을 다하는 것이라고 우기는 건 사람들에게 인정받기 어렵다.

　이런 불라의 입장은 1950년대 소아마비 팬데믹으로 수만 명의 아이가 희생되던 시절 백신을 개발했던 조너스 소크Jonas Salk와는 정반대라고 할 수 있다. 러시아에서 온 유대인 이민자로 피츠버그 의대 교수였던 소크는 7년 동안 연구해 소아마비 백신을 개발했다. 임상 시험 대상이 없어 자신과 가족을 대상으로 생체 실험을 했다는 건 유명한 일화다. 그는 특허를 가지고 돈벌이하기보다는 백신을 만드는 방법까지 공개해 빠른 시간에 소아마비 팬데믹을 종식한 일등 공신으로 평가받고 있다. 그는 "태양에도 특허를 낼 건가요?"라고 반문했는데, 그의 발언은 아직도 큰 울림을 주고 있다. 그때보다 인류는 더 심각한 위기를 맞았지만, 해결 방식은 제약사 친화적으로 진행되고 있는 게 현실이다.

전 세계 9개국 계약서 분석
'화이자의 힘' 보고서

코로나19 백신으로 세계 최고의 권력을 움켜쥔 화이자는 국가를 상대로도 갑질을 하고 있었다. 이러한 사실은 워싱턴에 있는 소비자 단체 '퍼블릭시티즌'의 보고서를 통해 낱낱이 공개됐다. 일개 제약사가 글로벌 '레어템' 코로나19 백신으로 전 세계를 어떻게 무릎 꿇렸는지 확인할 수 있는 자료였다. 이 단체의 연구원인 자인 리즈비가 전 세계 9개국이 화이자와 맺은 계약서를 입수해 문제점을 〈화이자의 힘(Pfizer's Power)〉이라는 제목의 보고서로 정리했다. 이 문건을 검증하면서 퍼블릭시티즌은 법대 교수, 변호사 등과 크로스 체크하며 협업했다.

온라인에 계약서를 공개한 미국과 영국은 제외하고, 다른 국가들의 현지 언론이나 시민단체 등을 통해 폭로된 계약 문건들을 모아 분석 작업을 진행했다. 내용이 너무나 흥미로웠고, 혹시 한국과 화이자가 맺은 계약서도 분석한 게 있는지 확인하고 싶어 바로 연락했다. 리즈비 연구원은 흔쾌히 장시간 인터뷰에 응해줬다. 그의 인터뷰와 보고서를 토대로 화이자가 전 세계를 무릎 꿇린 방법을 네 가지로 정리했다.

① 정부가 떠들지 못하게 재갈을 물려라: 비밀 유지 각서

화이자 계약서의 특징은 계약서 자체가 극도의 보안에 부쳐져 있고 이와 관련한 공개 발언조차 제한한다는 것이다. 제약사들이 무서워하는 유일한 국가인 미국도 화이자와 강도 높은 비밀 유지 계약을 맺었다. 미국도 지금까지 제약사에 대한 불만 표시를 공개적으로 하지 않고 있다(미국 계약서는 온라인에 공개는 돼 있지만 주요 부분은 비공개 처리돼 있다). 협상력이 좋은 편인 유럽연합도 비밀 유지 계약 때문에 4분기 백신 도입량과 단가에 대해서는 발설하는 게 금지돼 있다고 한다.

사실 국가를 상대로 이런 식으로 재갈을 물리는 건 상상하기 어려운 일이다. 불평불만을 공개적으로 제기하는 걸 원천적으로 막아놨다는 것인데, 그동안 제약사가 공급 지연 같은 사고를 쳐도, 정부가 공식 채널로 제대로 항의하지 못했던 이유가 있었던 것이다. 브라질도 처음 화이자와 협상할 때 불평등 조항이 많다고 공개 반발하다가, 코로나19 폭증으로 견딜 수 없는 상황이 되자 결국 두 달 뒤 조용히 화이자의 요구를 수용하고 계약서를 쓴 뒤 침묵 상태에 접어들었다. 이런 비밀 유지 조항은 백신 배분을 오로지 화이자의 뜻대로 할 수 있게 하는 힘의 원천이 되고 있다. '떠들면 물건 안 줘'식의 협박은 국가를 무릎 꿇리는 가장 효과적인 무기였다.

② 돈 못 내면 독하게 받아내라: '주권 면제 포기+민간 중재자 심판+정부 자산 추징' 3단 콤보

주권 면제는 한 국가의 법원이 다른 국가를 소송 당사자로 재판할 수 없다는 국제 관습법으로 정의할 수 있다. 리즈비 연구원은 화이자가 정부 상대로 소송할 여지를 열어두는 동시에, 자신들에게 유리하고 비밀이 보장되는 민간 중재자 심판을 따르게 하기를 원했다고 말했다. 그는 주권 면제가 국가의 법적인 보호조치의 가장 핵심인데, 그걸 포기하도록 했다는 것은 대단히 충격적인 일이라고 설명했다. 백신을 주는 조건으로 국가가 자발적으로 주권 침해적인 조항을 수용하도록 강제한 것이었다. 여기에 한술 더 떠 일부 국가에서는 백신 대금을 못 낼 때 정부 자산을 담보로 넣도록 했다. 이게 무슨 얘기냐 하면 콜롬비아 같은 곳에서는 백신 대금이 체불 되면 정부가 가지고 있는 예금, 투자는 물론 정부 소유의 항공사, 정유사 등을 내놔야 하는 방식이었다. 가난한 나라도 백신 대금은 소송을 통해서든 정부 자산 처분을 통해서든 악착 같이 받아내겠다는 걸 계약서에 관철했다는 얘기였다.

③ 화이자의 문제는 눈 감아줘라: 배송 지연도 허락, 지식재산권 침해는 국가가 대신 배상

상대국의 문제를 추궁하는 방법은 지나칠 정도로 세밀하게 요구했던 화이자는 자신들에게 법적인 문제가 발생하면 책임을 빠져나갈 구멍을 미리 마련해 놨다. 공급 지연 사태에 대해 화이자는 책임이 없다는 게 기본 입장이었다고 리즈비 연구원은 설명했다. 이에 더해 알바니아, 브라질, 콜롬비아 계약서에는 배송 일정에 대해서는 화이자가 어떤 수정을 해도 수용한다는 것까지 관철한 게 확인됐다고 설명했다.

코로나19 백신 지식재산권은 절대 내놓을 수 없다고 목소리를 높이는 화이자지만 적어도 4개국 계약서에서 다른 회사의 지식재산권을 화이자가 침해했을 때는 해당 국가가 배상하는 걸로 계약을 했다. 사업을 하다가 발생할지 모르는 골치 아픈 일을 정부가 전부 떠 안아주는 걸 요구해 관철했다는 것이다.

④ 백신의 이동을 막아라: 허락 없는 백신 기부 봉쇄

화이자는 자신들이 판매한 백신이 국가 간에 오가는 것에 대단히 민감하게 반응했다. 품질 관리가 어렵다는 이유를 내세울 수 있지만, 국가별로 단가가 다르게 책정돼 있기 때문에 이를 전면 허용할 경우, 싼 곳에서 비싼 곳으로 물건이 역류하는 암시장이 형성될 것을 우려한 것으로 추정된다. 하지만 한창 접종한 뒤 백신이 남아도는 국가에서 백신이 나가지 못하고, 백신이 부족한 국가는 화이자가 물건을 주기 전에는 다른 나라에서 백신을 받기도 어렵게 만드는 상황이 발생할 수 있다. 리즈비 연구원은 "백신 기부가 충분하고 빠르게 진행되지 않으면 팬데믹이 더 커지고 사람들이 죽을 수밖에 없다"고 비판했다.

'독점 괴물'로 변하는 화이자

리즈비 연구원은 화이자가 코로나19 백신을 사실상 독점하고 있는 것이 모든 문제의 근원이라고 설명했다. 막강한 정부조차 다른 선택지를 가질 수 없었기 때문에 이런 문제적 조항을 결국 수용할 수밖에 없었다고 말했다. 결국 이를 해결하려면 화이자의 힘이 과도하게 집중되는 걸 막는 것 외에는 방법이 없다고 진단했다. 리즈비 연구원도 하루빨리 백신 생산 기술을 다른 나라로 이전해, 백신을 동시에 최대한 많이 생산하도록 하는 것이 핵심이라고 말했다.

이 과정에서 미국 정부의 역할이 가장 중요하다고 강조했다. 백신사들이 무서워하는 국가는 미국밖에 없다. 미국은 국방 물자 생산 법으로 백신 원료를 구해주는 국가이기 때문에 백신사들의 목줄을 쥐고 있다고 해도 과언이 아니다. 중요한 특허를 미국 정부가 가지고 있는 것도 많다. 백신사들은 물건을 생산하는 즉시 미국 정부의 요구부터 최우선으로 납품하고 있다. 리즈비 연구원은 미국 정부가 지금보다 훨씬 더 적극적으로 제약사들을 움직일 방법이 있다고 강조했다. 기술 공유, 제조법 공유도 미국 정부가 나서면 가능하다며, 한국에도 기술 이전을 통해 백신을 하루라도 빨리 생산하게 하는 게 팬데믹을 빨리 끝내는 방법이라고 설명했다.

비밀 유지 조건으로 가려진 한국 계약

한국도 백신 계약 관련해서 비밀 유지 협약을 맺었다고 여러 차례 인정한 바 있다. 백신 구매에 뛰어든 것 자체가 늦었고, 공급 일정을 당기기 위해 제약사들이 원하는 조건을 상당수 수용했을 거라는 건 짐작할 수 있는 부분이다. 퍼블릭시티즌도 한국 정부와 화이자가 맺은 계약서를 확보하지 못했다고 답했다. 하지만 리즈비 연구원은 화이자 계약서는 전 세계 공통으로 상당히 유사한 부분이 발견된다면서 한국 계약서에도 문제 조항이 들어가 있을 거라고 말했다. 그는 한국 정부와 화이자 계약서가 공개되지 않는다는 것 자체가 문제라고 지적했다.

제약사들이 이익을 극대화하기 위해 힘없는 국가를 위력으로 무릎 꿇리고, 글로벌 공급 확대에 소극적인 태도를 보여주는 것은 미국에서도 비난받기에 충분한 일이다. 미국 언론에서도 칼럼 등을 통해 백신 제약사들이 돈 버는 데만 집중하고 팬데믹 종식을 위해 무관심한 태도를 취하는 것을 비판하는 내용이 계속 실리는 중이다. 이런 점에서 미국에서 공개된 화이자의 갑질 계약서의 실태는 국내에도 충분히 알려져야 한다. 지금 벌어지는 일은 미국 기준으로 봐도 '내가 만든 백신 내가 팔겠다는데 누가 시비냐'고 하기 어려운 심한 갑질이기 때문이다.

'가벼운 증세'지만
결코 가볍지 않은 오미크론 변이
안젤리크 쿠체 남아프리카공화국 의사협회장 인터뷰

2021. 12. 2.

오미크론 확진자 없는데 왜?
파우치 당황케 한 질문

오늘 백악관 브리핑에서 가장 인상적이었던 질문은 아프리카 국가 출신으로 추정되는 한 흑인 기자가 미국이 왜 짐바브웨, 나미비아, 모잠비크처럼 오미크론 확진자가 없는 국가들을 입국 금지 국가로 지정했냐고 물어본 것이다. 미국이 정한 남아프리카공화국(이하 남아공) 등 8개국 입국 금지 국가 대상은 국제 표준처럼 정해져서 한국도 그대로 채택했다. 이들 국가에서 오미크론 확진자가 아직 공식적으로 없다는 얘기인데, 파우치 박사는 아주 좋은 질문이라면서, "시간을 벌기 위한 임시 조치이니, 심각한 피해가 발생하기 전에 입국 금지를 해제하기를 희망한다"고 얼버무리듯 답변했다.

이들 국가는 오미크론을 가장 먼저 발견해 국제사회에 알린 남아공 근처에 있다는 이유로 싸잡아서 매를 맞고 있는 게 사실이다. 열악한 진단 검사 인프라를 감안하면 이미 오미크론이 만연했을 거라는 추정밖에 없다. 이런 추정은 적어도 '과학'에 근거한 것이 아닌 건 분명했다. 이들 국가의 수괴(?)급인 남아공으로서는 자신들이 상을 받아도 모자란 상황에서 왜 이런 수모를 당해야 하나 생각할 수밖에 없다. 괜히 오미크론을 밝혀냈다가 주변 국가들까지 싸잡아 매타작을 당했으니 민망한 상황이다. 코로나19 초기 정보 은폐와 비협조로 일관했던 중국처럼 편한 전철을 밟았다면, 이런 모욕을 당하지는 않았을 거라고 생각할 수도 있다. 이미 오미크론 확진자가 남아공에서 발생하기 전에 네덜란드에서 나왔다는 보도까지 나온 상황이었다. 이래저래 아프리카 국가들은 억울한 게 많을 수밖에 없다.

그럼에도 남아공 과학자들의 헌신적인 열정은 역사에 기록될 필요가 있다. 요즘 유튜브에서 남아공 코로나19 브리핑을 일부 찾아봤는데, 굉장히 수준이 높았다. 유튜브에 출연한 감염병 학자들은 세계적인 수준의 전문가들이었고, 오히려 미국의 코로나19 브리핑보다 더 자세한 부분까지 설명했다. 남아공은 에이즈(HIV) 관련 연구자들이 워낙 많기 때문에 세계적인 수준의 학자와 연구소가 많다. 파우치 박사도 남아공 감염병 전문가들과 수시로 연락하며 오미크론의 정체를 파악하는 데 큰 도움을 받고 있다고 자주 말하고 있다.

쿠체 박사가 변이를 직감했던 이유

오미크론 변이가 이름을 알리게 된 데는 남아공의 안젤리크 쿠체Angeli-que Coetzee 박사가 큰 역할을 했다. 남아공 의사협회장이면서 개업 의사이기도 한 쿠체 박사는 BBC나《텔레그래프The Telegraph》같은 언론과 오미크론 환자들의 증상이 심하지 않다는 취지로 인터뷰한 게 대서특필된 바 있다. 모두가 원하는 대답이었지만, 사실 그 근거가 궁금했다. 임상 근거에 기초한 대답이겠지만, 워낙 괴물 변이라고 과학자들이 긴장하고 있는 오미크론이 어떤 작용을 하는 건지 궁금했다. 연락처를 뒤져 이메일을 보내 답을 받고, 섭외를 위해 직접 통화까지 했는데, 환자를 돌보는 시간을 쪼개서 인터뷰 시간을 마련해 줘서 고마웠다. 오미크론을 처음 발견한 의사의 말을 직접 듣는 흥분감이 있었다. 이제는 언어만 통하면 국경이라는 게 의미 없는 시대가 됐다.

쿠체 박사가 설명하는 오미크론 감염 환자의 주요 증세는 극도의 피로감과 몸살, 목이 따끔거리는 증상 등이었다. 남아공은 전부 델타 변이라고 해도 될 정도로 우세 종인데, 이런 증세의 환자는 기존에 보지 못했다고 설명했다. 델타는 위력이 대단해서 감염된 환자가 미각과 후각을 잃어버리고, 결국에는 산소 호흡기를 착용하는 경우가 속출했다. 그런 강렬한 델타에 비하면 '증세가 가볍다(mild symptoms)'는 것이었다. 코로나19로 확진은 됐는데, 증세가 가벼우니 쿠체 박사는 자신이 뭔가 놓치는 게 있는 건 아닐지 매우 불안했다고 말했다. 의료 정보를 같이 논의하는 의사 그룹 내에서 비슷한 증세의 환자를 받은 의사들이 있었고, 유전자 검사를 해보자는 결론을 내렸다고 한다. 쿠체 박사는 남아공의 백

2021년 12월 1일 안젤리크 쿠체 남아공 의사협회장과 인터뷰하는 모습.

신 자문 위원이기도 했기 때문에 정부에 의견을 내는 게 쉬운 편이었다. 그렇게 검사를 의뢰한 시점이 11월 18일이었다. 그래서 델타와는 완전히 다른 오미크론이라는 새로운 변이가 이름을 얻고 베일을 벗게 됐다.

쿠체 박사는 증세가 가볍다는 부분만 대서특필된 것에 굉장히 불편해했다. 물론 쿠체 박사가 돌본 환자들의 증세가 가벼웠던 건 사실이다. 하지만 자신의 의도는 오미크론 증세가 가벼울 수도 있으나, 반드시 병원에 가서 의사를 만나보라는 것이었다고 설명했다. 그런데 인터뷰를 했더니 외신들도 증세가 가볍다는 말에 꽂혀서 뒷부분에 한 말은 신경도 쓰지 않았다고 불만을 토로했다. 그는 "가벼운 증세라고 해서 바이러스를 걱정할 필요가 없다는 게 아니다"라고 힘줘서 강조했다. 증세를 무시하지 말라는 설명을 이렇게 길게 할 수밖에 없다고 푸념을 했다.

백신 불평등이 만들어 낸 괴물,
오미크론

오미크론 확산은 전 세계적으로 보면 이제 시작에 불과하다. 아직 육지에 상륙하지는 않았지만 엄청난 비바람을 몰고 바다에 떠서 북상하는 태풍 같은 존재다. 앞으로 상황이 더 심각해질 수 있다는 의견에 대해서 어떻게 생각하냐고 물어봤더니 쿠체 박사는 "전적으로 동의한다"면서 "앞으로 아픈 사람이 더 많이 나오는 걸 보게 될 것"이라고 예상했다. 자신이 돌본 환자들은 40세 미만의 젊은 환자들이 대부분인데, 곧 지역사회 전파를 통해 만성질환이 있는 노인층의 감염이 확산할 것이고, 그렇게 되면 지금보다 더 큰 피해는 불가피하다는 것이다. 물론 지금같이 가벼운 증상의 환자들만 나오기를 희망하지만, 앞으로 1, 2주 뒤면 상황이 급변할 수 있다고 암울한 전망을 하기도 했다.

오미크론에 기존 코로나19 백신이 효과가 있는 것인지 과학적인 데이터가 나오는 데 앞으로 몇 주 더 걸릴 예정이다. 하지만 임상적으로 자신의 환자들을 봤을 때는 백신을 맞은 사람들이 덜 아프고, 회복도 빨랐다고 설명했다.

오미크론은 백신 불평등이 만들어 낸 괴물이라고 해도 과언이 아니다. 쿠체 박사는 HIV 감염 등으로 면역력에 문제가 있는 사람들이 백신을 맞지 않고 코로나19에 감염되는 일이 반복되면서 변이 압박이 더 커진다고 설명했다. 그래서 아프리카에 백신 접종이 필요한 거라고 강조했다.

한국에 조언해 줄 게 있냐고 물어봤더니, 쿠체 박사는 가장 기본적인 사항을 강조했다. 마스크 쓰고, 거리두기하고, 백신 접종을 하라는 것이었다. 사람이 많이 모이는 곳을 피하고 개인위생을 철저히 하라는 당부를 덧붙이기도 했다. 사실 2년 넘게 코로나19와 함께 살면서 우리 모두가 이미 알고 있는 답이다. 하지만 이걸 어느 수준으로, 어떻게 지키냐에 대해서는 치열한 논의가 필요하다.

오미크론 가면 벗긴 과학자는
왜 살해 협박을 받았나

툴리오 데 올리베이라
남아공 전염병대응혁신센터장 인터뷰

2021. 12. 30.

베타에서 오미크론까지……
'변이 추적자' 툴리오 데 올리베이라

남아공의 전체적인 오미크론 상황을 가장 잘 알고 있는 인물 가운데 한 명은 툴리오 데 올리베이라Tulio de Oliveira 남아공 전염병대응혁신센터 (SERI) 센터장이라고 할 수 있다. 타잔처럼 장발을 휘날리며 남아공 코로나19 브리핑에 여러 차례 등장해 눈여겨보고 있었는데, 브라질계 특유의 악센트 섞인 영어로 사안을 대단히 침착하고 심도 있게 브리핑한다고 생각했다. 파우치 박사도 남아공 상황을 물어보기 위해 그에게 자주 전화한다고 말한 바 있다. 과학 저널《네이처Nature》에서 그를 올해의 10대 과학자로 선정하면서 '변이 추적자(variant tracker)'라고 설명을 붙였다. 이미 베타 변이는 물론 오미크론까지 규명했으니 그 팀의 실력은 세계 최고 수준이라는 것이 검증된 셈이다. 데 올리베이라 박사의 트위터를 보면 비분강개형 지식인의 인상이 강했다. 오미크론을 규명하고 남아공에 대해 느닷없이 다른 나라들이 여행 금지 조치를 내리자, 그 부당함을 직설적으로 여러 차례 비판했다.

툴리오 데 올리베이라 박사에게는 이미 한 달 전에 연락했지만 답을 받기가 쉽지 않았다. 하지만 오미크론에 대한 궁금함과 관심이 폭증하는 상황이어서 다시 연락했다. "당신이 바쁜 건 너무 잘 알지만, 당신의 경험을 한국에 나눠줄 수 있겠냐"고 요청했던 메시지에 그가 반응했다. 인터뷰를 시작하고 그의 첫마디는 "나는 도움을 주기 위해 여기 나왔다"였다.

질문을 하면서도 머릿속에 오미크론의 증세가 약하다는 게 박혀있었다. '왜 오미크론은 약한가'라는 식으로 질문을 많이 했는데, 그는 그게 아니라는 취지로 여러 차례 반복 설명했다. 남아공 사례를 분석해 보니 오미크론이 약한 게 아니라 사람들이 면역력을 갖춰서 그렇게 된 거라고 설명했다. 남아공의 백신 접종률은 30퍼센트 정도이지만, 코로나19에 걸렸다가 회복한 인구가 70퍼센트에 달하는 것으로 추정됐다. 백신 접종과 자연 감염을 통해 사람들이 면역을 획득하면서 더 독한 오미크론이 나타나도 예전처럼 무방비로 당하지는 않는다는 것이다. 이미 코로나19를 겪은 지 2년이 되는 상황에서 이런 일은 자연스러운 추세라고 설명했다.

데 올리베이라 박사는 지금처럼 오미크론을 순하게 유지하려면 가장 중요한 것이 백신 접종이라고 강조했다. 한두 번 말한 정도가 아니라 백신 접종이 오미크론 대응에서 핵심 중 핵심이라는 취지로 귀에 못이 박히도록 설명했다. 백신이 전파 자체를 막지는 못하지만, 심각한 질병과 사망을 막아준다는 것을 자신들이 연구 결과로 확인했다고 강조했다. 그는 남아공의 자료뿐만 아니라 영국, 미국의 자료까지 전부 살펴봐도 병원에서 심각하게 아픈 사람의 절대다수는 백신을 맞지 않은 사람이라고 설명했다. 백신을 안 맞은 사람이 있다면 지금이라도 백신을 맞으라고 권하겠냐고 물어보니, "당연히 맞으라고 권할 것"이라고 답변했다. 백신을 접종한 지 2, 3개월이 지나면 부스터 접종까지 심각하게 고민해야 한다며, 추가 접종에 대단히 적극적으로 찬성하는 입장이었다. 자기 연구실은 전원 부스터샷까지 다 맞았다고 말해줬다.

그는 한국 상황에 대해서 상당히 잘 알고 있었다. 한국의 성공적인 방역 사례를 잘 알고 있다며 오미크론을 잘 극복해서 성공담을 이어갔으면 좋겠다고 말했다. 그는 백신 접종률이 높은 한국 사회가 공포감에 빠지는 건 도움이 안 된다고 조언했다. 부스터 접종을 비롯한 백신 접종을 위해 노력하면서, 마스크 쓰기, 거리두기 등 기본을 잘 지켜야 한다고 말했다. 당장 연말에 대규모로 사람이 모이는 행사를 피해서 오미크론이 확산하는 걸 막아야 한다고 충고했다. 그는 한국에 최선을 희망하면서 최악에 대비해야 한다고 인상적인 말을 남겼다.

남아공은 오미크론을 어떻게 규명했나

데 올리베이라 박사는 증세가 약한 오미크론이 확산하는 게 크리스마스 선물일 수 있다는 일각의 전망에 대해, 자신은 오미크론을 크리스마스 선물이라고 부르지 않을 것이라고 답했다. 크리스마스 선물은 남아공이

2021년 12월 29일 툴리오 데 올리베이라 전염병대응혁신센터장과 인터뷰하는 모습.

오미크론을 조기에 발견한 것이라고 강조했다. 그가 오미크론의 정체를 전 세계에 알린 것이 11월 25일이었고, 이를 토대로 WHO는 오미크론을 우려 변이로 지정한 바 있다. 이 경고 때문에 다른 나라들이 미리 병상을 준비하고 방역 시스템 점검할 수 있었고, 그래서 오미크론이 전 세계를 무방비 상태로 휩쓰는 것을 막을 수 있었다고 설명했다.

그는 자신이 남아공 전국에 걸쳐 10개의 유전자 분석 연구소 네트워크를 관할하고 있다고 설명했다. 이 조직은 평소 다양한 변이 연구를 진행하기 때문에 분석 작업이 대단히 효율적이고 커뮤니케이션도 매우 빠르다고 했다. 오미크론의 유전자 분석을 통해서 특이한 스파이크 변이를 확인했는데, 36시간 안에 쌍둥이처럼 동일한 결과를 100개 넘게 수집했다. 이런 결과를 받아들고 자신이 직접 보건부 장관에게 전화를 했고, 이 결과는 전 세계에 공개해야 한다고 설득했다고 말했다. 보건부 장관도 자료 공개에 동의하면서, 데 올리베이라 박사가 시릴 라마포사 Cyril Ramaphosa 남아공 대통령에게 직접 전화할 수 있었다고 말해줬다. 그는 대통령을 직접 설득해 오미크론 공개 기자회견을 했다. WHO와도 분석 결과를 공유하면서 이 변이는 단순히 넘어갈 게 아니라는 걸 설득했다. WHO와 긴급 미팅을 잡아 결과를 공유했고, WHO도 곧장 우려 변이로 발표한 것이었다. 데 올리베이라 박사는 변이를 확인할 수 있는 과학자들과 그걸 믿어주는 정부가 남아공에 있었던 게 다행이라고 당시 상황을 회고했다.

다른 나라들의 남아공 여행 금지 조치

그는 이번 팬데믹을 겪으면서 투명한 자료 공개, 빠른 행동만이 답이라고 생각했다고 여러 차례 말했다. 하지만 오미크론을 규명한 직후 남아공은 뒤통수를 제대로 맞았다. 미국, 영국 등 서구 주요 국가들이 여행 금지 조치를 내리더니, 한국을 비롯한 전 세계 국가 상당수가 이에 동참했다. 남아공은 오미크론의 유전자 특징을 규명해 공개했지만, 경제적으로는 벌을 받았다고 표현했다. 여행 산업의 비중이 큰 남아공에 여행 금지는 충격적인 조치였다. 1만 편 이상의 항공편이 취소됐고, 남아공 국내 여론이 들끓었다고 했다. 필요하지 않은 짓을 해서 국가 경제를 파탄으로 내몰았다고 비난받았다는 것이다.

데 올리베이라 박사는 자신을 비롯한 연구팀이 살해 협박을 많이 받았다며 담담하게 털어놨다. 사실 영웅이라는 칭송을 들어도 시원찮을 연구팀이 국가의 역적으로 내몰렸던 것이다. 그가 트위터에 왜 분노의 글을 쏟아냈는지 이해가 갔다. 그는 여행 금지 조치는 효과가 전혀 없다고 여러 차례 강조했다. 백신을 맞은 사람들에 한해서 입국 전후로 코로나19 검사를 강화하는 방식으로 바이러스 확산을 막으면서, 국가 간 이동을 보장해야지 항공편 자체를 끊는 건 아무 도움이 안 된다고 했다. 그는 방역 조치는 경제정책과 균형을 잡아서 할 수밖에 없다고 설명했다. 방역의 고삐를 아무리 세게 쥐려고 해도 경제가 뒷받침이 안 되면 불가능하다는 것이다.

사실 여행 금지 같은 극단적인 조치는 코로나19 장기전을 치르면서 큰 효용이 없다고 이미 여러 차례 밝혀진 바 있다. 전 세계 물류 시스템을 망가뜨리면서 결국은 자기 발등 찍는 일이 됐지만, 인류는 똑같은 실수를 반복했다. 미국도 결국 남아공을 비롯한 남아프리카 8개국에 대한 여행 금지 조치를 12월 31일부터 해제하기로 결정했다.

그나마 다행인 건 지금은 데 올리베이라 박사 연구팀이 오미크론을 먼저 공개한 것에 대한 비난 여론이 잦아들었다는 것이었다. 지금은 그렇게 자료를 공개한 것이 결과적으로 잘한 일이라는 여론의 지지가 있다고 덧붙였다. 그는 변이 바이러스를 신고하는 국가에 경제적인 보상책을 주는 시스템을 구축하는 게 장기적으로 도움이 될 거라고 주장했다. 그렇지 않으면 변이를 은폐할 유인만 커진다는 것이다. 《뉴욕 타임스》등에는 남아공에 금전적인 보상을 줘야 한다는 칼럼이 실제로 실린 바 있다.

백신 불평등 해소가 중요한 이유

데 올리베이라 박사는 변이 추세를 분석한 데이터의 방향을 보면 지금 오미크론이 제일 크고, 제일 전파력이 강한 변이가 아닐 수도 있다고 설명했다. 더 센 변이가 나오는 쪽으로 데이터의 추세가 가고 있다고 설명했다. 오미크론이 마지막이기를 바라는 건 희망 고문일 수 있다는 것이다. 아직 오미크론도 정리되지 않았지만, 또 다른 변이가 나와서 인류가 다시 공포에 떨 수 있다는 설명으로 들렸다. 이런 점에서 백신 불평등 해소가 중요하다는 점을 그는 여러 차례 강조했다. 부자 나라만 백신을 맞아서는 답이 없으며, 가난한 나라까지 백신을 공급해서 전 인류가 함께 백신을 맞아야 한다는 것이었다.

코로나19 팬데믹은 어느 한 국가만 방역을 잘해서는 해결이 어렵다는 걸 지난 2년 동안 가르쳐줬다. 부자 나라들의 백신 사재기가 여전하지만, 한편으로는 전 세계적인 백신 거부감과 음모론이 갈수록 커지는 상황이다. 백신 제약사들은 돈벌이에 혈안이 돼 혐오감을 부추기고 있고, 그 결과 새로운 백신이 나와도 대중의 백신 거부감은 엄청날 것이다. 게다가 변이를 발견한 국가의 투명한 정보공개와 신속한 행동에 벌주는 행동이 반복된다면, 코로나19는 우리가 생각한 것보다 인류의 발목을 오래 잡을 수 있다는 걸 명심해야 한다.

백신 부작용 '심근염'에 대한
FDA 자문위의 다른 시각

하나 엘 살리 베일러 의대
·코디 마이스너 터프츠 의대 교수 인터뷰

2021. 12. 16.

'부스터 확대 접종'
앞질러 가는 백악관, 반발하는 FDA 자문위

아이러니하게도 바이든 대통령이 코로나19로부터 독립을 선언했던 '독립기념일(2021년 7월 4일)' 이후부터 미국은 델타 변이의 놀이터가 됐다. 백신 접종이 한계에 부딪힌 상황에서 최악의 델타 변이가 폭증하면서 백악관은 사실상 '멘붕' 상태였다. 백신을 한 번도 안 맞은 사람을 접종해야 했지만, 죽어도 안 맞겠다고 버티니 더 이상 방법이 없었다. 미국인들에게 마스크 착용, 거리두기를 강제하기도 어려운 일이어서 백신 접종 말고는 다른 대응 수단이 마땅치 않았다. 마음이 급해진 미국은 일단 부스터 접종으로 방향을 선회했다. 백신사들은 부스터 접종을 하면 중화 항체 수치가 다시 높아진다는 데이터를 부지런히 제공하면서 백악관을 설득했다.

지난 8월, 바이든 대통령은 FDA에서 논의가 끝나지 않은 전체 성인 대상 부스터 접종을 공식 선언했다. 9월 20일부터 접종한다고 시점까지 제시했는데, FDA가 작지 않은 충격에 빠졌다. 백신 담당국의 마틴 그루버 국장과 필립 크라우스 부국장이 동시에 사퇴해 버리는 초유의 사태가 발생했다. 과학을 따르겠다던 바이든이 약속했던 것과 달리 이렇게 앞질러 가는 것에 대한 강력한 항의 표시였다.

그런데 9월 17일 FDA 의사 결정에서 대단히 중요한 비중을 차지하는 백신·생물의약품자문위원회(VRBPAC)가 성인 전체 부스터 접종을 16대 2라는 압도적인 표결로 부결시켰다. 위원회는 65세 이상 고령자와 비만, 당뇨 등 기저 질환이 있는 취약층으로 한정해 부스터 접종 대상을 좁혀버렸다. FDA 자문위는 미국 내 백신 분야 자타공인 최고의 전문가들이 모인 집합체로 고도의 독립성을 보장받는 기구다. 자문위의 의견을 FDA가 수용할 필요는 없지만, 이 결정을 따르지 않는 경우는 극히 드물다. 대통령의 계획이 고꾸라진 상황이었지만, 우여곡절 끝에 CDC 국장인 미셸 월렌스키가 직권으로 코로나19 확진자와 밀접 접촉하는 직업을 가진 사람들을 추가하는 선에서 타협하고 일단 부스터 접종을 시작했다.

파우치 백악관 수석의료보좌관은 처음부터 열렬한 부스터 옹호론자였다. 이스라엘 자료를 선호하는 그는 부스터 접종을 하면 얼마나 효과가 있는지 코로나19 브리핑에서 여러 번 설명했었다. 언론 인터뷰에서도 결국 모든 성인이 부스터를 접종하게 될 거라고 전망했었다. 또 남아공과 영국 자료를 인용하면서 화이자, 모더나 모두 부스터 접종을 하면 오미크론에도 큰 효과가 있다고 홍보했다.

한 가지 혼동하지 말아야 할 것은 FDA 자문위에서 백신 접종 자체를 두고는 이견이 없었다는 것이다. 백신이 생명을 구하고 코로나19 대응에 큰 효과가 있다는 것에는 전문가들도 의견이 일치한다. 하지만 코로나19 백신이 드물지만 부작용이 있는 것도 사실이다. 따라서 이 문제에 대해 FDA 자문위에서도 부스터 접종을 어디까지 확대할 것인지, 백신 접종 연령을 어디까지 내릴 것인지 내부적으로 격렬한 논의가 진행된 바 있다.

청소년 방역 패스 논란
FDA 자문 위원에게 묻다

한국에서 벌어진 청소년 방역 패스 논란은 접종 대상을 어디까지 확대해야 하는 것인지에 대한 문제 제기를 담고 있다. 코로나19 백신을 맞고 힘든 부작용을 경험해 본 성인들이 자녀에게 선뜻 백신을 접종시키기 꺼리는 데다, 일부 부작용으로 의심되는 사망 사례까지 발생하면서 대중에게 큰 공포를 남겼다. 게다가 소아·청소년들은 코로나19에 걸려도 큰 피해를 입지 않는다는 생각이 있어 백신 접종에 대해 더욱 고민하게 만드는 요소다.

국내에서 제기되는 이런 문제점을 직접 확인해 보고 싶어 FDA 자문 위원들을 수소문했다. FDA는 백악관도 어찌하지 못하는 객관성을 가진 기구이고, FDA의 결정은 코로나19 대응에 있어 중요한 비중을 차지하기 때문이다. 자문 위원 대부분이 병원에서 환자를 진료하는 대학

교수들이어서 시간을 잡기가 쉽지 않았다. 하지만 한국에서 벌어지는 혼란 상황을 설명하며 시간을 내달라고 부탁했는데, 바이러스 분야를 전문으로 하는 하나 엘 살리 베일러 의대 교수와 소아 전문의인 코디 마이스너 터프츠 의대 교수가 흔쾌히 인터뷰에 응했다. 인터뷰를 다 마치고 나니 두 교수는 총론에서는 의견이 같았지만, 각론에서는 의견이 다른 부분이 있었다. FDA 자문위 내부 토론의 흔적을 보여주는 것이기도 하지만, 우리도 이들의 의견에 대해서는 참고할 필요가 있다. 두 교수에게 비슷한 질문을 던졌는데, 문답 형태로 의견을 정리했다.

청소년 접종 과연 안전한가?
심근염 부작용을 둘러싼 다른 시각

김수형 미국은 현재 5세 이상이면 백신을 맞을 수 있다. 하지만 한국에서는 청소년과 어린이가 과연 백신을 맞는 것이 안전한 것이냐는 걱정이 있다. 백신이 이들에게 과연 안전한 것인가?

엘 살리 미국은 지난봄부터 지역사회에 있는 청소년에게 백신을 수백만 회 접종한 경험이 있다. mRNA 백신의 안정성은 아주 높은 것으로 나타났다. 접종하면서 발생하는 피로감, 열감이 일부 있었지만, 보통 하루 이틀이면 없어졌다. 물론 새로운 부작용으로 심근염이 있었다. 심장에 염증을 일으키는 것인데, 발생 빈도는 매우 낮았다. 대부분의 부작용은 접종 후 6주 이내에 발생한다. 지금까지는 안전한 것으로 보인다. 면밀하게 추적 관찰하고 있지만, 장기적으로 해롭다는 신호는 없다.

마이스너 매우 복잡하고 논쟁적인 질문이다. 백신이 접종하기에 안전한 거냐고 묻는다면 나는 그렇다고 생각한다. 충분히 많은 청소년에게 접종했고, 우리는 이것이 안전하다는 것을 안다. 하지만 우리는 젊은 남성에게 심근염 사례가 발생한다는 사실도 알고 있다. 주로 30세 이하 남성에게서 나타나는데, mRNA 백신은 염증을 일으키는 위험을 높인다. 그것이 심근염과 관련이 있다. 아마도 남성호르몬과 관련된 뭔가가 있을 수도 있다. 이것은 아주 드물지만 30세 이하 남성에게는 코로나19로 인한 입원 위험보다 약간 더 높다고 할 수 있다. 살면서 모든 위험을 제거할 수는 없다. 아스피린을 먹고도 출혈로 숨질 수 있다. 이런 위험과 이익의 균형을 맞추는 것은 어려운 일이다. 소아청소년과 의사들은 백신 부작용으로 생기는 심근염이 매우 가볍고 2, 3일이면 퇴원한다고 말한다. 하지만 장기적인 합병증을 일으킬지 우리는 알지 못한다. 대게 백신 부작용으로 생긴 심근염으로 입원했다가 퇴원한 환자들에게 심장의들은 3개월에서 6개월 정도 운동을 하지 말라고 한다. 이렇게 되면 청소년에게는 큰 일이다.

김수형 청소년은 코로나19에 걸려도 무증상인 경우가 많다고 한다. 그런데도 백신을 접종해야 하는 이유는 무엇인가?

엘 살리 젊은 사람이 코로나19에 걸렸을 때, 나이 든 사람보다 심각하게 아픈 사람의 비율이 낮다. 하지만 젊은 사람 수백만 명을 놓고 보면 아픈 사람의 비율은 굉장히 높다. 백신의 안전성과 심각한 코로나19 질병에 걸릴 확률을 놓고 본다면 백신을 맞는 게 훨씬 더 효용이 크다.

마이스너 코로나19가 점점 더 심각해지고 있기 때문이다. 나는 18세 이
상인 사람은 모두 백신을 맞아서 면역력을 갖춰야 한다고 생각한
다. 젊은 사람도 코로나19로 아프고 죽는다. 물론 완전히 건강한 청
소년과 아이가 병원에 입원할 확률은 매우 낮다. 나는 백신의 부작
용이 무엇인지 명확히 하고 싶다.

접종률이 높아도 코로나19가 폭증하는 이유

김수형 한국에서 방역 패스를 청소년에게 확대한다고 발표하면서 반발
이 거세다. 이것을 청소년 백신 의무화 조치로 받아들이고 있다. 이
런 강제 조치가 효과가 있다고 보나?

엘 살리 목적이 무엇인지 다시 한번 생각해야 한다. 우리의 목적은 코로
나19로 심각하게 아프거나 사망하지 않는 것이다. 우리는 이미 수
백만 명의 청소년에게 접종한 백신이 있고, 매우 안전하다는 기록
이 있다. 코로나19로 입원을 하면 지역사회는 아픈 사람을 위해서
비용을 지불한다. 가장 최선의 치료를 하게 되고, 집중적인 간호를
한다. 그래서 지역사회가 백신 접종에 참여하라고 요구하는 것은
비이성적이라고 할 수 없다. 그래야 병실이 남게 돼 백신을 맞지 않
아 코로나19 걸린 환자들이나 코로나19가 아닌 다른 병으로 입원
한 환자를 돌볼 수 있게 된다.

마이스너 청소년에게 접종하는 코로나19 백신이 한국에서는 정식 승인
이 난 건가? 미국은 아직 16세 이하에서는 긴급 사용 승인 상태로
아직 시험용 백신이다(한국에서는 정식 승인이 난 상태라고 답했다). 내

생각에 시험용 백신을 대상으로 사람들에게 접종에 참여하라고 하는 것은 어려운 일이다. 물론 홍역 백신은 학교에서 접종을 요구한다. 홍역에 대해서는 70년 동안 사용하면서 안전하다는 것을 사람들이 안다. 하지만 mRNA 백신은 사용한 지 일 년이 아직 안 됐다. 어떤 것을 강제하려면 얻게 되는 이익의 전체 범위를 알아야 한다.

김수형 한국은 접종률이 매우 높지만, '위드 코로나19' 시행 이후에 감염자가 폭증하고 있다. 백신 접종을 많이 했는데도 문제가 이어지는 이유가 무엇인가?

엘 살리 백신을 접종하면 심각하게 아프게 되는 것은 막아주지만 모든 감염으로부터 막아주지는 못할 수 있다. 일단 백신을 두 번 맞으면 병원에 입원하는 일은 거의 없고 대체적으로 가볍게 앓는다. 나이가 많은 사람이라면 입원할 수도 있겠지만, 중환자실에 들어가거나 끔찍한 폐렴에 걸리는 것은 막아준다. 우리가 델타와 오미크론을 거치면서 알게 된 것은 백신이 효과적이고 심각한 결과를 막아준다는 것이다. 그래도 지금까지 희망적이고 축복이라고 볼 수 있는 것은 mRNA 백신을 두 번 맞으면 심각하게 아프지는 않는다는 것이다. 감염을 제로로 만들 수 있다는 생각은 바이러스가 우리에게 가르친 것과 반대다. 코로나19의 심각한 결과를 막도록 컨트롤하면서 사람들을 보호하는 것이 지금의 목표다.

마이스너 백신을 맞는다고 해도 감염은 될 것이다. 하지만 훨씬 덜 아플 것이다. 우리가 처음에는 백신이 너무 뛰어나서 감염 자체를 막아줄 것이라고 생각했다. 현실성 없는 기대였다. 백신을 맞은 사람은 감염이 되더라도 거의 확실히 아무 증세가 나타나지 않을 거라는 것을 알아야 한다. 바이러스를 박멸할 수 있다는 생각도 현실적이지 않다. 바이러스는 변이를 계속하면서 지역사회와 지구상에 돌아다닐 것이다. 현실적인 목표는 모든 18세 이상에게 백신을 접종하는 것이다. 하지만 미국에서는 여전히 수천만 명이 백신을 맞지 않고 있다. 접종 의무화 조치를 하고 있지만, 나는 그것이 효과가 있을지 확신이 없다.

백신 2회 접종 꼭 필요하지만······
부스터 접종 확대에 유보적인 FDA 자문위

김수형 한국에서는 부스터 접종을 하면 결국 제약사들만 돈을 벌 거라는 의견도 있다. 화이자 CEO는 벌써 4차 접종을 해야 할 거라고 말했다. 결국 계속 백신을 맞아야 하는 건가?

엘 살리 백신을 두 번 접종하면 심각한 질병으로부터 보호해 주는 것으로 보인다. 부스터 접종은 두고 볼 일이다. 중화항체를 기반으로 한 자료만 가지고는 결정할 수가 없다. 지역사회와 다른 나라로부터 오는 다양한 전염병 자료가 필요하다. 얼마나 자주 접종하면 어떤 이익이 되는지 조사하고 있다. 아까 답변으로 돌아가서 모든 사람은 심각한 코로나19 질병을 막기 위해 처음 두 번은 백신을 맞아야 한다.

마이스너 4차 접종에 대해서는 FDA나 CDC에서 말한 적이 없다. 물론 화이자로서는 부스터 접종을 하면 행복할 것이고, 4차 접종을 하면 더 행복할 것이다. 나는 화이자나 모더나, 존슨앤드존슨이 백신을 맞아야 한다고 추천해서는 안 된다고 생각한다. 그것은 심각한 이해충돌의 소지가 있다. 나는 제약사들을 비난하고 싶지는 않지만, 추가 접종에 관한 결정은 보건 전문가들이 해야 한다.

김수형 오미크론 출현 이후 부스터 접종을 하면 보호 효과가 커진다는 연구 결과가 발표됐다. 이 의견에 동의하나?

엘 살리 실험실 결과로는 사실이다. 3차 접종이 오미크론에 대항하는 중화항체 수치를 높였다. 하지만 실제 임상 결과가 중요하다. 그리고 지역사회 결과가 중요하다. 그걸 통합적으로 살펴봐야 한다. 남아공과 영국 자료를 보면 백신을 맞거나 전에 감염됐던 사람은 증세가 가벼운 것으로 보인다. 그래서 백신을 안 맞았다면 백신을 맞으라는 것이다. 면역력이 떨어진 사람들은 예외적으로 부스터 접종을 해야 한다. 하지만 3차 접종을 전부 다 하는 것은 두고 볼 일이다. 실제 임상 결과와 중화항체 데이터를 통합해서 봐야 한다.

마이스너 그건 사실이다. 부스터 접종을 하면 더 높은 수준의 항체를 형성하게 해준다. 하지만 면역 반응은 중화항체와 T세포도 있다. T세포는 중화항체보다 더 오래 가는 것 같다. 이게 얼마나 가는지 우리는 모른다. 오미크론은 델타 변이에 비해 덜 심각한 질병을 일으키고 있다. 남아공에서는 산소 호흡기를 해야 하는 입원 환자들이 적다. 바이러스는 변이를 거듭하면서 증세가 가벼워지는 방향으로 가고 있다. 하지만 아직 몇 주밖에 안 된 변이라서 모르는 게 많다.

백신 접종, 효용과 위험 사이 균형점을
어디로 잡을 것인가?

마이스너 교수는 전대미문의 팬데믹 기간 FDA 자문위에서 무언가 결정을 내려야 한다는 것에 대한 심적인 갈등을 여러 차례 호소했다. 그는 2020년 화이자 백신이 처음 심사를 받을 때 기권으로 의사 표시를 했다. 당시 하루 사망자가 4,000명씩 나올 때라 백신이 어느 때보다 절실하다는 것을 그는 누구보다 잘 알았다. 하지만 화이자가 접종 대상을 16, 17세를 포함한 것에 대해 도무지 이해할 수 없었다고 털어놨다. 당시 18세 이하에서 한 차례 심근염 부작용이 일어났던 임상 기록을 가지고 왔는데, 이걸 백신 부작용으로 단정하기 너무 어려웠다고 말했다. 소아 청소년과 전문의로서 백신 승인을 18세 이상으로 내주고 싶은 마음이 굴뚝같았다고 당시 상황을 솔직하게 말해줬다.

마이스너 교수는 화이자도 백신에 심근염 부작용 우려가 크다는 걸 알았다. 그래서 소아 백신은 용량을 성인용보다 3분의 1로 줄이게 된 것이라고 설명했다. 용량을 줄였더니 심근염 부작용이 크게 줄었지만, 면역력 형성에는 큰 차이가 없었다고 말했다. 마이스너 교수는 화이자가 성인용 백신 용량 설정도 더 적게 하는 게 최적의 결과 아니었을까 의심한다는 말도 덧붙였다.

코로나19 백신이 안전하다는 것에 크게 이의를 제기하기는 어렵다. 아이들도 백신을 접종하면, 학교 갈 때나 부모와 외출할 때 심적인 부담이 줄어드는 걸 경험할 수 있다. 미국에서 소아·청소년 접종이 시작되면서 수백만 명의 데이터가 쌓이고 있었고, 부작용을 큰 문제로 보기 어렵다고 판단해 개인적으로 초등학생, 중학생 아이 둘에게 모두 백신을 접종한 바 있다. 그러나 부작용이 극히 드물어도, 부작용이 실존한다는 것도 엄연한 사실이다. 과학적인 데이터를 아무리 제시해도 부모들이 심정적으로 백신 접종이 안전하다고 수긍하지 않으면 청소년 접종 확대는 큰 반발을 불러올 수밖에 없다. 정부도 백신 접종의 효용과 위험 사이 최적의 균형점이 어디인지 찾아야 하는 매우 어려운 과제를 안고 있다.

백악관 방역 사령탑이 바라본
팬데믹 전망

앤서니 파우치 백악관 수석의료보좌관 인터뷰

2022. 5. 12.

미국 감염병 대응의 산증인

앤서니 파우치 백악관 수석의료보좌관은 한국에는 코로나19 사태로 많이 알려졌지만, 그의 활약은 1980년대 미국의 에이즈 유행으로 거슬러 올라간다. 에이즈에 대한 공포감으로 동성애자들에 대한 혐오와 차별이 독버섯처럼 퍼져나가던 시절, 젊은 나이로 국립알레르기·전염병연구소를 이끌고 있던 파우치 박사는 에이즈에 대한 사회적 편견을 깨는 데 앞장섰던 인물이었다. 에이즈 환자와의 일상적인 접촉으로는 병에 감염되지 않는다는, 지금 보면 지극히 당연한 상식을 그는 수많은 방송에 출연하며 설명했다.

그의 1980년대 에이즈 강연 영상이 유튜브에 꽤 있는데, 지금 들어봐도 쉽고 간단하게 이 전염병의 실체를 설명했다. 당시 그가 에이즈에 연구를 올인한 것은 경력에 도움 되는 일이 아니었다고 한다. 워낙 미지의 신종 감염병이어서, 그가 제출했던 에이즈 관련 첫 연구 보고서는 학술지에서 과민 반응하는 내용이라며 받아들이지 않았을 정도였다. 그는 행정, 연구, 치료를 저글링 하듯이 병행하는 엄청난 일 중독자다.

하지만 파우치 박사는 에이즈 인권 단체의 주요 공격 대상이었다. 에이즈 환자들은 면역력이 떨어져 여러 질병으로 후유증을 앓다가 처참하게 숨지는 경우가 많았다. 치명률이 워낙 높아 걸리면 죽는다는 공포가 미 전역을 휘감고 있었다. 한 해 수만 명씩 숨지는 사람이 나왔다. 그런데도 미국 정부는 치료제 개발에 미온적이었고, 이에 인권 단체들은 불만이 컸다. 유명한 에이즈 인권 운동가 래리 크레이머Larry Kramer는 파우치 박사에게 '멍청한 살인자'라는 극언을 담은 공개 편지를 썼다. 하지만 파우치는 자신에게 적대적인 인권 단체들과도 대화를 계속 이어갔다. 그는 직접 인권 단체들과 지속적으로 만나며 그들의 의견을 들었고, 치료제 임상 시험 설계 과정에도 인권 단체들의 의견을 일부 수용했다.

1990년에는 인권 단체 회원들이 메릴랜드에 있는 국립보건원(NIH) 건물을 점거하려고 시도했는데, 건물을 기어 올라갔다가 체포된 활동가를 파우치 박사가 보고 뛰어나와 "이 사람을 다치지 않게 해달라"고 경찰에게 부탁했다는 유명한 일화가 있다. 그는 자신을 비판하는 사람들의 의견도 들으려고 굉장히 노력했다. 극단적인 비난을 했던 크레이머는 파우치와 절친한 친구가 됐고, 사망하기 전까지 그를 공개적으로 지지하는 발언을 여러 차례 했다. 에이즈 인권 단체들은 지금도 파우치를 은인처럼 기억하고 있다. 파우치가 금과옥조처럼 생각한다는 문장은 영화 〈대부〉에 나오는 '사적인 감정은 없다. 비즈니스일 뿐이다(It's not personal. It's strictly business)'라는 대사다. 그는 자신을 공격하는 사람들도 사적인 감정으로 대하지 않았고, 철저하게 실용적으로 문제를 해결하는 쪽으로 대화를 진전시켜왔다.

파우치 박사는 전염병 공포를 어떻게 다루는지 잘 이해하고 있는 인물이었다. 대표적인 사례가 2016년 에볼라 환자인 니나 팜의 퇴원식 장면이었다. 그는 간호사였던 에볼라 감염 환자를 직접 치료해 퇴원식까지 열어줬는데, 극도의 공포심을 불러일으켰던 에볼라로부터 환자가 해방됐다는 걸 보여주기 위해 퇴원식에서 그녀를 와락 안아줬다. 에볼라 완치자와 접촉해도 괜찮다는 걸 보여주기 위한 쇼맨십이었다. 코로나19 백신이 처음 나왔을 때도 그는 대중 앞에서 공개적으로 백신을 접종했다. 만약 파우치가 코로나19 백신을 맞지 않았다면, 미국에서 코로나19 접종률은 지금보다 현저하게 떨어졌을 수도 있다.

파우치는 1984년부터 국립알레르기·전염병연구소장을 역임하고 있는데, 사실 임기가 없이 스스로 은퇴를 선언할 때까지 일하는 미국 전문가 제도의 장점을 가장 잘 보여준 인물이다(물론 이런 종신 시스템에 대한 비판도 많다). 공무원이 자신의 임기 중에 부담스러운 일을 피하기 위해 복지부동한다고 비판받는 경우가 있는데, 파우치는 감염병이 무엇이든, 언제든 자신의 일이라고 생각한다. 그는 오래 일하고 싶어서 알레르기·전염병연구소의 상급 기관인 NIH 원장 자리를 여러 차례 고사한 바 있다. 파우치 박사는 자신의 정체성을 '공복(public servant)'이라고 자주 표현해왔다. 올해 81세인 그는 미국 감염병 대응의 산증인라고 할 수 있다. 그가 만약 돈에 관심이 있었다면, 적당한 시기에 은퇴해서 제약 회사에 갔을 수도 있었겠지만 그는 그런 사람이 아니었다.

SBS 인터뷰에 응하다

파우치 박사와 인터뷰를 해야겠다고 마음먹고 이메일을 처음 보낸 게 2020년 4월 1일이었다. 이메일을 보냈더니 바로 바쁘다는 내용의 두 줄로 된 자동 응답 메일이 날아왔다. 홈페이지를 참고하라는 기계적인 안내였다. 그래도 백방으로 수소문해 일정 담당 비서관과 접촉하는 데 성공했다. 그렇게 가끔 연락하면서 보낸 세월이 2년을 넘었다. 중간에 인터뷰 일정을 몇 차례 잡아보려고도 했었다. 하지만 코로나19 상황이 워낙 커지면서 파우치 박사가 정신없이 백악관에 불려 다니며 개별 언론 인터뷰에 응할 수 없는 상황이 벌어졌다. 그러다가 최근에야 인터뷰를 할 수 있었다. 한국 언론과의 인터뷰 자체가 처음이었는데, 파우치 박사가 코로나19 초창기부터 한국 사례를 자주 인용했던 걸 고려하면 사실 한국 언론과의 인터뷰는 많이 늦은 셈이다. 그와 나눈 인터뷰 주요 내용을 문답 형태로 정리했다(인터뷰 당시와 현재 코로나19 상황에 차이가 있지만, 전체적인 팬데믹 전망과 감염병 대응 전략에 대한 그의 조언은 여전히 유효하다).

김수형 당신은 미국이 더 이상 '폭발적인 팬데믹 단계(full blown pandemic phase)'는 아니라고 진단했다. 한국에서는 당신의 발언을 팬데믹이 곧 엔데믹endemic으로 전환될 수 있다는 것으로 받아들이는 사람이 많았다. 이 말의 의미가 무엇인지 설명해 줄 수 있나?

파우치 미국에서는 몇 달 전만 해도 하루 확진자가 90만 명이나 나왔다. 입원 환자도 수만 명씩 나왔고, 하루 사망자가 3,000명 넘게 나왔다. 그게 극적으로 줄어들고 있다. 지금은 사망자가 그때에 비하면

극적으로 감소했다. 심할 때에 비하면 10분의 1에 한참 못 미치게 줄어든 것이다. 최근 감염자는 2만 명대까지 줄어들었다. 물론 지금은 확진자가 다시 늘어나고 있다. 내가 말한 것은 미국이 감염자가 급격히 증가하는 단계에서 빠져나오고 있다는 뜻이다. 우리의 현 상황이 감염 가속도가 엄청나게 붙는 그런 단계가 아니라는 의미다.

하지만 우리가 팬데믹 단계에 있다는 점은 명확히 해야 한다. 팬데믹은 끝나지 않았다. 적어도 지금은 급격히 진행하는 단계가 아니라는 뜻이다. 확진자 증가에 가속이 붙는 단계에 있다고 하더라도, 인구 상당수가 백신과 부스터를 맞고, 이미 코로나19에 걸렸었다면 감염으로부터 우리를 지킬 수 있다. 입원 환자 비율을 일 년 전과 비교해 보면 무척이나 낮을 것이다.

예를 들어 한국은 인구의 88퍼센트가 백신을 맞았다. 그건 매우 좋은 일이다. 그래서 오미크론이 전파가 빠른 바이러스여서 확진자 증가가 나타난다고 하더라도, 백신 접종과 부스터 접종으로 사람들이 병원에 입원하거나 사망하는 것으로부터 보호할 수 있다. 그게 내가 폭발적인 단계에서 벗어났다고 말한 이유다.

한국의 마스크 해제 조치에 대한 평가

김수형   높은 백신 접종률을 바탕으로 며칠 전 한국은 실외에서 마스크를 벗어도 된다고 허용했지만, 여전히 많은 사람이 조심스러워한다. 실외에서 마스크를 벗는 것은 안전하다고 보나?

파우치 상당히 안전하다고 생각한다. 실외에서 마스크를 벗는 것은 실
  내에서 사람들이 모여 있는 환경보다 매우 안전하다. 어디든 항상
  위험은 있지만 실외에 나가 완전히 환기가 되는 환경에 있는 건, 사
  람이 많이 모이는 레스토랑이나 극장보다는 그 감염 위험도가 매우
  낮다. 중요한 것은 어떤 환경이든 위험이 제로가 아니라는 것이다.

김수형 한국은 실내에서 마스크 착용이 여전히 의무다. 그리고 한국 국
  적 비행기에서는 여전히 마스크를 착용해야 한다. 이걸 미국처럼
  개인의 선택에 맡겨도 된다고 보나? 당신은 오늘 비행기를 탄다면
  마스크를 쓸 것인가?

파우치 다른 나라 정부가 결정한 것에 대해서는 코멘트하고 싶지 않다.
  국적기에서 마스크를 써야 하는지는 해당 국가의 정부가 그 국가의
  상황을 평가해 결정을 내릴 수 있는 자격을 갖추고 있다. 내 경우에
  는 나이가 있으므로 비행기를 탄다면 마스크를 쓸 것이다. 개인적
  인 위험도를 평가해 보면 마스크를 쓰는 게 내 나이와 환경을 고려
  했을 때 훨씬 낫기 때문이다.

김수형 당신이 백악관 출입 기자단 행사를 가지 않은 이유는 무엇인가?
  그렇게 많은 사람이 실내에서 마스크를 쓰지 않고 만나는 것은 여
  전히 위험한 것인가?

파우치 우리가 일 년 전보다는 훨씬 상황이 좋아졌지만, 개개인은 여전
  히 감염될지 모르는 위험 요소에 대해서 판단해야만 한다. 나는
  81살로 나이가 많은 사람이다. 그래서 감염이 되면 심각한 결과가
  생길 수 있다. 나는 30, 40대가 감염될 확률보다 위험도가 훨씬 크
  다. 그래서 나는 2,600명이 한자리에 모이는 저녁 행사에 위험을 감

수하고 가는 것이 실익이 없다고 결정했다. 나는 앞으로 1, 2주 동안 할 일이 많이 있다. 그래서 감염이 될지도 모르는 환경에 있고 싶지 않았다. 내가 감염되면 아프지 않다고 하더라도 격리를 해야 한다. 그래서 백악관 출입 기자단 행사에 가지 않은 것이다.

코로나19 집단면역에 실패한 이유

김수형 근본적인 질문이다. 인류가 백신을 개발하고도 코로나바이러스에 대한 집단면역을 달성하지 못한 이유가 무엇인가?

파우치 아주 좋은 질문이다. 우리는 집단면역이라는 걸 다른 감염병에 도입했다. 천연두, 소아마비, 홍역 같은 것들이다. 이런 바이러스는 변이가 일어나지 않는다. 25년 전의 홍역은 지금과 똑같고, 25년 전 소아마비도 지금 바이러스와 똑같다. 그게 첫 번째 이유다. 홍역, 소아마비에 감염이 됐다가 회복했을 때, 백신을 맞았을 때 평생 보호받는다는 데서 차이가 있다. 반면 코로나바이러스는 경우가 매우 다르다. 이 바이러스는 안정적인 바이러스가 아니다. 우리는 지난 2년 동안의 경험을 통해서 한국도 다양한 변이로 인해 고통을 겪었다는 걸 알고 있다. 두 번째는 백신 접종을 통한 보호 지속 효과나 감염을 통한 보호 효과가 좋기는 하지만, 시간이 지나면서 감소한다는 점이다. 오래 효과가 지속되면서 보호해 주지 않는 것이다. 그래서 전통적인 의미의 집단면역 달성은 불가능하다.

　나는 우리가 코로나19를 어느 정도 풍토병화 하는 것처럼 아주 낮은 수준으로 통제할 수 있다고 생각한다. 우리가 매해 겪는 호흡

2022년 5월 6일 앤서니 파우치 백악관 수석의료보좌관과 인터뷰하는 모습.

기 질환과 매우 유사하다. 독감처럼 말이다. 우리는 코로나19를 박
멸할 수 없다. 코로나19는 오랫동안 우리와 함께할 것이기에 완전
한 집단면역을 달성하는 것은 불가능하다.

김수형 언제까지 백신을 맞아야 할까? 오미크론에 대응하는 새로운 백
신이 나올 것으로 예상하나?

파우치 부스터 접종을 얼마나 자주 해야 하는지 예측하는 것은 불가능
하다. 정확히 말하기는 어렵지만, 독감과 비슷하게 추가 접종을 하
게 될 것 같다. 일 년에 한 번씩 맞는 것을 의미한다. 지금 백신은 원
래 처음 나왔던 코로나바이러스에 대응하기 위한 것이다. 우리는
실제 유행하는 변이에 맞춰서 백신을 적합하게 바꿔야 한다는 요구
사항에 대해 열린 생각을 갖고 있어야 한다.

김수형 남아공이 곧 5차 파동에 들어갈 거라고 전망했다. 오미크론의
하위 변이인 BA.4, BA.5에 대해 툴리오 데 올리베이라 박사는 면역
을 우회하는 것이라고 했다. 이 변이가 국제적인 위협이 될 우려가
있다고 생각하나?

파우치 그 변이가 국제적인 위험 요소가 될지는 확실하지 않다. 해당 국

가에 있는 변이에 따라 다르다. 남아공에서는 BA.4와 BA.5가 지배종이 되고 있다. 이 변이들이 다른 오미크론 변이를 밀어내고 있다. 미국에서는 64, 65퍼센트가 BA.2(스텔스 오미크론) 변이다. 그리고 28~30퍼센트 정도는 BA.2.12.1이다. BA.4와 BA.5는 증가하지 않고 있다. 1퍼센트 미만이다. 우리는 상황을 잘 지켜보면서 이 변이가 어떻게 진화하는지 살펴봐야 한다. 어떤 변이가 지배력을 갖게 될지 정확히 예측하는 것은 대단히 어렵다.

북한에 대한 백신 지원 문제

김수형 중국이 '제로 코비드' 전략을 여전히 고수하고 있다. 이런 전략이 효과적이라고 생각하나? 무엇이 가장 큰 문제인가?

파우치 제로 코로나 전략은 일시적일 때만 효과가 있다. 시간을 벌거나 적절하게 백신을 접종하기 위해서 하는 것이다. 봉쇄를 하더라도 조만간 국가의 문을 열어야 하기 때문이다. 무제한으로 록다운을 할 수는 없다. 매우 적극적으로 백신 접종 정책을, 특히 노인에게 접종하기 위해서 일시적으로 봉쇄정책을 한다면 그건 효과가 있다. 하지만 봉쇄만 하고 다른 조처를 안 하면 봉쇄정책의 목적이 없어진다.

김수형 북한에는 코로나19 백신이 보급되지 않았다. 북한에 코로나19가 확산하면 아주 큰 문제가 생길 것으로 우려하는 목소리가 크다. 북한은 화이자, 모더나가 만드는 mRNA 백신을 원한다고도 알려져 있는데, 미국이 인도주의적 차원에서 mRNA 백신을 허용할 수 있는 것인가?

파우치　나는 개별 국가에 대해서 말할 수 없다. 그건 백신 회사에 달린
문제다. 화이자와 모더나는 독립적인 회사다. 미국 정부에 영향받
지 않는다. 그래서 화이자와 모더나는 그들이 원하는 국가 어디에
라도 mRNA 백신을 판매할 수 있다. 미국 정부가 허락할 것은 의심
의 여지가 없다.

김수형　한국의 바이오 기업들도 코로나19 백신 3상 시험에 성공했다.
코로나19가 발생한 지 오래 지났는데, 한국도 백신 개발에 적극적
으로 노력하는 게 필요하다고 보나? 코로나19 종식을 위해서 한국
이 어떤 역할을 해야 한다고 보나?

파우치　기술과 과학 측면에서 한국은 대단히 우수한 국가다. 자국민을
위해서 백신을 개발할 능력이 있다면 백신 개발은 한국 자체를 위
해서도 이익이 된다. 한국은 백신 개발 능력이 매우 뛰어나기 때문
에 코로나19 백신을 못 만들 이유가 없다.

김수형　팬데믹은 언제까지 계속될 것으로 예상하나? 다음 팬데믹에 대
비하기 위해서 한국은 무엇에 가장 힘써야 하나?

파우치　얼마나 오랫동안 코로나19를 상대해야 하는지 예측하는 것은
불가능하다. 나는 사회가 무너지지 않는 낮은 수준으로 감염이 낮
아지기를 희망한다. 다음 팬데믹에 대해서는 자원이 있는 모든 나
라가 지금부터 팬데믹 준비 계획을 세워야 한다고 생각한다. 한국
은 굉장히 발전한 나라다. 미국처럼 준비 계획을 세우는 것이 한국
에도 이익이 될 것이다.

인류의 방심을 지나치지 않는 바이러스

코로나19가 길어지면서 기대와 실망을 거듭하며 인류 전체가 지칠 대로 지친 상황이다. 이번 변이가 끝이겠다고 생각했지만, 코로나바이러스는 인류가 방심한 순간을 한 번도 그냥 지나간 적이 없다. 다만 파우치 박사의 분석 가운데 '폭발적인 팬데믹'에서 벗어나고 있다는 것은 어느 정도 위안이 되는 부분이다. 감염 확산과 감소를 거듭하면서도 그런 파동의 폭이 점점 작아지는 쪽으로 가고 있다는 의미였다. 코로나19 백신 접종이 늘어난 데다, 감염 후 회복을 거듭하면서 그러한 방향으로 가고 있다는 분석에 수긍이 갔다.

이번 팬데믹의 교훈은 인류가 겪는 팬데믹이 이번이 끝이 아니라는 데 있다. 코로나19 같은 전염병은 한 세기에 한 번 닥친다고 위안 삼고는 있지만, 팬데믹의 빈도와 세기는 인류가 예측하지 못하는 방향으로 진행되고 있다. 감염병이 발생했을 때, 질병의 발생 보고와 대응책을 마련하기 위해 지구적인 네트워크를 정비하고, 당장 돈이 되지 않더라도 질병의 분석, 백신과 치료제 개발 과정도 사전에 준비해 놔야 한다. 전 세계적으로 600만 명 넘게 숨진 이번 코로나19 팬데믹은 인류에겐 지옥 같았지만, 이 경험이 다음 팬데믹 극복에 큰 도움이 됐다고 평가할 수 있었으면 하는 마음이 간절하다. 팬데믹의 공포에 맞서 과학을 활용하는 방법을 몸소 보여준 파우치 박사도 인류가 한발 더 전진하는 데 큰 도움을 준 인물로 기록될 것이다.

나가는 글

한국에 돌아와서 처음 맞는 2022년 추석 연휴는 비디오머그 〈김수형의 글로벌 인사이트〉를 제작해 게시하느라 분주했다. 러시아가 장악한 자포리자 원전의 전력선이 모두 끊어지며 핵 재앙 위기감이 커지는 가운데 IAEA가 현지 사찰 결과까지 내놓으면서 전 세계에 경각심을 높였다. 좀 더 깊게 취재하기 위해 자포리자 원전 운영사인 '에네르고아톰Energo- atom' CEO 페트로 코틴Petro Kotin을 직접 접촉해 화상으로 인터뷰를 했고, 〈SBS 8 뉴스〉와 〈글로벌 인사이트〉까지 숨 가쁘게 제작했다. 그는 자포리자 원전의 심각한 현 상황을 자세히 설명해 줬고, 전력 공급이 모두 끊어진 상황에서는 디젤 엔진을 이용해 10일 정도를 버틸 연료가 있다고 털어놨다. 코틴 CEO는 자포리자 원전 상황을 알고 싶어 하는 한국 언론을 위해 기꺼이 시간을 내줬고, 한국도 이 문제에 더 큰 관심을 두기를 원했다. 그는 자포리자 원전의 위기에 대해서 국제사회가 함께 관심을 가지고 걱정하는 것이 러시아의 폭주를 막을 방법이라고 생각했다.

낸시 펠로시 하원 외교 위원장이 타이완을 전격 방문한 직후 로치

쳉 타이완 민진당 국회의원은 물론 순방단의 '넘버 2'였던 그레고리 미크스Gregory Meeks 미국 하원 외교 위원장도 직접 화상 인터뷰할 수 있었다. 미중 갈등을 보도하면서 타이완의 정확한 입장과 펠로시 순방단의 반응은 간접 인용으로 다소 흐릿하게 나갈 수밖에 없었는데, 그런 취재의 사각 지대를 채우는 느낌이었다.

타이완의 민진당 국회의원은 중국의 도발적인 행동에 대해 "침공한다면 값비싼 대가를 치르게 될 것"이라며 강하게 반발했고, 미국 하원 외교 위원장은 "타이완을 고립시키려는 중국의 협박에 굴복하지 않고 앞으로 더 많은 의원이 타이완에 갈 것"이라고 목소리를 높였다. 그들은 그런 자신들의 입장을 한국 시청자들에게도 직접 설명하고 한국 여론에 영향을 미치고 싶어 했다. 한국은 어느덧 국제적인 사안이 발생했을 때 입장을 직접 설명할 필요가 있는 주요 당사국이 됐기 때문이다. 화상 취재를 하더라도 시차가 다른 국가로 취재를 확대하면 몸이 고된 경우가 많지만, 이런 취재원들의 적극적인 반응을 보면 힘든지 모르고 일할 수 있는 계기가 된다. 또한 시청자들도 직접 취재한 결과물에 응원을 보내는 경우가 많아 더 적극적으로 취재해야겠다고 마음먹게 된다.

뉴스를 유튜브로 접하는 게 뉴 노멀이 된 시대, 기존 레거시 미디어 종사자로서 시청자들에게 뉴스로 어떤 가치를 줄 수 있을지 항상 고민하게 된다. 지상파 뉴스라는 타이틀만으로는 시청자들에게 선택해 달라고 요구할 수 없는 세상이 됐다. 이미 유튜브는 방송보다 빠르게 정보들이 올라오고, 해외 콘텐츠까지 국경 없이 쏟아져 들어오는 플랫폼이 됐다. 과거와 같은 방식으로는 좋은 뉴스를 시청자들에게 전하기 매우 어려운 세상이 된 것이다.

워싱턴 특파원으로 생활하면서 시청자들에게 선택받는 좋은 뉴스는 결국 현장과 인물이 담긴 뉴스라고 생각하게 됐다. 특히 신뢰감이 생명인 레거시 미디어는 균형 잡힌 시각과 관점을 담아 뉴스의 현장과 인물을 시청자들에게 생생하게 보여줘야 한다. 이 책에 실린 내용도 많은 시행착오를 겪으면서 찾아낸 취재 현장과 인물에 대한 기록이다. 특파원 시절 취재 기록을 재정리하며 현장의 고민을 담은 기록을 책으로 엮어 전할 수 있다는 것에 감사하다. 이 책을 통해 워싱턴 취재 현장의 분위기와 국제 현안에 대한 다양한 시각을 독자들이 느낄 수 있었으면 한다. 아울러 언론인을 꿈꾸는 사람들이 이 책을 통해 특파원의 취재 활동을 엿볼 수 있다면 큰 기쁨일 것 같다. 여전히 현장 뉴스를 생산하는 현역 기자로서 앞으로도 시청자들에게 더 가까이 다가갈 수 있는 현장과 인물에 대한 좋은 뉴스를 꾸준히 남겨야겠다고 다짐해 본다.

이 책을 읽는 당신이 궁금합니다.

 카메라를 켜고 QR코드를 스캔해 주세요.
답해주시는 분들 중 추첨을 통해
소정의 선물을 드립니다.